NOTHING IS REAL

NOTHING IS REAL

Quando i Beatles incontrarono l'Oriente
When The Beatles Met the East

a cura di / edited by
LUCA BEATRICE

SilvanaEditoriale

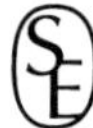

Silvana Editoriale

Direzione editoriale / Direction
Dario Cimorelli

Art Director
Giacomo Merli

Coordinamento editoriale
Editorial Coordinator
Sergio Di Stefano

Redazione / Copy Editors
Sergio Di Stefano
Clelia Palmese

Traduzioni / Translations
Contextus S.r.l.,
Travacò Siccomario (Pavia)

Progetto grafico e impaginazione
Graphic Project and Layout
Annamaria Ardizzi

Coordinamento di produzione
Production Coordinator
Antonio Micelli

Segreteria di redazione
Editorial Assistant
Ondina Granato

Ufficio iconografico / Photo Editors
Alessandra Olivari, Silvia Sala

Ufficio stampa / Press Office
Lidia Masolini, press@silvanaeditoriale.it

Diritti di riproduzione e traduzione
riservati per tutti i paesi
All reproduction and translation rights
reserved for all countries

In copertina / Cover
"Helix", vol. III, n. 1, 1967, copertina / cover
elaborazione grafica / graphic elaboration

NOTHING IS REAL

Quando i Beatles incontrarono l'Oriente
When The Beatles Met the East

MAO - Museo d'Arte Orientale
1 giugno - 2 ottobre, 2016
June 1 - October 2, 2016

Mostra e catalogo a cura di
Exhibition and Catalogue curated by
Luca Beatrice

Assistente del curatore
Curator Assistant
Roberta Pagani

Testi / Essays
Steve Della Casa
Fulvio Ferrari
Gabriele Ferraris
Matteo Guarnaccia
Antonio Taormina

Progetto dell'allestimento, della grafica
e dell'immagine coordinata
Set-up design, graphics
and coordinated image
Brh+, Torino

Realizzazione allestimento
Set-up
ACME04, Pisa

Arredi / Furnitures
LAGO DESIGN

Trasporti e montaggio
Transport and mounting
Fercam-Gondrand, Torino
INTEX SA, Chiasso

Assicurazioni / Insurance
AGE - Assicurazioni Gestione Enti, Bologna
Willis Towers Watson, Roma

Traduzioni / Translations
Laurence de Richemont

Crediti fotografici / Credits
Franco Borelli
Antonio Maniscalco
Tom Powel
Paolo Robino

Diffusione sonora
Wireless audio broadcast
Sonos

Si ringraziano per la collaborazione
We would like to thank for their
collaboration
Fondazione Alighiero e Boetti, Roma
Galleria Enrico Astuni, Bologna
M. Casale Bauer, Cadriano di Granarolo
Emilia, Bologna
Marco e Franca Brignone, Torino
Nicola Bolla, Torino
Umberto Buttafava, Milano
Antonio Colombo Arte Contemporanea,
Milano
Nicoletta Colombo, Milano
Fulvio e Napoleone Ferrari, Torino
Archivio Fornasetti, Milano
Alex Franchi, Milano
The Gallery Apart, Roma
Luigi Amleto Garzya, San Cesario
di Lecce
Matteo Guarnaccia, Milano
Angela Missoni, Varese
Claudio Poleschi Arte, Lucca
Studio d'Arte Raffaelli, Trento
Teche Rai, Roma
Archivio Salvo, Torino
Fondazione Sandretto Re Rebaudengo,
Torino
Monica De Bei Schifano, Roma
Gian Enzo Sperone, Sent
Piercesare Villa, Milano
Antonio Taormina, Bologna

Sponsors

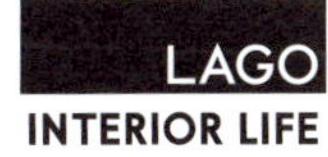 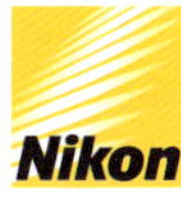 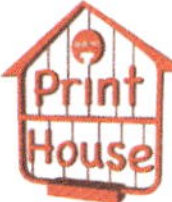

Special contributor

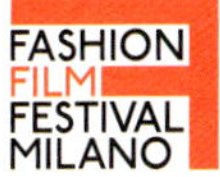

Il percorso olfattivo in mostra è stato realizzato da / The olfactory path on exhibit has been realised by
Lush Fresh Handmade Cosmetics

Nei millenni di contatti, scambi, scontri, influenze reciproche, l'Oriente ha sempre esercitato una forte fascinazione nei confronti dell'Occidente: un luogo esotico e misterioso da cui arrivavano prodotti preziosissimi (la seta, le spezie, le pietre preziose) e che poteva esprimere raffinatezza e ricchezza estrema o estrema barbarie e crudeltà.

La ricerca dei beni di lusso è stata la spinta straordinaria che ha portato navigatori, mercanti, esploratori e colonizzatori europei in Asia, cambiando la storia dell'umanità. Ma la fascinazione dell'Oriente non si è limitata ai prodotti preziosi: nel Settecento europeo si afferma la moda dei gabinetti cinesi e delle cineserie, immancabili nei palazzi aristocratici dell'epoca; nella seconda metà del XIX secolo, il *japonisme*, la scoperta dell'estetica giapponese e orientale, esercita un'influenza decisiva nello sviluppo dell'Impressionismo e dell'arte europea dell'epoca.

Tutti questi fenomeni hanno però interessato solo una ristretta élite di censo e di nascita prima, e successivamente il mondo altoborghese o intellettuale. La scoperta dell'Oriente da parte della cultura di massa avviene molto più tardi, attraverso il mondo pop degli anni sessanta. In quegli anni di crescita, di trasformazioni rapide, di stravolgimento di costumi e valori, l'Oriente, con le sue religioni e filosofie, irrompe nella vita di una intera generazione, spinge folle di giovani verso il subcontinente indiano, con avventurosi viaggi realizzati con mezzi di fortuna, alla ricerca di mondi alternativi e di nuove esperienze di vita.

Tra i principali agenti di questa scoperta furono certamente i Beatles, la breve esperienza indiana dei Fab Four diffuse a livello planetario la nuova moda delle religioni e filosofie indiane che già da qualche anno avevano cominciato a diffondersi in Occidente. La cultura di massa costruì così una visione spesso illusoria delle complesse realtà dell'Oriente, lasciando un segno indelebile nella nostra percezione dell'Asia.

Il MAO attraverso la mostra *Nothing Is Real* – titolo preso da un verso della celebre canzone dei Beatles *Strawberry Fields Forever* – vuole presentare al pubblico questo particolare momento della nostra storia recente. È una mostra inusuale, il visitatore non ammirerà opere d'arte orientale, ma opere di artisti europei ispirati dall'Oriente, non vedrà oggetti e materiali delle culture indiane, ma testimonianze di come il pop occidentale ha reinterpretato e reinventato l'Oriente. Con questa esposizione quindi il MAO si conferma come un ponte culturale tra Oriente e Occidente, un luogo in cui questi mondi, al tempo stesso vicini e lontani, si incontrano e si riconoscono.

MARCO BISCIONE
Direttore MAO - Museo d'Arte Orientale

Over many millennia of contacts, exchanges, clashes and reciprocal influences, the East has always had a powerful fascination for the West; an exotic, mysterious place from which wonderful products could be had (silk, spices, precious stones), a place which could express refinement and extreme wealth as well as extreme barbarity and cruelty.

The quest for luxurious goods became an extraordinary driving force that led navigators, merchants, explorers and European colonisers to Asia, hence changing the history of humankind. But this fascination with the East was not restricted to valuable goods: in the eighteenth century, Chinese Cabinets and chinoiseries were all the fashion in Europe, becoming prerequisites for the palaces of the nobility. Moreover, during the second half of the nineteenth century, *Japonisme,* or the discovery of Japanese and Oriental aesthetics, had a fundamental influence on the development of Impressionism and on the European art of the period.

Only a restricted, highborn and wealthy élite was initially drawn to these new phenomena, but subsequently they also attracted intellectuals and the upper classes. Popular culture discovered the East much later, through the pop world of the 1960s. During those years of growth, rapid transformations, and the upheaval of customs and values, the East, with its religions and philosophies, burst into the lives of an entire generation, driving crowds of young people towards the Indian sub-continent on adventurous, makeshift journeys, on a quest for alternative worlds and new life experiences.

The Beatles were unquestionably in great part responsible for this discovery: the brief Indian experience of the Fab Four gave planetary resonance to this new passion for the Indian religions and philosophies that in previous years had already started to gain some renown in the West. Hence popular culture created an often-illusory vision of the complex reality of the East, and left a lasting mark on our perception of Asia.

The purpose of the MAO exhibition, *Nothing Is Real* (the title of the exhibition is a phrase drawn from the famous Beatles song *Strawberry Fields Forever*), is to present this particular period in our recent history. It is an unusual exhibition: visitors will not find oriental art but works of European artists who drew inspiration from the Orient; they will not find objects and materials from Indian cultures, but rather the evidence of how western pop re-interpreted and re-invented the Orient. Consequently, the exhibition confirms the role of the MAO as a cultural bridge between the East and the West, a setting in which these worlds, both near and far, can meet and become acquainted with one another.

MARCO BISCIONE
Director MAO - Museo d'Arte Orientale

SOMMARIO CONTENTS

LUCA BEATRICE

Nothing Is Real

OGNI RELIGIONE FISSA IL CALENDARIO a seconda di quando si ipotizza sia comparsa sulla terra la propria figura di riferimento. E da lì riparte il computo del tempo: i giorni, i mesi, gli anni, i secoli, i millenni.

Per chi crede nella (laicissima) fede della cultura, della musica in particolare, il calendario si calcola con un a.B. e un p.B., ante Beatles - post Beatles. Un decennio scarso di attività, dal 1960, anche se per il debutto discografico bisognerà attendere ancora un po', al 1970, quando, dopo aver pubblicato *Let It Be*, i quattro di Liverpool decidono che è arrivato il momento di percorrere strade diverse: solo due di loro, John e Ringo, hanno compiuto trent'anni. Sono ragazzi che hanno attuato una rivoluzione. In ogni caso, da quel momento le cose non saranno più le stesse.

Quel periodo della nostra storia, gli anni sessanta, era contrassegnato dal fatto che l'asticella della creatività fosse posizionata molto in alto, e forse non c'è più stata, almeno in Occidente, un'epoca altrettanto ricca di talento, immaginazione, voglia di nuovo, desiderio di utopia. Dovunque li si prenda, i Beatles risultano i capifila di un tempo straordinario. Con loro la musica è cambiata per sempre e dalle loro canzoni è partita quell'influenza pop che ancora si registra nel presente. Suoni e non solo: cultura, costume, società, moda, arte, tutto è finito nel vortice della Beatlemania. Chi è venuto prima di loro – mi riferisco soprattutto a Elvis Presley, che negli anni cinquanta di fatto "inventò" il rock and roll – non ha saputo reggere l'impatto con un ciclone di così vasta portata.

Tutto, dopo l'avvento sulla terra di Paul, John, George e Ringo, è sembrato davvero irrimediabilmente più vecchio. Qualsiasi momento, dai primi concerti al Cavern Club di Amburgo all'ultima apparizione live sulla terrazza della Apple al 3 di Savile Row, è buono per mettere in scena un racconto così vivo che non sembra affatto passato mezzo secolo. In questo caso siamo partiti da quei due anni che corrono dalla pubblicazione di *Sgt. Pepper's Lonely Hearts Club Band* al primo e unico LP doppio senza titolo conosciuto come il *White Album*: nel mezzo c'è il viaggio in India, a Rishikesh, forse per trovare quella "rigenerazione spirituale" che George inseguiva più degli altri. Finiti i tempi dello "stile Baronetto", dei vestiti tutti uguali, dell'acconciatura a caschetto, dei famosi stivaletti che prendono il loro nome, i Beatles da fenomeno pop cominciano a coltivare una più matura dimensione autoriale. Tutto sta rapidamente cambiando, la contestazione avanza, il boom economico non è più così solido: crescono barbe e capelli, ognuno coltiva la propria differenza e personalità – tra un po' si comincerà a parlare di quattro separati in casa – e soprattutto c'è bisogno di avvicinarsi a forme di cultura "alta" adatte a legittimare un fenomeno dalle salde radici popolari, ma che di qui a poco diventerà fenomeno di studio fin nelle università.

E queste forme rimandano, tra l'altro, all'arte, alla filosofia e alla mistica. Dopo aver lavorato con uno degli art director più ricercati, Klaus Voormann, che nel 1963 suona un poco con loro e disegna la raffinata copertina di *Revolver*, nel 1967 i Beatles affidano a Peter Blake, celebre pittore del pop inglese, la composizione di *Sgt. Pepper's*, la cover rock più famosa di tutti i tempi, un frame composto da sessantadue facce, definito come il "pantheon della cultura di massa". Solo un anno più tardi viene chiamato un altro artista, Richard Hamilton, per concepire l'immagine del disco successivo: teorico, animatore delle attività culturali dell'ICA di Londra, ispiratosi più volte alle icone del suo tempo come Marilyn e soprattutto l'inventore della prima opera certificata come pop, *Just What Is It that*

Makes Today's Homes So Different, So Appealing?, fin dal 1956. Il rapporto con Hamilton segna la "svolta concettuale" dei Beatles, per il loro lavoro più difficile e ambizioso, una copertina completamente bianca, con il nome della band impresso a secco in rilievo, accompagnato da una numerazione progressiva a sette cifre su uno sfondo interamente bianco. Dallo straordinario impatto mediatico di *Sgt. Pepper's* si passa all'austerità del *White Album*, al valore che un'edizione limitata – concepita proprio come un'opera d'arte – avrebbe dato al loro lavoro.

Altra questione è l'incontro tra il mondo del pop-rock e l'Oriente, favorito proprio dal viaggio in India dei Beatles, assai pubblicizzato da stampa e tv dell'epoca, che ha luogo tra la metà di febbraio e l'inizio di aprile del 1968. Scrive Claudio Gargano nell'interessante saggio *La patria della luce. Il rock e l'Oriente tra i Sessanta e i Settanta* (Odoya, Bologna 2011): "Almeno all'inizio i Fab Four prendono la cosa molto sul serio: non concedono interviste e, essendo venuti a cercare l'illuminazione, chiedono nei loro confronti il massimo rispetto da parte della stampa. Passano gran parte del tempo a comporre canzoni o a seguire seminari privati con il Maharishi. George, tra tutti i Beatles, è quello più impegnato nell'attività meditativa; mentre John, con quegli occhiali da nonnina e il colorito pallido, dà l'idea dell'intellettuale intento a scoprire dove possa nascondersi il trucco. Quanto a Ringo e Paul, il primo sente la mancanza dei figli e dei nove gatti, il secondo non gradisce le eccessive adulazioni del Maharishi, né si appassiona più di tanto agli astratti sofismi dello Yogi… Ringo, dopo sole due settimane di permanenza nell'ashram, seduto a contemplarsi l'ombelico, se ne serve come scusa per scappare dal giardino dell'Eden e fare ritorno alle esecrate comodità dell'Occidente. Paul resta a Rishikesh per altre due settimane. A metà aprile, anche George e John tornano in Inghilterra: il primo, infervorato dai raga indiani, è pronto a immergersi con dedizione assoluta nello studio dei sacri testi; il secondo, messo sull'avviso dalla diceria secondo cui il guru fa il casca-morto con le passerotte della California, mette fine a un pellegrinaggio in Oriente durante il quale, invece di trovare la Patria della Luce, trova la forza di non credere più nei Beatles ma solo in se stesso e in Yoko Ono" (ahimè!).

Questo episodio ha segnato dunque una nuova frontiera nei rapporti tra il prodotto di intrattenimento e la mistica religiosa. Più in generale, si tratta della prima contaminazione – un termine che oggi usano tutti, ma che negli anni sessanta era pressoché sconosciuto – tra alto e basso, in anticipo su ciò che avverrà nel postmoderno.

Il progetto di *Nothing Is Real* nasce da qui, ispirato da un verso di *Strawberry Fields Forever*, "nothing is real and nothing to get hung about", che letteralmente tradotto dice "niente di reale e niente per cui stare in attesa". Tra misticismo e psichedelia, i Beatles ci annunciano di essere sulle tracce di una dimensione altra, proprio in quel disco in cui si trattano argomenti scomodi come le droghe – *Lucy in the Sky with Diamonds* e *A Day in the Life*, con presunti riferimenti all'Lsd –, viaggi e fughe da casa di adolescenti difficili – *She's Leaving Home* – ma anche religione, in *Within You Without You*, quest'ultima scritta da George Harrison.

Inseguire la lontananza, voler battere altre strade non sono cose che riguardano solo la musica pop-rock, che pure dopo il viaggio dei Beatles in India darà la stura a decine e decine di album imperniati di mistica, sia nei suoni contaminati sia nel design di straordinarie coloratissime copertine, in cui l'Oriente si mescola inevitabilmente alla psichedelia: Donovan, che ha fatto parte della mitica spedizione in terra indiana, sembra un figlio dei fiori sbarcato dall'ashram nell'immagine di *A Gift from a Flower to a Garden*. E poi Joni Mitchell, Buddy Miles, Santana, Jimi Hendrix, The Fools, Quintessence, Grateful Dead, giusto per citare i più famosi.

L'arte sembrerà fare altrettanto: da qui l'idea di offrire al pubblico il non semplice esercizio di un prodotto ibrido, che mette insieme linguaggi diversi e registri stilistici contrapposti, ospitato al MAO - Museo d'Arte Orientale, il quale non si limita a conservare una raccolta di beni storico-archeologici, ma crede nella possibilità di trattare un patrimonio in maniera viva e attuale, che poi è la vera sfida di oggi per un museo incentrato sulla memoria.

Dopo aver messo in fila decine di album generati dal viaggio in India dei Beatles, è come se tutta questa insolita miscela di progressive e classicismo, rock e folk, pop e misticismo avesse trovato sintesi in una tela del pittore bolognese Fabrizio Passarella, *Il Suono è Dio* (2001), una sorta di lapide a colori che riporta i nomi di quei musicisti a loro volta influenzati da melodie lontane. "La musica in India – spiega Passarella – è talmente pervasiva, ossessiva, impregnante, che non mi sono mai preoccupato di fornirmene altra. La musica indiana, dai raga alle struti, ai canti baul, indonesiana e karnatika, è la mia passione fin da ragazzo, tanto che se mi trovassi nella contingenza di doverlo fare, due raga vorrei sentire chiudendo gli occhi sul mondo: *Iman* e *Mishra Bhairavi*. L'aura dolente dell'umanità intera è contenuta in quelle note".

Alla moda dell'India che esplode tra gli anni sessanta e settanta contribuisce certo il tema del viaggio, spesso affrontato con mezzi di fortuna e non certo tra mille comodità come oggi. È sempre il 1967 quando in *Magical Mystery Tour*, album e film per la tv britannica che non va annoverato tra i maggiori successi dei quattro, è Paul a sostituire la parola "trip" con la più scanzonata "tour". Di lì a poco esploderà la tendenza verso quel "viaggio" che investirà tutta la cultura giovanile, in particolare in Europa. La strada per Katmandu è dunque l'altra faccia di una scoperta interiore, di quel pellegrinaggio e di quella ricerca, esaltati talora dall'uso di oppio, a piedi, con i mezzi pubblici, in autostop, attraversando confini mentali e geografici, dall'Occidente verso l'Oriente. L'itinerario tocca tappe obbligate: la Turchia, l'Iran, l'Afghanistan, il Pakistan e infine l'India. Sono molti gli artisti che intraprendono questo viaggio e che riportano nei loro lavori le esperienze vissute. Nel quartiere residenziale di Shar-e-Naw, a Kabul, Alighiero Boetti fonda nel 1971 il suo One Hotel; proprio in Afghanistan prendono forma le sue prime *Mappe* ed è qui che lo raggiungerà il giovane amico Francesco Clemente. Mario Schifano, a cui viaggiare non è mai piaciuto troppo, cerca l'Oriente per annullare la distanza tra l'esperienza estetica e la vita. Anche Aldo Mondino, seppur più avanti negli anni, ha fame di scoprire culture e prospettive diverse, conoscere usi e costumi, paesaggi e tradizioni. Realizza così una carta geografica di una porzione del fiume Gange, lungo le cui sponde si incontrano i Sadhu, "santi viventi" che usano il loro corpo come un'opera d'arte: lo disegnano, violentano, sono in grado di vivere per anni su una sola gamba, portano capelli lunghissimi, mai tagliati, così unghie e peli. L'ironico torinese utilizza cioccolatini incartati con colori differenti a disegnare i perimetri del fiume sacro. Tra i suoi soggetti, i Sadhu, santoni che vivono nella città santa di Benares, sulle rive del fiume Gange. E poi Dervishi, monaci tibetani, profeti della cultura araba.

Laggiù, peraltro, vivono comunità e gruppi d'ispirazione per tutto il movimento hippie, tra cui i Sufi, fotografati da Italo Bertolasi, testimone in diretta di quel fenomeno che ha richiamato più volte l'attenzione della stampa nazionale e internazionale.

L'esperienza psichedelica e la filosofia indiana conducono alla stessa meta. Dentro questa prospettiva, di cui i Beatles sono precursori, è invocato il dualismo che fino agli anni sessanta e settanta sembrava sconosciuto agli occhi della cultura occidentale e che da lì in avanti ha unito il senso del divino con la miscredenza del pop.

L'immagine sacra della divinità è riportata in patria, di ritorno dal viaggio, attraverso cartoline e statuette votive, ammennicoli e oggetti che rappresentano un ricco e nuovo repertorio visivo. Per gli artisti occidentali l'immaginario del sacro passa attraverso la sua rappresentazione in quanto idolo – come nel grande quadro *Indian Painting* del pittore-regista americano Julian Schnabel o nel ritratto che Salvo dedica a Buddha.

Anche la Patria della Luce risente, all'inverso, di una contaminazione derivata dall'immaginario occidentale, che

produce eroi al posto di divinità e propone modelli estetici ben lontani dalla sacralità, più vicini invece alla cultura massmediatica – come i protagonisti dei fumetti della casa editrice Amar Chitra Katha, versione orientale dei supereroi americani.
L'India mistica vista dalla cultura occidentale sfida i confini tra sacro e profano. In particolare, la controcultura ha prodotto forme editoriali alternative, libere da schemi e dunque ambito di assoluta sperimentazione visiva e lessicale, esempio dello sfaldamento del misticismo dentro a motivi politici e sociali. In Italia "Pianeta Fresco", rivista ideata da Fernanda Pivano con l'amico Allen Ginsberg e disegnata dal compagno Ettore Sottsass, e la rivista post-beat di Giulio Tedeschi "Tampax". Si tratta spesso di fanzine autoprodotte, stampate a bassissimo costo ma con risultati tipografici sorprendenti. La psichedelia made in Italy trova riferimento in produzioni a base di vignette dove la grafica pop si contamina con i simboli del misticismo orientale e diventa layout per riviste, libri, dischi. Nelle illustrazioni di Matteo Guarnaccia, autentico guru di ogni forma di controcultura passata da noi fin dagli anni settanta, abitano sciamani indiani e comics americani, iconografie sacre con visionarie rappresentazioni, sesso libero a sorpassare le convenzioni e le restrizioni del cattolicesimo. Per non dire, a tal proposito, delle fotografie di Luigi Ontani, certo il più importante tra gli artisti viaggiatori, che l'India la conosce bene avendola vissuta come un'esperienza personale. Sono gli stessi anni in cui la sessualità si emancipa da rigidi schemi culturali, proponendo la versione aggiornata di un *Kamasutra* moderno. Ontani, dunque, importa una propria visione rinnovata del vocabolario erotico realizzando tableaux vivants ispirati dai suoi viaggi in India: l'identità, il corpo nudo, l'omosessualità sono messi in scena per mezzo di un trasformismo di travestimenti dandy e maschere rituali. L'incontro tra sacro e profano produce forme soft e ironiche di letteratura erotica – *Le amanti del Dalai Lama* – accanto a una raffinata figurazione "dell'arte dell'amore" tramandata dal *Kamasutra* e rappresentata, in maniera spesso annacquata, in libri illustrati, cartoline, ricordini di ogni genere.
Tra grafica e illustrazione, pittura e disegno, è anche l'opera Guy Harloff, artista poliedrico e apolide, completamente dimenticato, amato molto da Harald Szeemann, di cui questa mostra vorrebbe segnare un importante recupero: dal 1962 al 1965 un gigante alto oltre due metri attraversa l'Iran e il Medio Oriente fino all'India. I suoi lavori sono l'articolazione visiva di un compendio di segni grafici a cavallo tra rito e alchimia, religione ed esoterismo, filosofia e cabala.
Nothing Is Real dei Beatles invoca il miracolo di saper fondere stili tanto diversi tra loro e influssi provenienti da culture e mondi altri, non ammettendo distinzioni. Niente è reale, tutto è fantasia. La cultura pop abbatte il dualismo tra ludico e impegnato e invoca un bisogno di contaminare, fondere, unire, far dialogare.
Una selezione di opere di artisti contemporanei presenta infine linguaggi e stili in cui l'influenza indiana è epurata da schemi ideologici o formali. Il simbolo può essere stravolto e riletto dentro a una rappresentazione che supera i confini geografici e che importa, senza soluzione di continuità, l'Oriente nell'Occidente e viceversa. Primitivo e sacro, esoterismo e spiritualismo, folclore e fantasia.

LUCA BEATRICE

Nothing Is Real

EVERY RELIGION SETS ITS CALENDAR according to when its figure of reference supposedly appeared on earth. And the computation of time begins right there: days, months, years, centuries, millennia.

For those who believe in the (very secular) faith of culture, and of music in particular, the calendar can be calculated as a BB and an AB meaning Before Beatles – After Beatles. A decade lacking much activity, from 1960, although one needed to wait a while for the recording debut; in 1970, after having released *Let It Be*, the four from Liverpool decided that the time had come to walk down different paths: only two of them, John and Ringo, had already turned thirty. They had marked a revolution. In any case, from that moment on, things would never have been the same again.

That period in our history, namely the 1960s, was distinguished by the fact that the bar of creativity was set very high; perhaps there has never again been (at least in the west) a period as full of talent, imagination, a quest for innovation, a desire for utopia. From any standpoint, The Beatles were the ringleaders of an extraordinary era. They made an everlasting change in music and their songs triggered a sort of pop influence that can still be felt at present. Not only sounds: culture, customs, society, fashion, art – everything ended up in the vortex of Beatlemania. Those who came before them (I am especially referring to Elvis Presley, who actually "invented" rock and roll during the 1950s) were not able to withstand the impact of such a far-reaching whirlwind. After the advent on earth of Paul, John, George and Ringo, everything truly seemed hopelessly ancient. Any moment at all, beginning with their early concerts held in the Cavern Club in Hamburg to their last "live" performance on the terrace of the Apple building on 3 Savile Row, can be used for staging a story that is so alive as to make us wonder whether half a century has actually elapsed since then. In this case we've begun with that two-year period from the release of *Sgt. Pepper's Lonely Hearts Club Band* to the first and only untitled double LP that came to be known as the *White Album*: in between there was their trip to India, in Rishikesh, perhaps to find that sort of "spiritual regeneration" that George was looking for more than the others. Gone were the days of the "Beatles style" with identical clothes, bob haircuts, the famous boots that were named after them – so from being a pop phenomenon, The Beatles began to cultivate a more mature dimension as song-writers. Everything was quickly changing, protests were raging, the economic boom was no longer as solid as it used to be: hair and beards were flowing, each of them cultivated his own traits and personality (soon there would be talk of the four of them as being separated but living together), there was especially a need to approach "higher" forms of culture suited for legitimizing a phenomenon with strong popular roots – but one that would soon become the subject of studies even on university premises.

Among other things, these forms refer to art, philosophy and mysticism. After having worked with one of the most sought-after art directors, Klaus Voormann (who played with them for a little while in 1963 and designed the elegant *Revolver* record sleeve), in 1967 The Beatles entrusted Peter Blake (famous painter in the British pop scene) with the cover of *Sgt. Pepper's.* It proved to be the most famous rock cover of all times, with a frame made up of sixty-two faces that was defined as "the pantheon of popular culture". Another artist, Richard Hamilton, was summoned only one year later for the illustrations of the following album: he was a theoretician, animator of cultural activities for the ICA (Institute of Contemporary Arts) in London, one who was often inspired by the icons of his times such as Marilyn Monroe, and especially the creator of what was widely acknowledged as being one of the first pieces of Pop Art – *Just What Is It that Makes Today's Homes So Different, So Appealing?* – as early as 1956. The relation with Hamilton marked the "conceptual breakthrough" of The Beatles with their most difficult and ambitious work, producing a completely white cover with the group's name embossed in dry relief, accompanied by a progressive 7-unit numbering against an entirely white background (copy number 22 is shown here). From the extraordinary media impact stirred up by *Sgt. Pepper's*, then came the austerity of the *White Album*, to the value it would have given their recording as a limited edition – since it was conceived as a work of art.

Another issue was the encounter between the world of pop-rock and the East, especially fostered by their trip to India that was very much advertised in the press and television of the time, which took place between mid-February and early-April 1968. As Claudio Gargano wrote in his interesting essay entitled *La patria della luce. Il rock e l'Oriente tra i Sessanta e i Settanta* (Odoya, Bologna 2011): "At least in the beginning, the Fab Four took it very seriously: they did not grant interviews and, since they went there to search for enlightenment, they asked the press for utmost respect. They spent most of the time composing songs or attending private seminars with the Maharishi. Of the four Beatles, George was the one most committed to meditation activities; whereas John, wearing those granny glasses and with his pale complexion, seemed like an intellectual intent on discovering where the gimmick was. As for Ringo and Paul, the former was homesick for his children and nine cats, while the latter did not appreciate the Maharishi's excessive adulation, nor was he overly attracted to the Yogi's abstract sophistries... Ringo, after only a two-week stay in the ashram, sitting in contemplation of his own navel, used it as an excuse to flee from the Garden of Eden and head back to the abhorred comforts of the West. Paul stayed on in Rishikesh for another two weeks. In turn, even George and John returned to England in mid-April: the former, smitten by Indian raga, was ready to dive into the study of sacred texts with absolute dedication; the latter, whose suspicions were aroused by rumours of the guru being quite a charmer with the chicks in California, put an end to his pilgrimage in the East. So, instead of finding the Land of Light, he found the strength to no longer believe in The Beatles, but only in himself and in Yoko Ono" (alas!).

So this episode marked a new frontier in the relations between the product of entertainment and religious mysticism. More in general, it was the first contamination (a term that everyone uses nowadays, but during the 1960s was virtually unknown) between highs and lows, a sort of anticipation of what would have happened during the post-modern period.

The Nothing Is Real project set off from here, inspired by one of the lyrics in *Strawberry Fields Forever:* "nothing is real and nothing to get hung about". Amidst mysticism and psychedelia, The Beatles announced that they were on the trail of another dimension; this announcement was made in the record that with touchy issues such as drugs (*Lucy in the Sky with Diamonds* and *A Day in the Life* presumably referring to Lsd), troubled teens taking trips and running away from home (*She's Leaving Home*), but even the subject of religion in *Within You Without You* that was composed by George Harrison.

Pursuing the distance, wanting to tread other roads was not only inherent to pop-rock music. But following The Beatles' trip to India, this would have opened up the floodgates to dozens of albums focused on mysticism, both for their influenced sounds and for the design of extraordinarily colourful record sleeves, where the East was inevitably mingled with psychedelia: Donovan, who was part of the legendary expedition to the land of India, looked like a flower-child landed in an ashram on the cover of *A Gift from a Flower to a Garden*. And then came Joni Mitchell, Buddy Miles, Santana, Jimi Hendrix, The Fools, Quintessence, Grateful Dead – just to mention the most famous. Art seemed to go down that same road: from there came the idea of offering the public the tricky exercise of a hybrid product, gathering together different languages and contrasting styles, hosted on the premises of the Museum of Oriental Art (MAO). The museum does not simply preserve a collection of historical-archaeological objects, but believes in the possibility of treating this legacy in a lively and contemporary way – today's real challenge for a museum focusing on past memory.

After having lined up dozens of albums generated by The Beatles' journey to India, it seems as if all this unusual blend of progressive and classic, rock and folk, pop and mysticism can be summarized in an artwork by the Bologna-born artist Fabrizio Passarella. It is entitled *Il Suono è Dio* (The Sound Is God, 2001) and it is a sort of plaque bearing the names of those musicians who were in turn influenced by distant melodies. "Music in India," explains Passarella, "is so pervasive, obsessive, impregnating that I have never bothered to provide myself with other types of music. Indian music, from raga to Shruti, to baul, Indonesian and Carnatic songs have been my passion since I was a young boy. So much so that if I had the choice, I would like to listen to two raga at the moment of my departure from the world: Iman and Mishra Bhairavi. The grieving aura of humanity as a whole is contained in those musical notes".

The subject of travelling most certainly contributed towards the Indian trend that burst out during the 1960s and 1970s. Travelling was often done using makeshift transportation and certainly not with all the comforts enjoyed today. And again in 1967, in *Magical Mystery Tour* (an album and movie for British television, that cannot be listed amongst the hits of the Fab Four) Paul substituted the word "trip" with the more light-hearted "tour". Soon that "travel" fever would explode, investing the entire younger generation, particular-

ly in Europe. *The Road to Kathmandu* was therefore another aspect of that inner journey, of that pilgrimage and that search, sometimes enhanced by using opium, travelling by foot, using public transportation, hitch-hiking, crossing psychological and geographical boundaries, from the West towards the East. The route had some mandatory stopovers: Turkey, Iran, Afghanistan, Pakistan and ultimately India. Many artists embarked upon this journey and their works illustrate the episodes they experienced. In the residential quarter called Shar-e-Naw, in Kabul, in 1971 Alighiero Boetti established his One Hotel; his first *Mappe* came into being in Afghanistan where he was joined by his young friend Francesco Clemente. Mario Schifano, who was never very fond of travelling, searched for the East to bridge the gap between the aesthetic experience and life. Even Aldo Mondino, although long in the tooth, thirsted for discovering different cultures and perspectives, for becoming acquainted with customs, landscapes and traditions. So he drew up a map of a stretch of the Ganges River. And along its banks they encountered some Sadhus, "living embodiments of the divine", who use their bodies as a work of art: they draw over it, ravage it, can live on one leg alone for years, let their hair grow very long, never cutting it, never cutting their nails or body hair as well. The ironic Turin-born artist used chocolates wrapped in different colours to outline the perimeter of the sacred river. Some of his subjects were the Sadhus, holy persons living in the sacred city of Benaris, on the banks of the Ganges River. And then the dervish, Tibetan monks, the prophets of Arabic culture.

Moreover, communities and groups that inspired the entire hippie movement lived right there. Including the Sufis, photographed by Italo Bertolasi, who was an eye witness of the phenomenon that would have often captured the attention of the national and international press.

The psychedelic experience and Indian philosophy both led in the same direction. Within this perspective, of which The Beatles were forerunners, dualism was invoked as it seemed unknown to the eyes of western culture until the

1960s and 1970s; but from then on would have joined the sense of divine with the disbelief of pop.

The sacred image of divinity was brought back home, returning from the trip, through postcards and votive statues, paraphernalia and objects representing a rich new visual repertoire. For western artists, the concept of sacred passed through its representation as idol – like in the great work entitled *Indian Painting* by the American artist-director Julian Schnabel or in the portrait that Salvo dedicated to Buddha. Conversely, even *La Patria della luce* was influenced by western imaginary, producing heroes instead of divinities and proposing aesthetical models very distant from the sacred, closer to the mass media culture – such as the main characters in cartoons published by Amar Chitra Katha, an eastern version of American superheroes.

Mystic India as seen by western culture challenged the boundaries between the sacred and the profane. In particular, counterculture produced alternative editorial forms, free from schemes and hence the place for absolute visual and language experimentation, an example of the disintegration of mysticism within political and social motivations. This was represented in Italy by the magazine conceived by Fernanda Pivano with her friend Allen Ginsberg and designed by her partner Ettore Sottsass entitled *Pianeta Fresco*, and Giulio Tedeschi's post-beat magazine called *Tampax*. They were often self-produced fanzines, printed at a low cost but with surprising typographic results. Psychedelia "Made in Italy" could be found in cartoons where pop graphics were mingled with the symbols of oriental mysticism and became the layout for magazines, books and records. Illustrations by Matteo Guarnaccia, an authentic guru of every kind of counterculture that ever went through our country from the 1970s, were inhabited by Indian shamans and American comics, sacred iconographies with visionary representations, free sex overcoming the conventions and restrictions of Catholicism. Not to mention, in this regard, Luigi Ontani's photographs – certainly the most important of travelling artists, who is well-acquainted with India as he experienced it in the first person. Those were the same years in which sexuality was emancipated from rigid cultural schemes, proposing the updated version of a modern *Kamasutra*. Therefore Ontani imported his own renewed vision of the erotic dictionary by creating *tableaux vivants* inspired by his travels in India: identity, the naked body and homosexuality were staged by means of a transformation of dandy travesties and ritual masks. The encounter between sacred and profane produced soft and ironic forms of erotic literature – *Le amanti del Dalai Lama* – alongside the refined illustration "of the art of love" handed down to us by the Kamasutra and represented (often in a softened version) in illustrated books, postcards, souvenirs of all kinds.

Even the works of Guy Harloff (a versatile and stateless artist who has been completely forgotten but much appreciated by Harald Szeemann, for whom this exhibition wishes to promote an important recovery) include graphics and illustrations, painting and drawing: between 1962 and 1965 a giant more than two metres tall crossed Iran and the Middle East, all the way to India. His works are the visual representation of a compendium of graphic signs astraddle rituals and alchemy, religion and esotericism, philosophy and the Kabbalah.

Nothing Is Real by The Beatles invokes a miracle in skilfully blending styles so different from one another and their influences coming from other cultures and other worlds, without admitting any kind of distinction. Nothing is real, everything is imaginary. Pop culture breaks down the dualism between recreational and committed while invoking a need to influence, blend, unite and create a dialogue.

A selection of works by contemporary artists ultimately presents languages and styles in which the Indian influence has been purged from ideological or formal patterns. The symbol may be distorted and reinterpreted within a representation that overcomes geographical boundaries; one that imports, without interruption, the east into the west and vice-versa. Primitive and sacred, esotericism and spiritualism, folklore and fantasy.

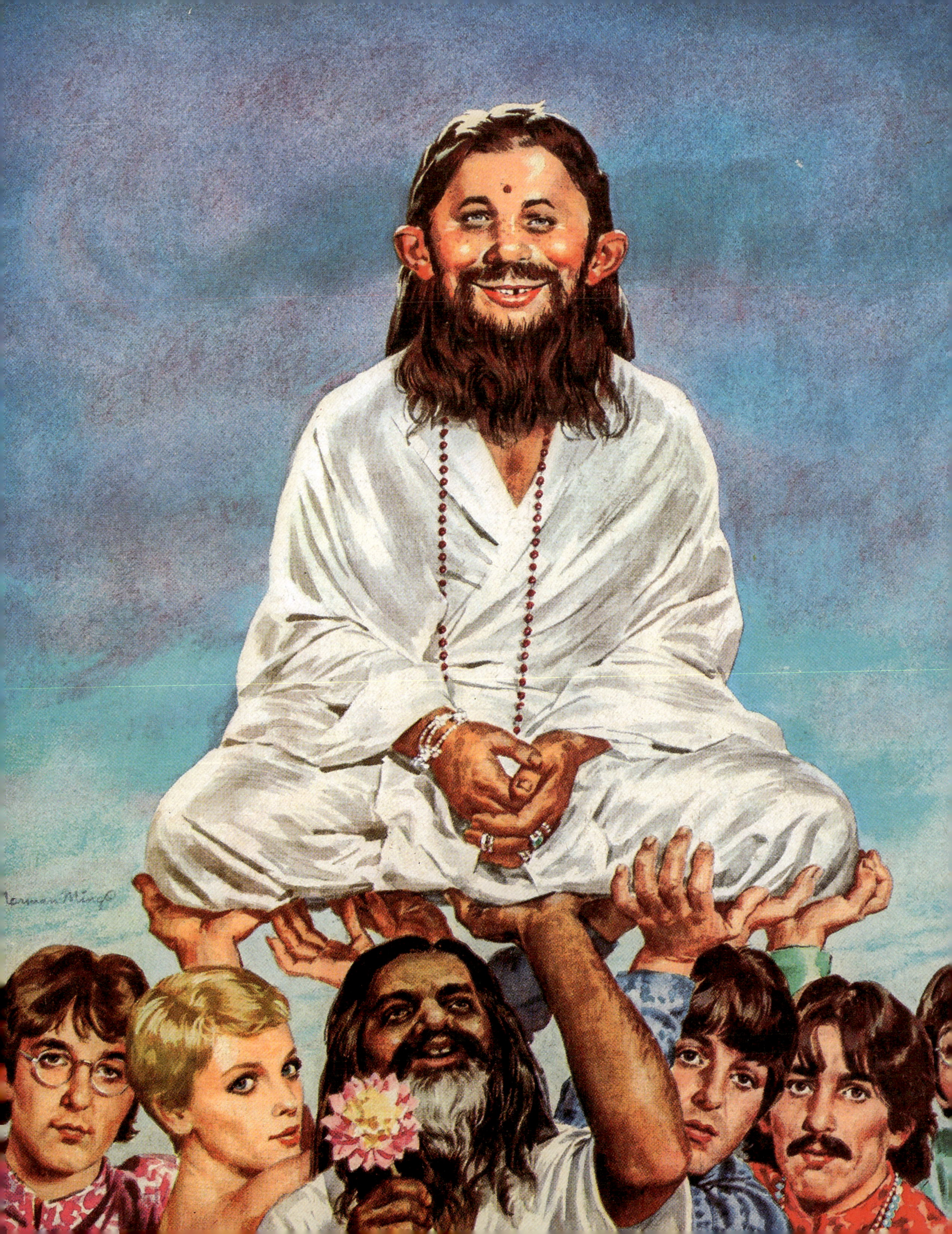

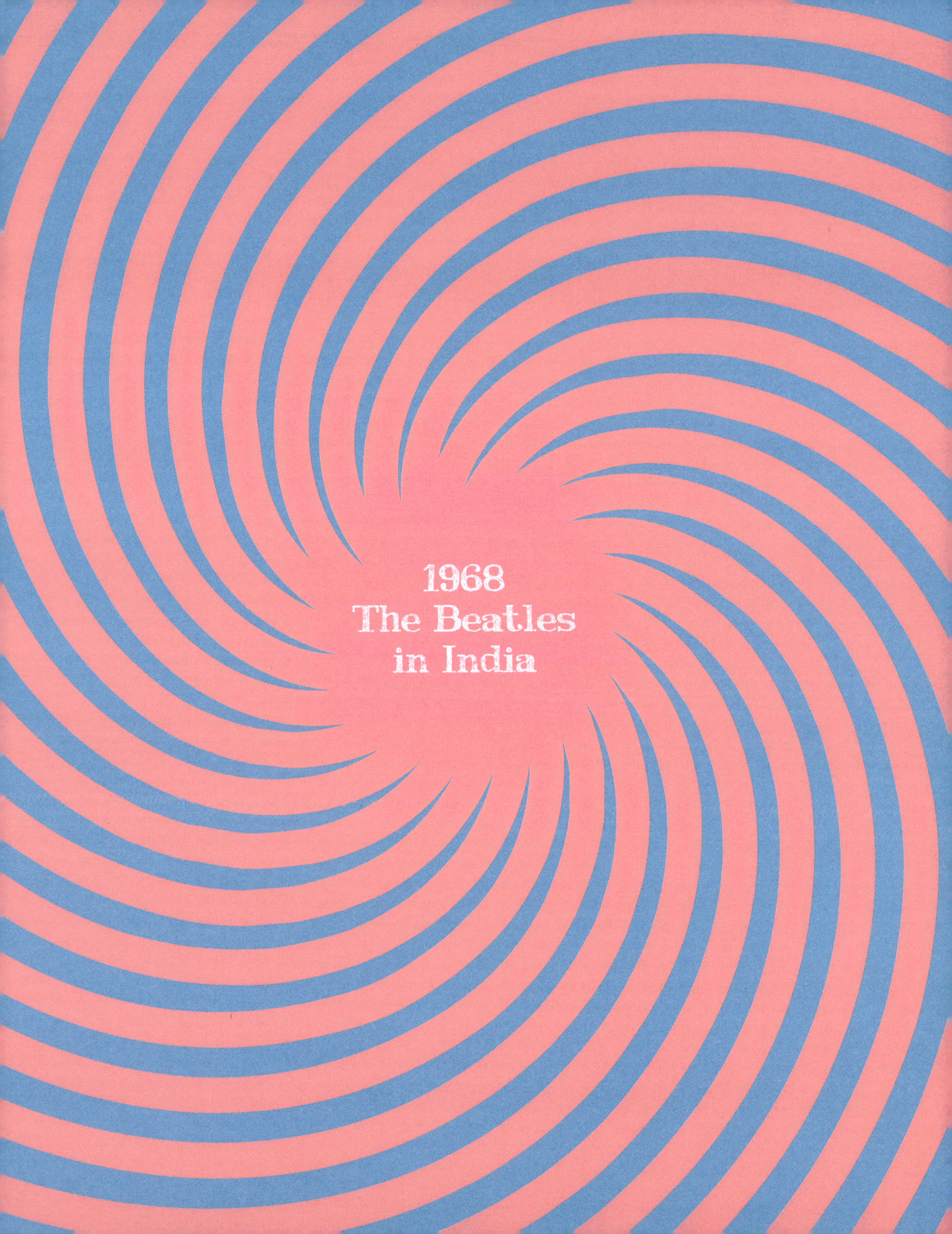
1968
The Beatles
in India

ANTONIO TAORMINA

Da Penny Lane
all'Himalaya

CORREVA IL 1968, I BEATLES, accompagnati da mogli e fidanzate, volano in India per raggiungere, alle pendici dell'Himalaya, a poca distanza dalle sorgenti del Gange, nei pressi di Rishikesh, l'ashram del guru Maharishi Mahesh Yogi, divenuto loro mentore nell'apprendimento della meditazione trascendentale.

Sono passati quasi cinquant'anni da quel viaggio, un lasso di tempo che ci consente di parlarne ascrivendolo tra gli eventi "storicizzati", seppur custoditi in memorie digitali. Come molte delle avventure dei quattro ragazzi di Liverpool (cediamo colpevolmente alla retorica che pervade ogni scritto che li riguarda), è stato oggetto di cronache, analisi, interpretazioni a uso di fan, biografi ed esegeti. In Italia è stato narrato in un servizio fortunosamente realizzato da Furio Colombo per il programma televisivo *TV7* della Rai, preziosa testimonianza di un'epoca in cui le distanze terrestri e il fascino dell'esotico caricavano imprese di questo tipo di non pochi valori simbolici. Il "passaggio in India" targato Beatles testimonia altresì che i membri della band più famosa degli anni sessanta più che condizionare la loro epoca ne seppero cogliere e interpretare – quanto meno sino al fatidico '68 – le tendenze, i fermenti, le emozioni, le contraddizioni. Il loro viaggio, infatti, consacra in chiave pop l'anelito verso la cultura orientale che da anni aveva contagiato scrittori, viaggiatori, esponenti della controcultura, e ben presto si trasforma in un evento mediatico. Al loro seguito si sono uniti numerosi cronisti, fotoreporter e personaggi vari dello show business, anch'essi colpiti da un'improvvisa esigenza meditativa, da

Mia Farrow (ormai ex moglie di Frank Sinatra) con la sorella Prudence a Donovan, a Mike Love dei Beach Boys. Le immagini televisive che ci pervengono (ovviamente in bianco e nero) descrivono una sorta di allegra vacanza (come rileva il commento bonariamente sarcastico del servizio Rai) durante la quale gli illustri convenuti cantano e suonano un po' di tutto (addirittura *Jingle Bells*), passeggiano, si riuniscono attorno al guru, posano per foto ricordo di gruppo. A tratti il tutto sembra descrivere, più che un ritiro dedicato alla meditazione, una sorta di *Bollywood Party*, per parafrasare il film di Blake Edwards interpretato da Peter Sellers, amico e per certi versi sodale dei Fab Four. Ma se negli anni sessanta l'impresa creò curiosità e disorientamento, oggi rivela gli indizi di una strategia di comunicazione (ante litteram), campo in cui, non v'è dubbio, i Beatles eccelsero, in questo guidati dal profetico John Lennon che già nel 1966 aveva giustificato l'abbandono delle scene da parte del gruppo, oltre che per motivi artistici (la loro produzione in studio non era più riproducibile dal vivo), prevedendo che la televisione sarebbe divenuta il mezzo principale per diffondere e promuovere la musica. D'altronde, quando il 25 giugno del 1967 fu realizzato *Our World*, il primo programma televisivo in mondovisione (allora significava circa 400 milioni di spettatori), a chi fu affidata la sigla di chiusura se non ai Beatles, per i quali Lennon in pochi giorni scrisse la canzone manifesto *All You Need Is Love*, dimostrazione eclatante del coinvolgimento nel Flower Power?

Sarebbe comunque sbagliato liquidare l'epopea indiana dei quattro e del loro clan come una lungimirante scelta mainstream. Sicuramente George Harrison, da poco allievo di sitar di Ravi Shankar (suo malgrado assurto tra gli ispiratori della world music), era seriamente interessato a superare gli schemi della musica sulla quale aveva costruito la sua fortuna. All'inizio del 1968 aveva lavorato con musicisti indiani, a Bombay, alla colonna sonora di *Wonderwall*; nello stesso periodo utilizzò, come testo di una canzone scritta per i Beatles, *The Inner Light*, addirittura il capitolo 47 del Tao Te Ching. Le influenze orientali sulla produzione musicale del gruppo (peraltro evidenti ancor prima della fantomatica trasferta) sono tutt'altro che fortuite o superficiali; è noto che in studio i Beatles, coadiuvati dal produttore George Martin, erano estremamente rigorosi e intransigenti, in contrasto con l'immagine giocosa e autoironica che davano di sé come performer, ruolo che possiamo estendere dal palco alle tante apparizioni pubbliche. Harrison e Lennon erano effettivamente interessati ai temi spirituali. Sempre nel 1967, il 29 settembre e (pare a grande richiesta) il 4 ottobre, avevano partecipato, in patria, al programma del noto conduttore televisivo David Frost, rilasciando lunghe interviste sugli insegnamenti del Maharishi, parlando di buddhismo, di reincarnazione e altro ancora. Avevano appreso i primi rudimenti sulla meditazione trascendentale nel corso di un seminario tenuto dal guru a Bangor, nel Regno Unito, avviato il 25 agosto e bruscamente interrotto dalla notizia, giunta due giorni dopo, della morte del loro impresario, Brian Epstein; in quell'occasione il guru recò loro conforto, li aiutò a superare quel momento, guadagnandosi la fiducia.

Ma i Beatles si recarono a Rishikesh in primo luogo per lasciare alle spalle la sfolgorante "summer of love" del 1967 che li aveva visti protagonisti, per affermare la loro "autenticità" come persone, ancor prima che come artisti. Nel giugno del 1967 era uscito *Sgt. Pepper's Lonely Hearts Club Band*, uno degli album più celebrati di tutti i tempi – considerato da molti il loro capolavoro –, quasi un omaggio alla Pop Art, a partire dalla celeberrima copertina realizzata da Peter Blake e dal suo staff, che tra l'altro annovera tra i tanti personaggi riprodotti – su ispirazione di Harrison – ben quattro guru… Erano gli anni in cui le arti figurative e il teatro scoprivano l'happening e i gruppi rock nei loro concerti tendevano sempre di più alla teatralità (Warhol aveva già coinvolto nella sua Factory i Velvet Underground, la multimedialità era agli esordi), a Londra come a New York o a San Francisco.

L'apice dell'epopea beatlessiana corrispose al passaggio dall'evidenza mitica dell'artista, che comunque prevedeva una complicità, un'intesa con il pubblico, all'interpretazione di personaggi d'invenzione, la Banda dei Cuori Solitari del Sergente Pepper. Il disco era stato pensato come una grandiosa macchina celibe, il progetto per uno spettacolo immaginario e al tempo stesso reale, diviso in tanti numeri diversi, per un pubblico sterminato. La copertina del disco (di fatto la prima apribile) conteneva le scene, i costumi, la locandina con i personaggi e gli interpreti, il copione, ovvero il libretto dell'opera: i testi delle canzoni. E anche l'invito: "A splendid time is guaranteed for all".
E all'interno dell'album si trovavano addirittura, in cartone, da ritagliare, delle sagome e alcuni elementi per il trucco e il costume: baffi e fregi. La presunta "autenticità" del musicista pop, all'epoca elemento centrale nella relazione tra pubblico e interprete – Bowie sarebbe arrivato molto dopo –, era stata alla base del successo dei Beatles, i cui componenti avevano sino a quel momento interpretato se stessi – anche nei film in cui erano protagonisti – identificando la figura pubblica con quella privata. Con *Sgt. Pepper's*, John, Paul, George e Ringo diventano quattro musicisti di una banda di ottoni di vaga ispirazione edoardiana…
Pochi mesi dopo girano il primo (e ultimo) film da loro scritto, diretto e interpretato, *Magical Mystery Tour*, basato sulla storia un po' surreale di un viaggio su un pullman colorato in maniera sgargiante. Il lungometraggio, girato a colori, fu in parte ispirato (dietro una parvenza tranquillizzante data dalla chiave umoristica) dalle prodezze di Ken Kesey, scrittore noto per il romanzo del 1962 *Qualcuno volò sul nido del cuculo*, il quale girava in quegli anni per gli Stati Uniti su un autobus scolastico dipinto, ovviamente, secondo gli stilemi della psichedelia, con una banda di hippies, i Merry Pranksters, una sorta di gruppo teatrale viaggiante. Si trattava di un'allegra brigata di profeti lisergici, a loro volta grandi fan dei Beatles, che davano vita a plateali acid-test (o almeno così fecero sino all'ottobre del

1966, quando l'Lsd fu vietato nel loro Paese); Tom Wolfe scrisse di loro nel libro *The Electric Kool-Aid-Acid Test*.

Nei 52 minuti di *Magical Mystery Tour* – che fu trasmesso dalla BBC la sera di Santo Stefano del 1967, in bianco e nero, con buona pace del cromatismo psichedelico ricercato – i Beatles "demiurghi" interpretano alcuni dei viaggiatori, se stessi che eseguono (anticipando forme più elaborate di videoclip) diversi loro brani, ma anche diversi personaggi.

Rivalutato nel tempo, rappresentò il loro primo vero insuccesso (per usare una frase abusata, di pubblico e di critica), la qual cosa sicuramente creò forti ripensamenti, dopo il trionfo del precedente album *Sgt. Pepper's*.

Avevano imboccato una strada accidentata e forse senza uscita nella commistione tra finzione, realtà e autorappresentazione, tra suggestioni underground e controcultura, pressati da una fama planetaria rivelatasi, come ebbe a dire McCartney, un'arma a doppio taglio. E intanto continuavano a incidere brani che avrebbero scardinato i paradigmi correnti dell'industria discografica. Uno degli elementi che più ha fatto discutere chi ha studiato la loro produzione musicale in senso diacronico è stata la rapida e progressiva evoluzione artistica e tecnica dei quattro nell'arco di soli sette anni di attività discografica. Alla base di tale processo stavano una vocazione naturale verso la ricerca di nuovi territori semantici e, al contempo, un'incessante esigenza di cambiamento, che andava ben oltre il trasformismo legato alle mode. In una delle ultime interviste Lennon ebbe a dire: "Sono un camaleonte, sono influenzato da tutto quello che accade".

Ma torniamo in India. Harrison e Lennon arrivano alla meta il 16 febbraio, raggiunti quattro giorni più tardi dagli altri, con qualche mese di ritardo rispetto alle previsioni, a causa della lavorazione di *Magical Mystery Tour*. Dismesse le casacche del *Sgt. Pepper's*, gli effetti speciali, le artificiosità psichedeliche, i Beatles si propongono in versione minimalista, con le loro compagne, di bianco vestiti, in tuniche, sari svolazzanti e ghirlande di fiori. L'atmosfera ripresa dall'unico ospite autorizzato a scattare foto, il futuro celebrato regista Paul Saltzman – che dall'esperienza ricaverà più di un libro –, non prelude però a un'adesione futura al movimento hippie, sempre più connesso alle fascinazioni orientali, anche se quell'esperienza si rivelerà importante nella determinazione delle strade che ciascuno dei quattro prenderà.

Al di là del clamore legato al viaggio, accresciuto da poco edificanti gesta attribuite, forse artatamente, al guru, che causarono la repentina dipartita di Harrison e Lennon a fine aprile (McCartney se ne era andato dopo un mese e Ringo dopo quindici giorni), la permanenza a Rishikesh permise forse ai Beatles di meditare (non sappiamo se in maniera trascendentale) sulla loro situazione, e forse di prendere delle scelte.

Harrison resta in India, si reca a Delhi, mentre Lennon torna in Occidente. E di lì a poco si avvia per lui e per i Beatles un anno veramente complicato. Il 14 maggio del 1968 Paul e John iniziano da New York la campagna per il lancio della loro nuova società di produzione, la Apple, "aperta alle persone di talento attive nei più diversi settori: musica, cinema, elettronica…", basata su presupposti programmaticamente utopistici come "riuscire a ottenere la libertà artistica in una struttura creata per gli affari". Dal punto di vista imprenditoriale, la Apple in realtà non funzionò – anche se Steve Jobs, l'inventore dell'altra Apple, non molti anni or sono dichiarò che i Beatles erano il suo modello di business, avendo dato vita a una start-up di successo – ma contribuì a lanciare una nuova immagine dei Beatles, quella degli imprenditori illuminati. Al ritorno da New York, Lennon avrebbe iniziato la sua relazione con Yoko Ono, evento tutt'altro che secondario per lui e per i Beatles, che comunque erano tornati dall'India con molte nuove canzoni che avrebbero utilizzato per i dischi da lì in avanti. Sicuramente per il cosiddetto *White Album*, uscito nel novembre del 1968 (primo doppio del gruppo), che in qualche modo segnò un distacco dal recente passato: la copertina era completamente bianca, la veste sobria. L'idea del "concept album", lanciata clamorosamente con *Sgt. Pepper's*, lasciò posto a una collazione di brani, una sorta di antologia che spaziava tra diversi generi musicali reinventandoli, talvolta ricorrendo alla parodia: dal vaudeville al blues, a quella che allora si chiamava sperimentazione d'avanguardia.

Ma nel frattempo, nell'estate del 1968, esce un 45 giri con uno dei brani composti in India da John, *Revolution*, il cui testo, a differenza della musica, è probabilmente influenzato da quell'esperienza. Mentre i Rolling Stones cantavano *Street Fighting Man*, era scoppiato il Maggio francese, i campus americani dei college vivevano fasi di grande tensione, scoppiavano i disordini in occasione della Convenzione Democratica di Chicago; attraverso il testo di *Revolution*, i Beatles prendono le distanze da quanto sta accadendo, usando un tono quasi paternalistico. La cosa genera delusione e polemiche presso un pubblico cresciuto con i Beatles, supponendo che avessero altri ideali, tanto che Lennon incide una nuova versione del brano "possibilista" sul loro coinvolgimento, *Revolution 1*, che uscirà appunto sul *White Album*. Ma qualcosa ormai si è spezzato e coloro che devono prendere drasticamente una posizione sul loro ruolo non sono già più i Beatles, ma artisti con visioni e sogni diversi. Poco più di un anno dopo uscirà *Give Peace a Chance* di John (che diventa uno straordinario inno

pacifista) e di fatto le storie dei quattro si divideranno. Cosa rimase del rapporto dei Beatles con l'India dopo la rottura con il Maharishi Mahesh Yogi, a parte l'immersione convinta di Harrison in quella cultura? La nuova etichetta del gruppo, la Apple, realizzò nell'agosto del 1969, prodotto dallo stesso Harrison, il singolo *Hare Krishna Mantra*, eseguito da un gruppo di discepoli degli Hare Krishna. Il disco divenne un successo internazionale, gli fece seguito un altro singolo e addirittura un album: *The Radha Krsna Temple*. George successivamente donò al movimento quella che sarebbe diventata la loro sede permanente, la Bhaktivedanta Manor, nello Hertfordshire.

Nel settembre del 1969 Lennon ospiterà per un certo periodo il fondatore degli Hare Krishna, Bhaktivedanta Swami Prabhupada, nella sua tenuta di Tittenhurst Park, dove terrà una serie di incontri aperti al pubblico. Da una conversazione tra il guru, John, George e Yoko Ono nascerà un piccolo libro, *Search for Liberation*, per certi versi illuminante.

Ma il viaggio in India dei Beatles ci riporta in realtà a tanti altri loro viaggi, veri e immaginari, narrati nelle loro canzoni, sui quali potremmo scrivere a lungo. Nel più affascinante, quello descritto in *Strawberry Fields Forever*, che prende ispirazione da un parco dove Lennon si recava da bambino, è lui stesso a farci da guida: *Let me take you down, 'cause I'm going to Strawberry Fields, Nothing is real…*

ANTONIO TAORMINA

From Penny Lane to Himalaya

IT WAS THE YEAR 1968 AND THE BEATLES, accompanied by their wives and girlfriends, flew off to India. They were headed for the foothills of the Himalaya, a short distance from the source of the Ganges, in the vicinity of Rishikesh, the ashram of guru Maharishi Mahesh Yogi, who had become their mentor in learning transcendental meditation.

Nearly fifty years have elapsed since that journey, a period of time that allows us to speak of those events as "historical" ones, although preserved in digital memory. Like many other adventures of the Fab Four from Liverpool (we guiltily surrender to the rhetoric that pervades everything written about them), that trip was the subject of reports, analysis, interpretations for the use of fans, biographers and commentators. A report eventfully produced by Furio Colombo in Italy for the *TV7* Rai television programme is precious evidence of a time in which land distances and enchantment for the exotic loaded deeds of this kind with quite a few symbolic values. The "passage in India" bearing The Beatles trademark also proved that the members of the most famous group from the sixties, more than influencing their era, knew how to grasp and interpret (at least until that fateful 1968) its trends, turmoil, emotions and contradictions. In fact, their journey consecrated (using the pop music key) a yearning for Eastern culture that for years had been influencing writers, travellers, representatives of counterculture – soon turning into a media event. They were accompanied by many reporters, photojournalists and various show busi-

ness personalities who were in turn stricken by a sudden need for meditation – beginning with Mia Farrow (by then the former wife of Frank Sinatra) along with her sister Prudence, Donovan, and Mike Love – member of the Beach Boys. The television images that came our way (obviously black and white) described a sort of lively vacation (as underlined by the kindly sarcastic comments made during the Rai report), where the distinguished participants sang and played a bit of everything (even *Jingle Bells*), strolled, gathered around the guru and posed for group pictures. At times it seemed to describe, rather than a retreat dedicated to meditation, a kind of Bollywood Party (to paraphrase Blake Edwards' film starring Peter Sellers who was a friend, and in some ways a companion, of the Fab Four). While the event aroused curiosity and bewilderment during the sixties, today it reveals the signs of a communications strategy (ante litteram) – a field in which The Beatles undoubtedly excelled, in this case led by the prophetic John Lennon who in 1966 had already justified the group abandoning the scenes, even for artistic reasons (their studio recordings could no longer be reproduced during "live" performances), foreseeing that television would become the principal means for spreading and promoting music. On the other hand, when *Our World* was aired on 25 June 1967 (the first television programme broadcast worldwide, meaning approximately 400-million viewers), who was the closing theme entrusted to if not The Beatles? In a matter of a few days, Lennon wrote the manifesto song *All You Need Is Love* – a striking demonstration of their involvement in the Flower Power movement.

However, it would be wrong to dismiss the Indian epic of the Fab Four and their entourage as a farsighted mainstream choice. Certainly George Harrison, who began taking sitar lessons from Ravi Shankar (who reluctantly rose to the ranks of those inspiring world music), was seriously interested in overcoming the clichés of music upon which he had built his fortune. At the beginning of

1968 he worked with some Indian musicians, in Bombay, on the soundtrack for *Wonderwall*; during the same period he went so far as using Chapter 47 of the *Tao Te Ching* for the lyrics of *The Inner Light*, a song written for The Beatles. Eastern influence on the group's musical productions (in any case rather obvious even prior to their elusive trip) was anything but accidental or superficial; it is well-known that when in their recording studio, assisted by producer George Martin, The Beatles were extremely rigorous and uncompromising – contrary to the playful and self-ironical image they gave of themselves as performers, a role that we can extend from the stage to their many public appearances. Harrison and Lennon were actually interested in spiritual issues. Again in 1967, and precisely on September 29th and (apparently by popular demand) October 4th, in Great Britain they participated in a programme with the popular television host David Frost, releasing long interviews on the teachings of the Maharishi, speaking about Buddhism, reincarnation, so on and so forth. They had learned the basic principles of transcendental meditation during a seminar held by the guru in Bangor (UK), which began on August 25th and was suddenly interrupted by the news (that arrived two days later) about the death of their manager, Brian Epstein. On that occasion the guru proved to be very comforting to them, helped them in getting through the ordeal and ultimately earned himself their trust.

But The Beatles went to Rishikesh first and foremost in order to leave that blazing 1967 "summer of love" behind them, to affirm their "authenticity" as people more than artists. *Sgt. Pepper's Lonely Hearts Club Band* was released in June 1967 and it turned out to be one of the most celebrated albums of all times – considered by many as their masterpiece – nearly a tribute to Pop Art, beginning with its famous cover designed by Peter Blake and his staff which also included, amongst the many characters illustrated (and according to Harrison's inspiration) four gurus… Those were the years in which figu-

rative arts and the theatre discovered happenings; during their concerts, rock bands got more and more theatrical (Warhol had already involved The Velvet Underground in his Factory, while multimedia was making its debut), in London as in New York or San Francisco.

The epitome of the Beatles epic was the passage from the artist's legend (that always entails some complicity), to an understanding with the public, to their interpretation of imaginary characters, namely *Sgt. Pepper's Lonely Hearts Club Band*. The record was conceived as a grandiose bachelor machine, the project for an imaginary yet simultaneously real show, divided into many different numbers, for an immense audience. The cover of the album (in fact, the first one that could be opened) contained the scenes, costumes, billboard with characters and actors, script and namely the libretto of the opera: the song lyrics. In addition to the invitation: "A splendid time is guaranteed for all". Inside the album there were even some cardboard cut-out silhouettes and items for make-up and costumes: moustaches and decorations. The presumed "authenticity" of pop musicians that at the time was a cardinal element in the relationship between the public and the performer (Bowie would have come to the stage much later) was at the basis of The Beatles' success. Right until then they had been playing themselves (even in the movies where they were the protagonists), identifying the public figure with the private one. With *Sgt. Pepper's*, John, Paul, George and Ringo turned into four musicians in a bass band that was vaguely of Edwardian inspiration…

A few months later they filmed the first (and last) movie they had written, directed and performed: *Magical Mystery Tour*, based upon the rather surreal story of a journey on board of a flamboyantly colourful bus. The feature film, that was shot in colour, was partially inspired (behind a reassuring semblance given by its humour) by the exploits of Ken Kesey, a writer famous for his 1962 novel entitled *One Flew Over the Cuckoo's Nest.* In that period he was driving around the United States on a school bus that was obviously painted in psychedelic colours, along with a band of hippies called The Merry Pranksters – a sort of travelling theatre company. It was a happy brigade of lysergic prophets, in turn great fans of The Beatles, who gave life to audacious acid-tests (or at least they did until October 1966, when Lsd was banned from their country); Tom Wolfe wrote about them in his book called *The Electric Kool-Aid-Acid Test.*

In the 52 minutes of the *Magical Mystery Tour* (which was broadcast by BBC on the evening of Boxing Day in 1967, in black and white, to say nothing of those sought-after psychedelic colours) the "demiurge" Beatles played some of the travellers, themselves playing (the forerunners of more elaborate forms of video clips) some of their own songs, but also different characters.

Revalued over the course of time, it was their first real flop (to use a rather overused phrase, of public and critics alike), which certainly aroused some strong second thoughts after the triumphant success of their previous *Sgt. Pepper's* album. They had embarked upon a bumpy road that might have been a dead end street, in the mingling of fiction, reality and self-representation, between underground suggestions and counterculture, pressed by proven worldwide fame that would have turned out to be (as McCartney put it) a double-edged sword. And in the meantime they continued to record songs that would have unhinged the current paradigms of the recording industry. One of the elements that most aroused discussions in those who studied their musical productions in the diachronic sense was the rapid and progressive artistic and technical evolution of the four artists in simply a seven-year span of recording activities. At the basis of this process there was a natural vocation towards a search for new semantic territories, and at the same time an incessant need for change, one that went well beyond transformations linked to fashion. In one of his last interviews, Lennon said: "I am like a chameleon, influenced by whatever's going on".

But let's go back to India. Harrison and Lennon reached their destination on February 16th and they were joined by the others four days later, a few months later than scheduled due to the processing of *Magical Mystery Tour.* After shedding their *Sgt. Pepper's* jackets, special effects, psychedelic artificiality, The Beatles exhibited a new minimalist version, along with their partners dressed in white tunics, fluttering saris and flower garlands in their hair. The setting immortalized by the only guest who was authorized to take pictures, the soon-to-be renowned movie-director Paul Saltzman (who would have written more than a book about this experience), did not preclude future membership in the hippie movement, more and more connected to eastern fascination, although that experience would prove to be important in determining the road that each of the four of them would take.

Beyond the uproar caused by the trip, heightened by hardly exemplary deeds attributed (perhaps astutely) to the guru that caused the abrupt departure of Harrison and Lennon at the end of April (McCartney had left after a month and Ringo after a fortnight), their stay in Rishikesh perhaps gave The Beatles the chance to meditate (we don't know whether transcendentally) on their situation and perhaps make some choices.

Harrison stayed behind in India, going to Delhi, while Lennon went back west. Soon a very complicated year would begin both for him and for The Beatles. On 14 May 1968 in New York, Paul and John began their campaign for the launch of their new production company, Apple, *open to talented people working in the most diverse sectors: music, movie-making, electronics…*, based upon programmatically utopian assumptions such as *managing to obtain creative freedom in a place created for business.* From the entrepreneurial standpoint, Apple actually did not work out – although Steve Jobs, the man who invented the other Apple, recently declared that The Beatles were his business model as they had given birth to a successful start-up – but contributed towards launching a new image for The Beatles, one of enlightened business-men. Apparently Lennon began his relationship with Yoko Ono upon his return from New York. The event was not a secondary one for himself and for The Beatles, who in the meanwhile had returned from India with many new songs that would have become part of their forthcoming records. Certainly for their so-called *White Album*, released in November 1968 (the band's first double LP), which in some way marked their detachment from the recent past: the record sleeve was completely white, with an under-stated appearance. The idea of a "concept album", which was sensationally launched with *Sgt. Pepper's*, gave way to a collation of songs, a sort of anthology that travelled between different musical genres while reinventing them, at times resorting to parodies: from vaudeville to blues, to what was once called avant-garde experimentation.

But in the meanwhile, during the summer of 1968, a new single came out with one of the songs that John composed in India. The song was *Revolution* and its lyrics, contrary to the music, had most probably been influenced by that experience. While the Rolling Stones were singing *Street Fighting Man*, the May 1968 events broke out in France, many an American college campus was undergoing turmoil, while riots burst out during the Democratic Convention in Chicago; through the lyrics of *Revolution*, The Beatles distanced themselves from what was going on and used a rather patronizing tone in doing so. This aroused the disappointment and controversies with the public that grew up with The Beatles, assuming that they had other ideals, to the point that Lennon recorded a new "possibilist" version regarding their involvement called *Revolution 1*. It would have been released with the *White Album.* But there came a rift and those who had to drastically take a position on their role were no longer The Beatles, but artists with different visions and dreams. John's *Give Peace a Chance* (that would become an extraordinary anti-war anthem) came out shortly over a year later, and the lives of the four actually were separated from then on.

What was left of The Beatles' relation with India after their breakup with Maharishi Mahesh Yogi, apart from Harrison's convinced immersion into that culture? The group's new label, Apple, released the single entitled *Hare Krishna Mantra* in August 1969, which was produced by Harrison himself and performed by a group of Hare Krishna disciples. The record became an international hit and it was followed by another single and even by an LP: *The Radha Krsna Temple*. George later donated what would soon become the movement's permanent premises, Bhaktivedanta Manor in Hertfordshire, to them. For a certain period in September 1969 Lennon hosted the founder of the Hare Krishna, Bhaktivedanta Swami Prabhupada, in his Tittenhurst Park estate – where he held a series of lectures that were open to the public. A small book was borne from a conversation between the guru, John, George and Yoko Ono entitled *Search for Liberation* – in some ways it was enlightening.

But The Beatles' journey to India actually takes us back to their many other trips, albeit real and imaginary ones, narrated in their songs. And much could be written to this extent. The most fascinating one, namely the one described in *Strawberry Fields Forever*, was reminiscent of a park where Lennon played as a boy, with Lennon himself acting as our guide: *Let me take you down, 'cause I'm going to Strawberry Fields, Nothing is real…*

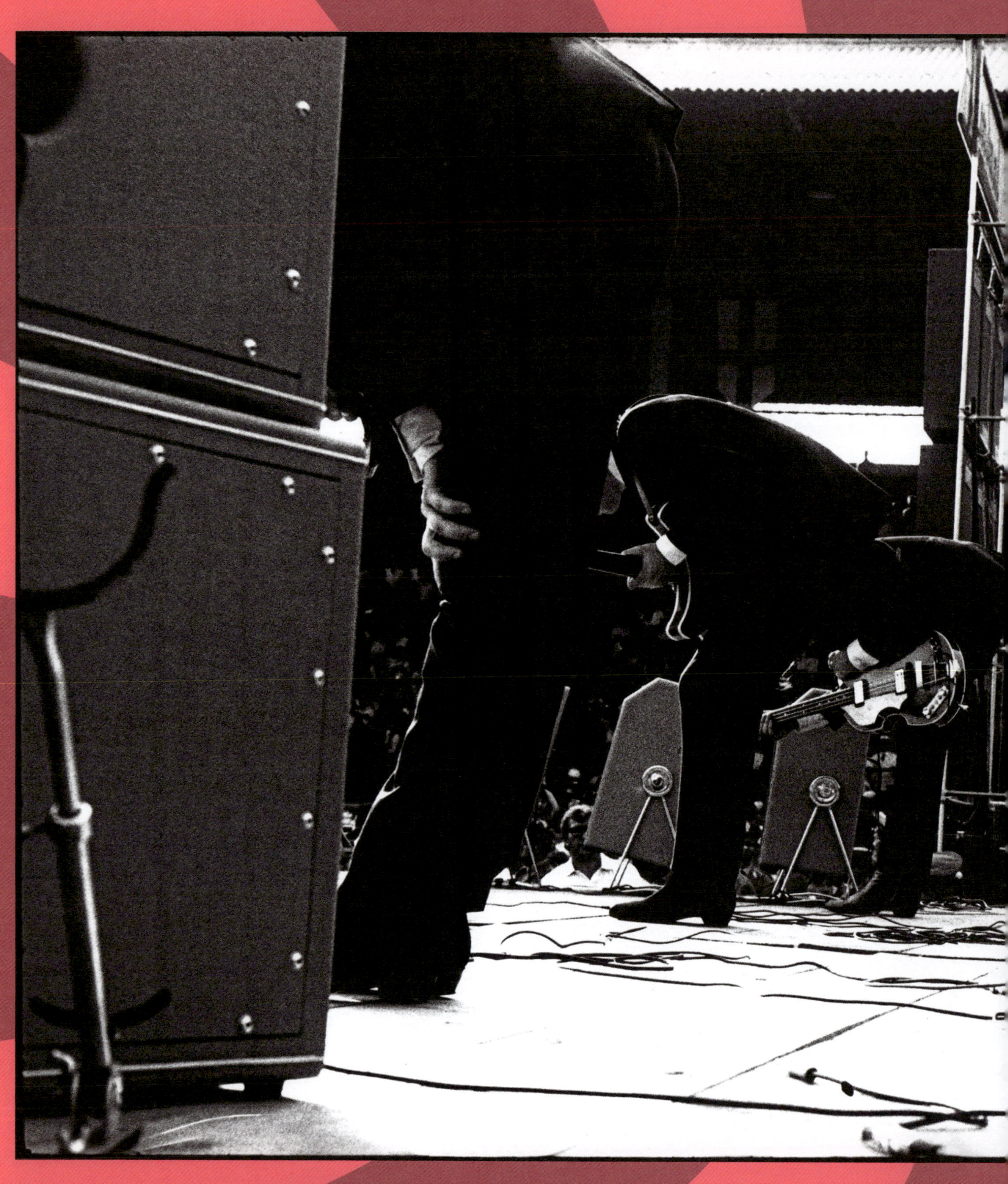

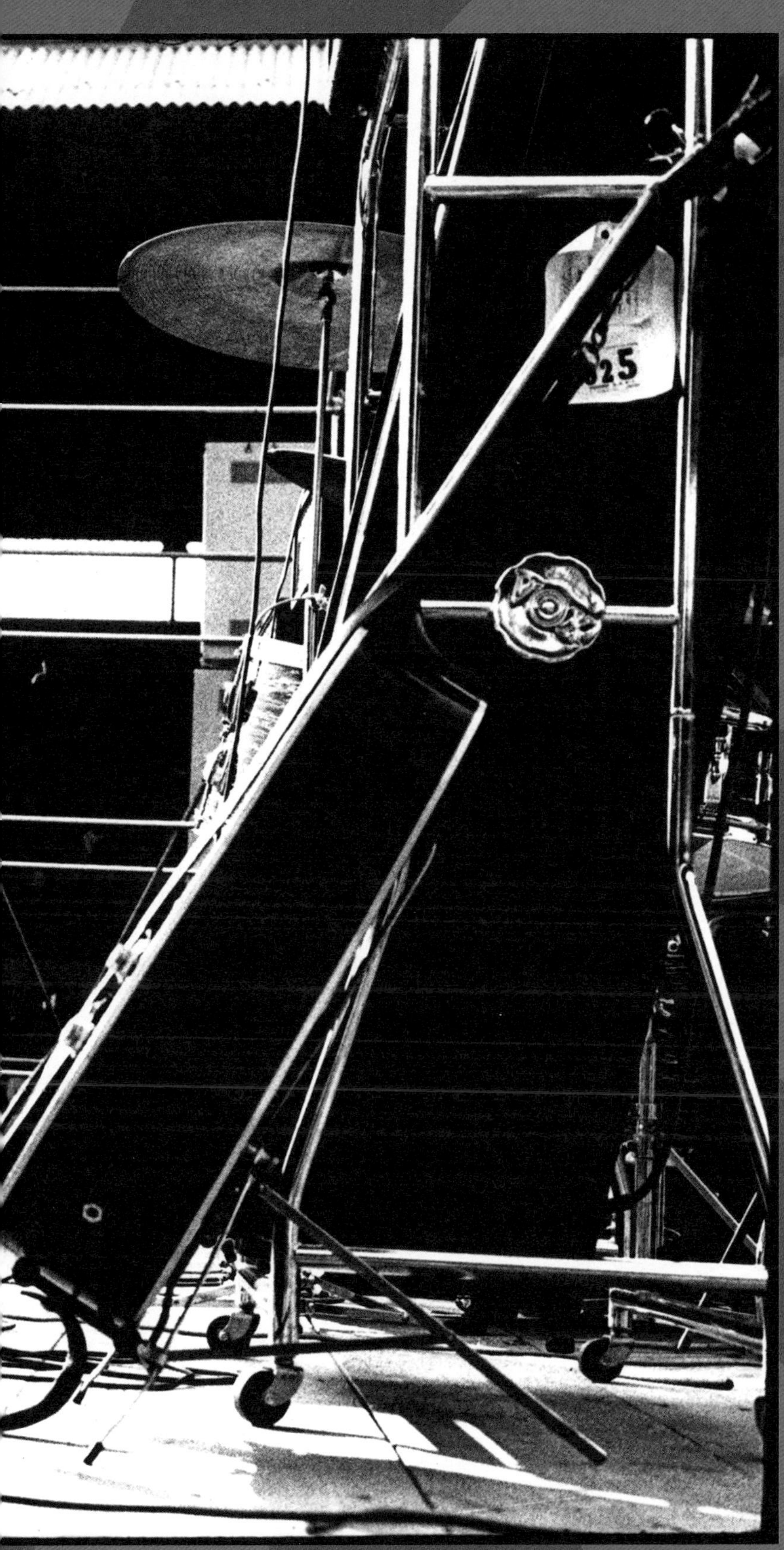

Carlo Orsi, *The Beatles*, 1965
stampa ai sali d'argento su carta baritata
gelatin silver print on Baryta paper, 40 x 50 cm
Courtesy Collezione Luigi Amleto Garzya, San Cesario di Lecce

Alla pagina seguente / At the following page

Pattie Boyd, *Paul recording his experiences in Rishikesh India*;
John with Maharishi in Rishikesh India during a lecture;
George showing something to Maharishi in Rishikesh;
Paul, Ringo and John during lecture;
Jane Auster, Paul and John in discussion;
Paul, Ringo and John during lecture II, 1968
lambda prints, 40 x 50 cm ciascuna / each
Courtesy Pattie Boyd, London

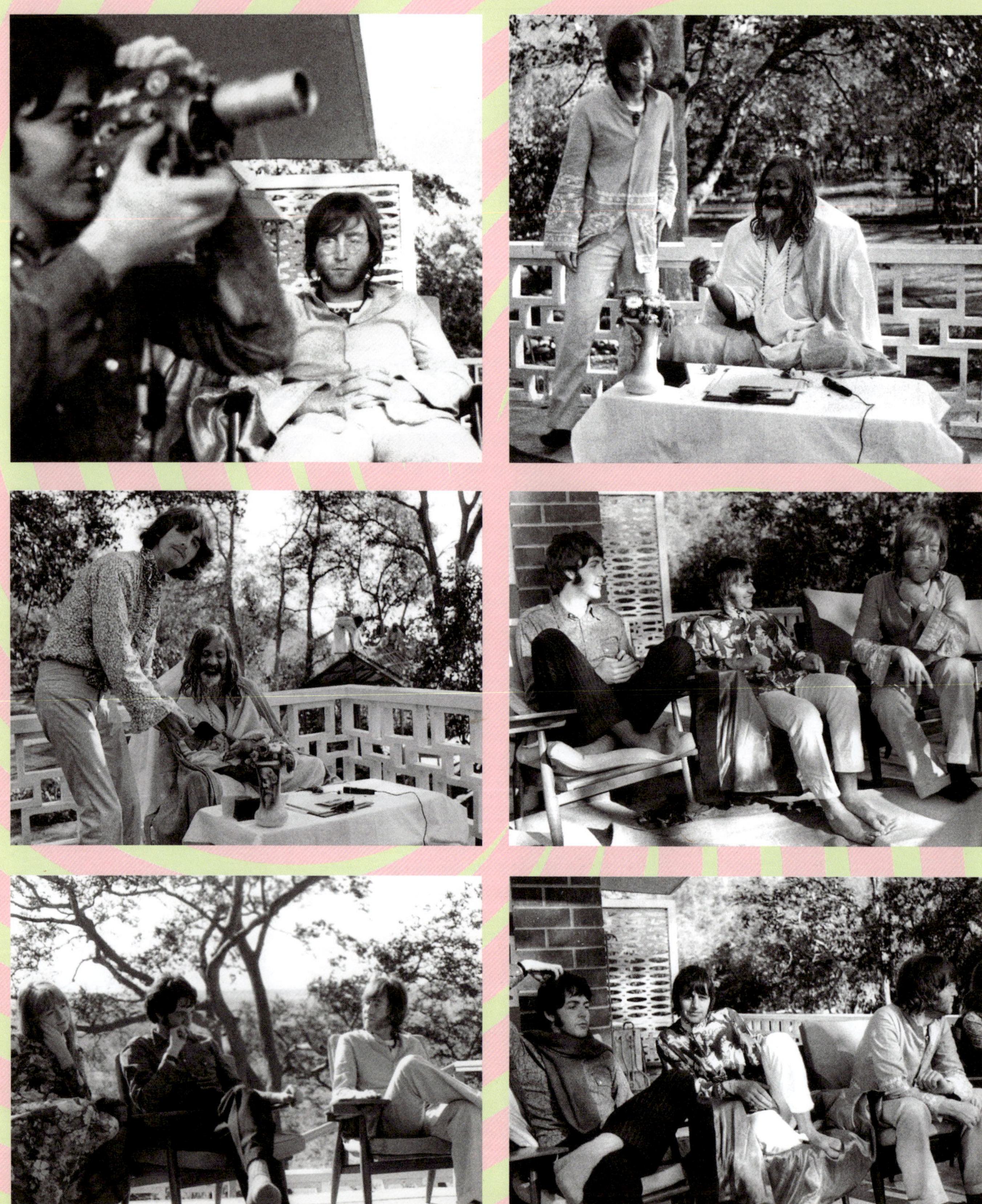

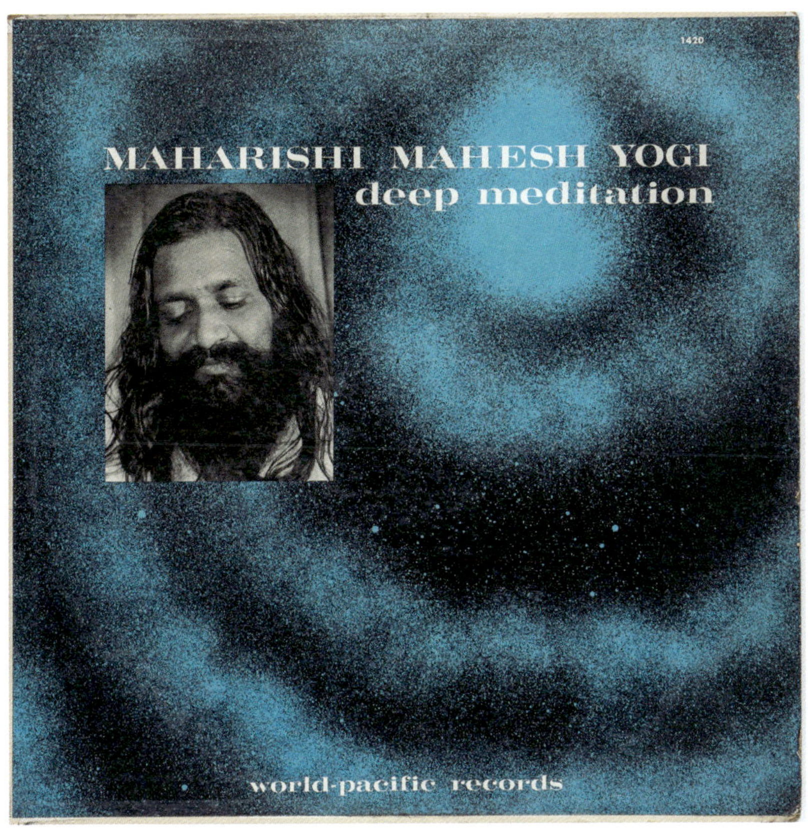

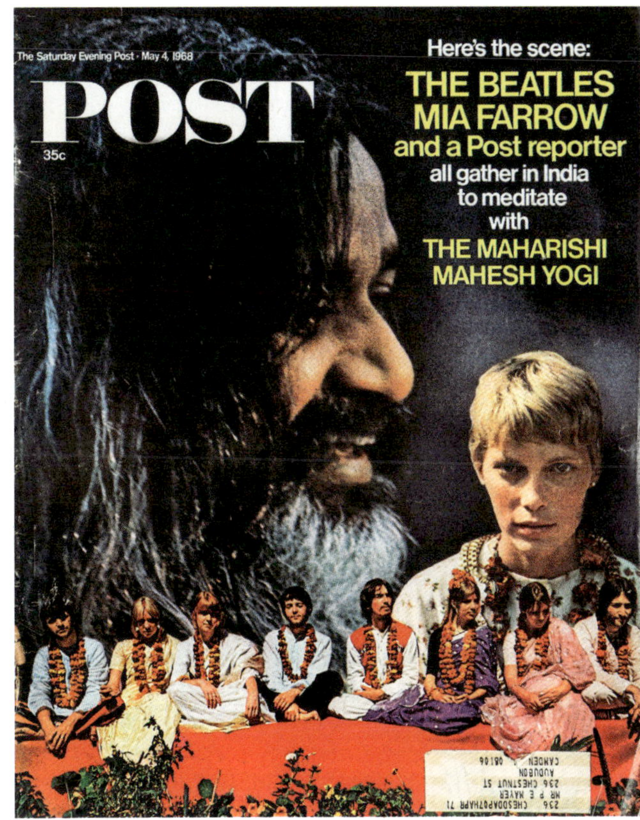

Maharishi Mahesh Yogi, *Deep Meditation*, 1962
World Pacific Records, copertina / cover

"The Saturday Evening Post", 4 maggio / May 1968
con un articolo di Lewis H. Lapham, unico giornalista cui fu permesso di soggiornare all'interno dell'ashram di Rishikesh
contains an article by Lewis H. Lapham, the only journalist who was allowed to stay in the Rishikesh ashram
copertina / cover

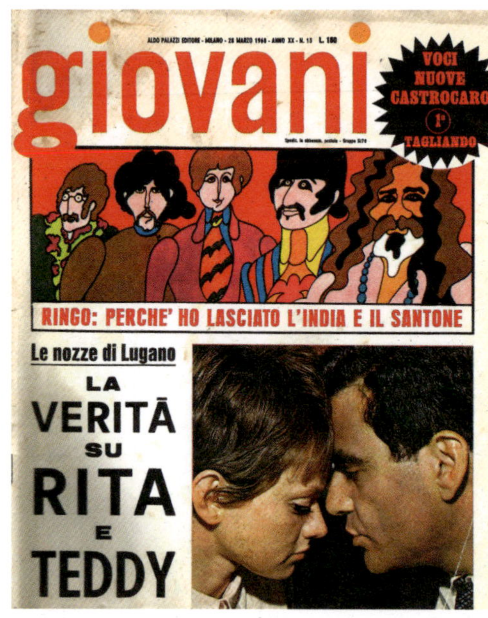
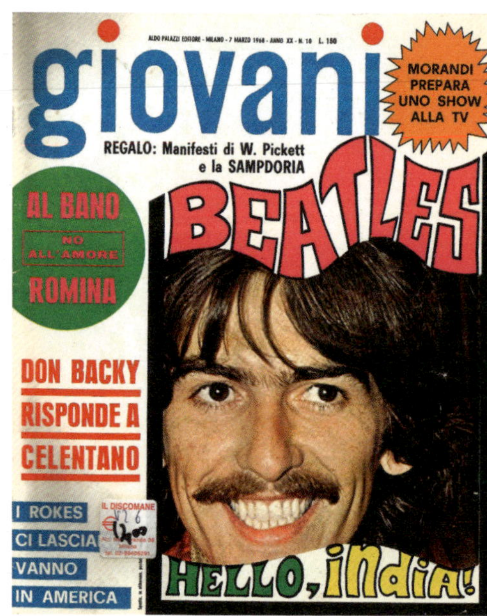
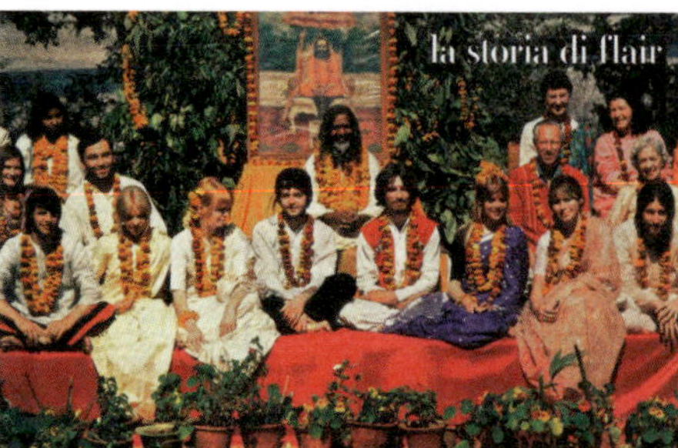
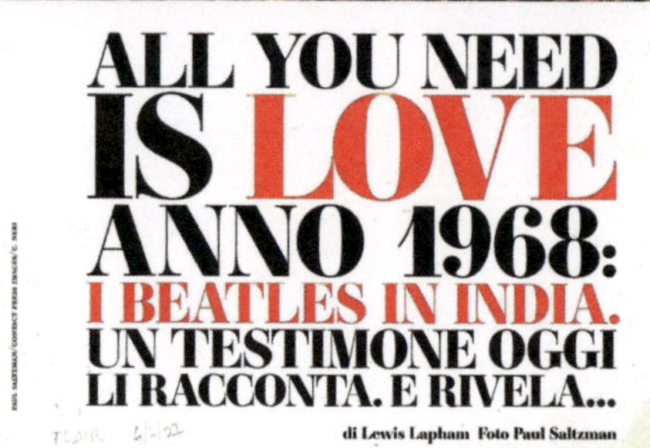

"Giovani", 28 marzo / March 1968
copertina / cover

"Giovani", 7 marzo / March 1968
copertina / cover
con un servizio di Cristiano Mascalero: "Ho visto George e John in preghiera sul Gange"
contains a report by Cristiano Mascalero: "I saw George and John praying on the Ganges"

All You Need Is Love. Anno 1968, 2007
servizio dalla rivista "Flair", con fotografie di Paul Saltzman del 1968
Flair magazine report with 1968 photographs by Paul Saltzman

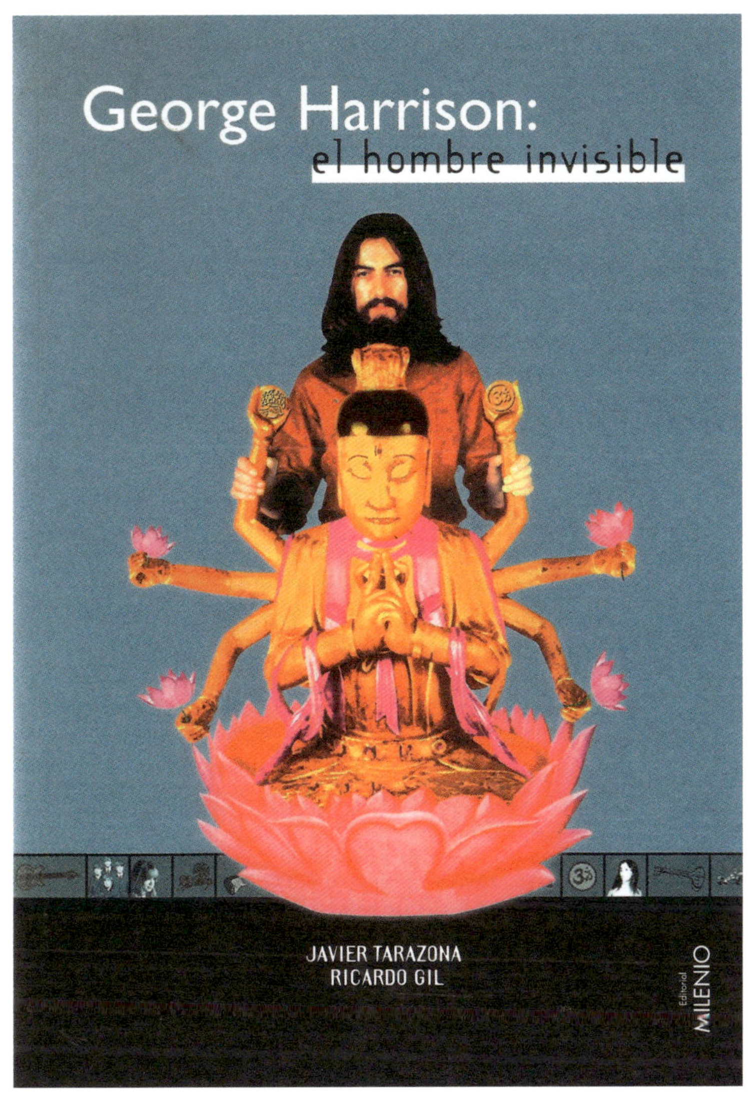

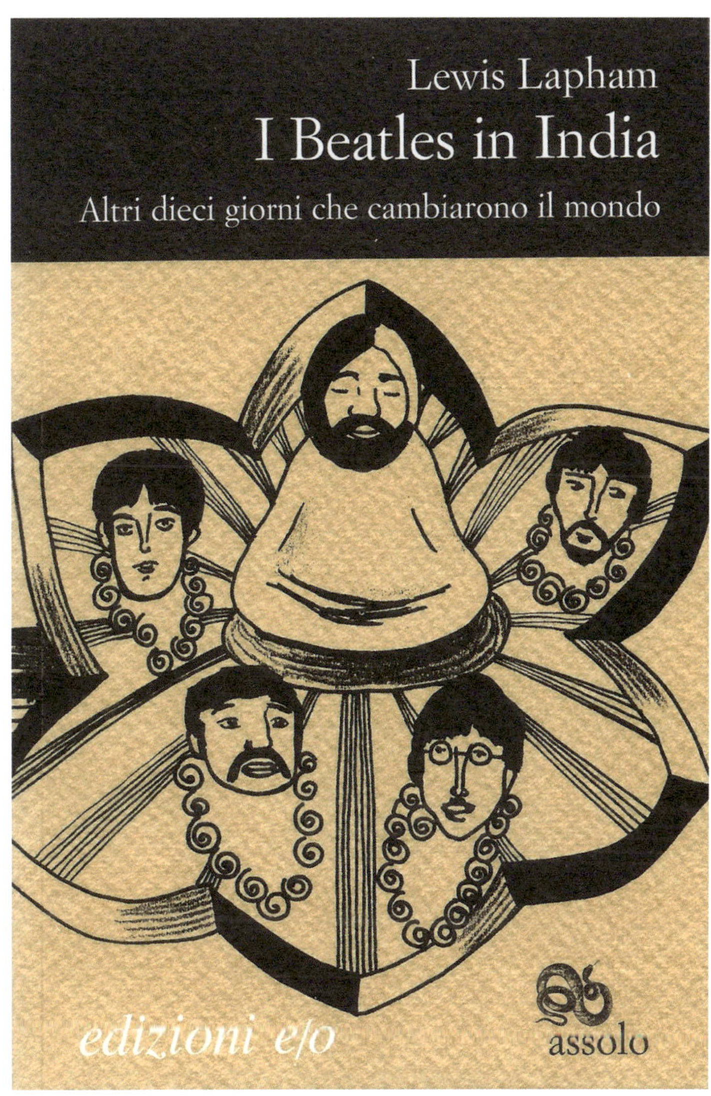

Javier Tarazona, Ricardo Gil, *George Harrison, el hombre invisible*,
Milenio, Lleida 1999, copertina / cover

Lewis H. Lapham, *I Beatles in India. Altri dieci giorni che cambiarono il mondo*,
Edizioni e/o ("Assolo"), Roma 2007, copertina / cover

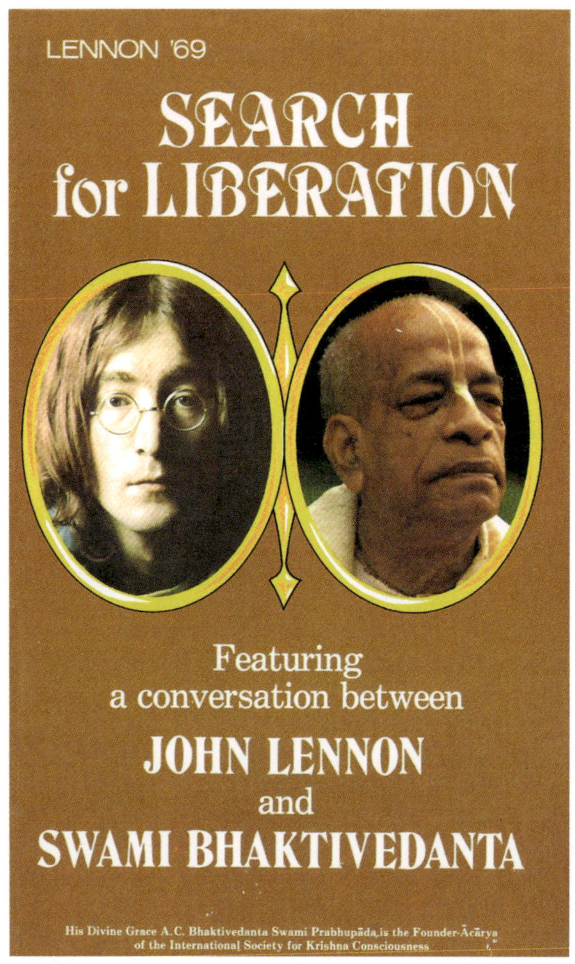

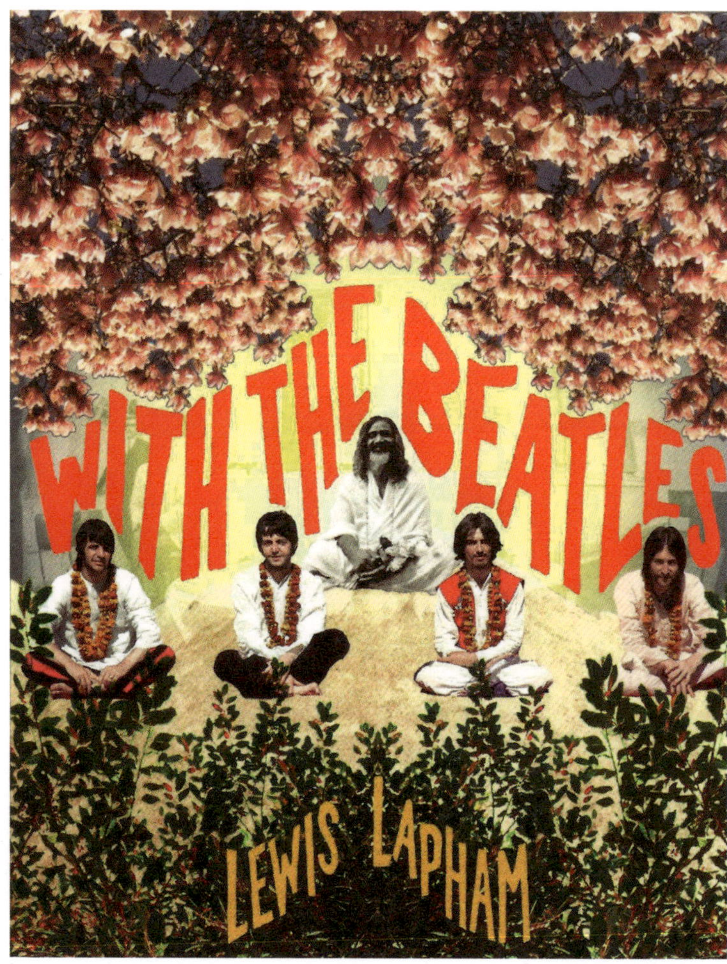

*Search for Liberation: Featuring a Conversation between
John Lennon and Swami Bhaktivedanta*, The Bhaktivedanta Book Trust, 1969
copertina / cover

Lewis H. Lapham, *With the Beatles*, Melville House Publishing,
New York-London 2005, copertina / cover

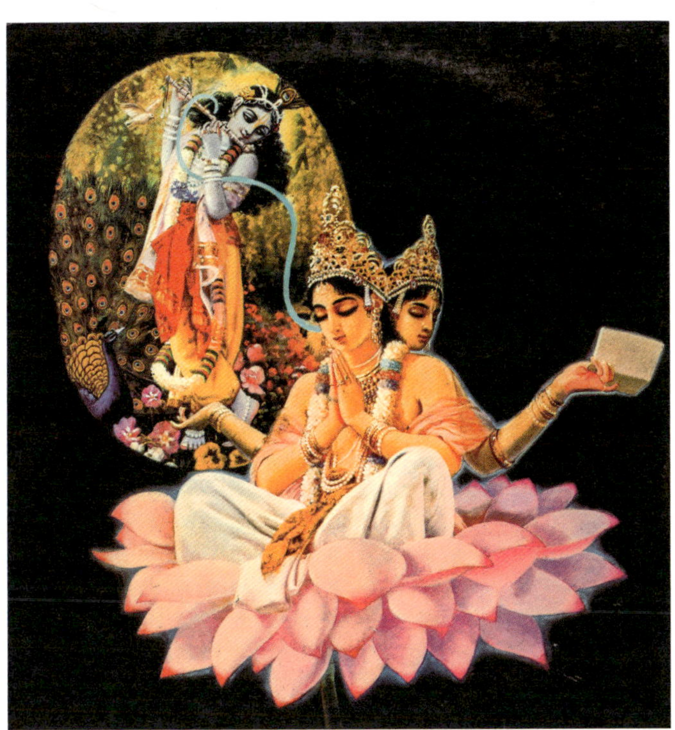

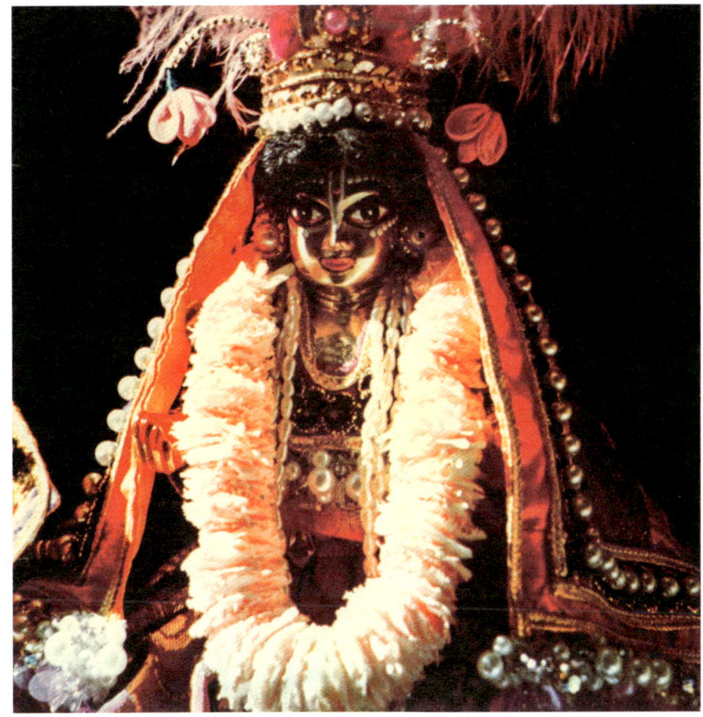

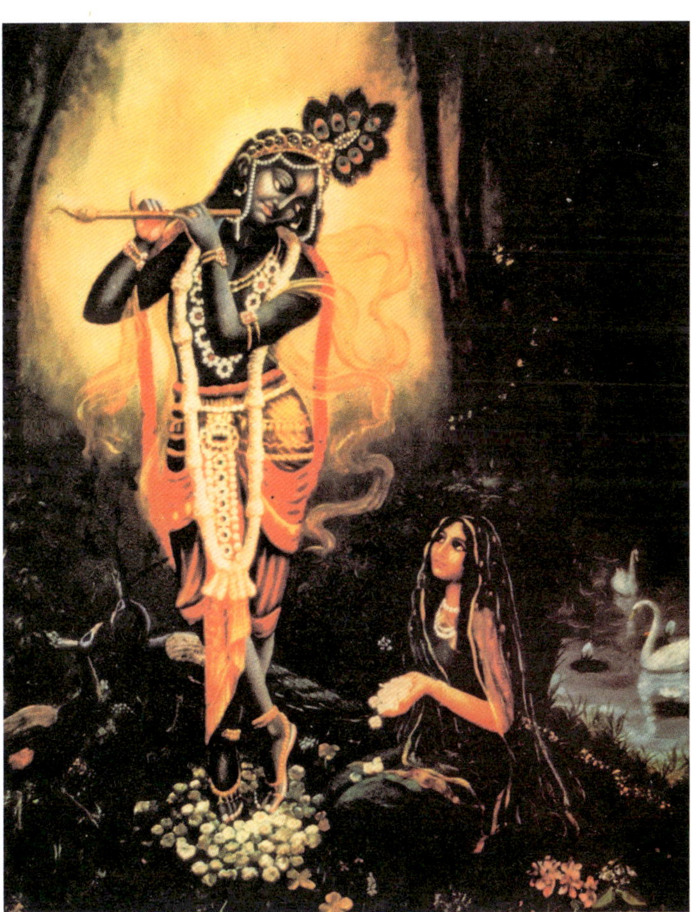

Album del movimento Iskcon Hare Krishna, anni settanta
Albums by Iskcon Hare Krishna movement, 1970s

Apple

September 27th,1974.

Richard Taub Esq.,
Euroatlantic Ltd.,
4,Halkin Place,
London,S.W.1.

Dear Richard,

Herewith enclosed lead-sheets of the Ravi Shankar album. As I explained to
you,the arrangers have left the titles off in respect of tracks 3 to 8 and
I would be grateful if you would confirm to me what we are to insert when
Ravi has had a chance to go over these.

I enclose also two bills from the arrangers and would be most grateful if
you can let me have the respective cheques as soon as possible.

Yours sincerely,

Bernard.L.Brown.

Apple Corps Ltd., 54, St. James's Street, London, SW1A 1JT 01-629 8222 Cables Apcor London, W.1. Telex 27121
Registered Office: 3 Savile Row, London, W1X 1AF England Registered in England under No. 764797
Directors: J. O. Lennon G. Harrison

Lettera su carta intestata, Apple Records
Letter on headed paper, Apple Records, 1973

Radha Krishna Temple, *Govinda*, 1970
copia 45 giri / 45 RPM copy

Radha Krishna Temple, *Govinda*, 1970
singolo promozionale 45 giri / promotional single 45 RPM

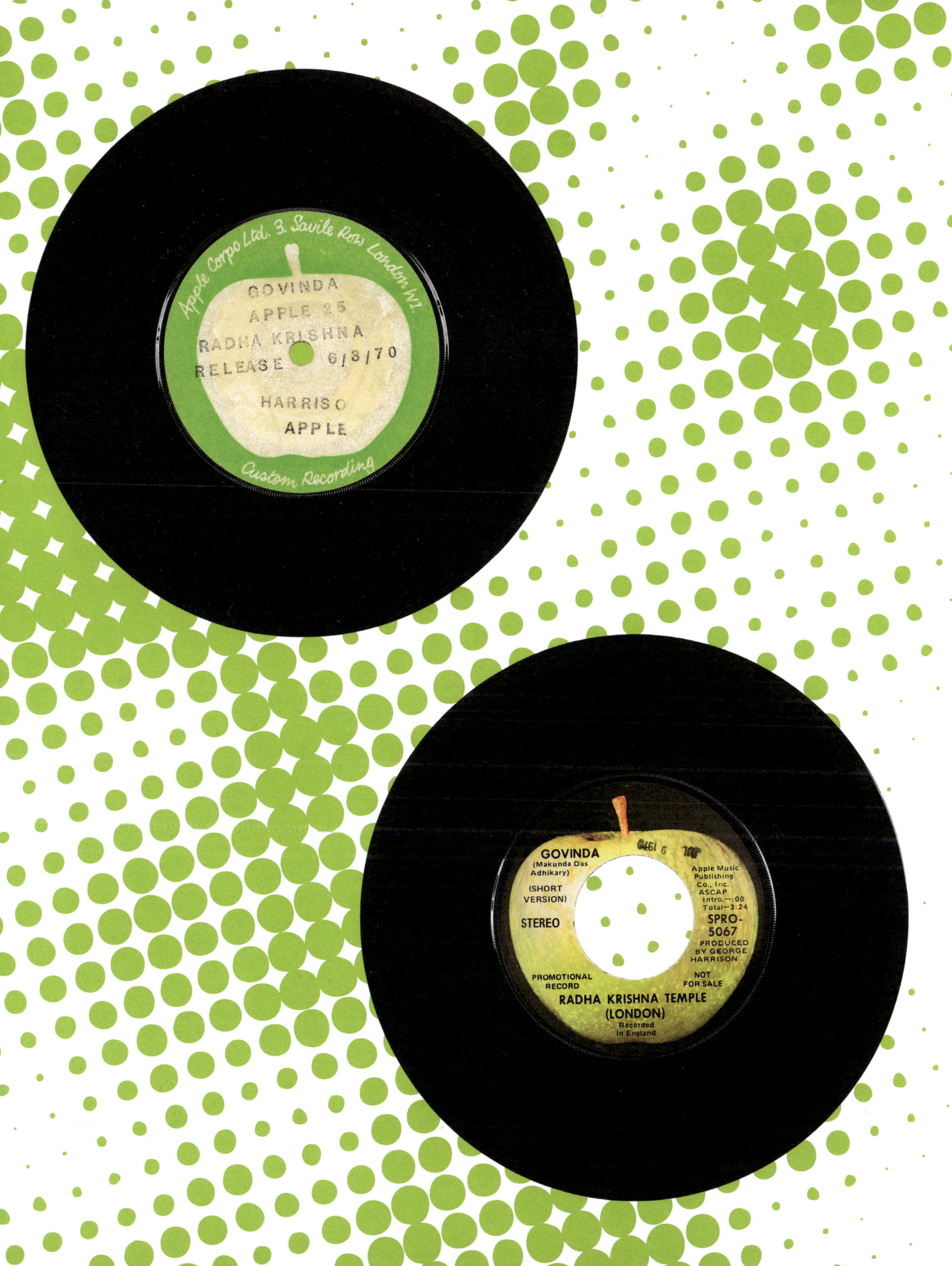
Apple Corps Ltd. 3. Savile Row London W1
GOVINDA
APPLE 25
RADHA KRISHNA
RELEASE 6/3/70
HARRISO
APPLE
Custom Recording
GOVINDA
(Makunda Das Adhikary)
(SHORT VERSION)
STEREO
Apple Music Publishing Co., Inc. ASCAP
Intro.—:00
Total—3:24
SPRO-5067
PRODUCED BY GEORGE HARRISON
PROMOTIONAL RECORD
NOT FOR SALE
RADHA KRISHNA TEMPLE (LONDON)
Recorded in England

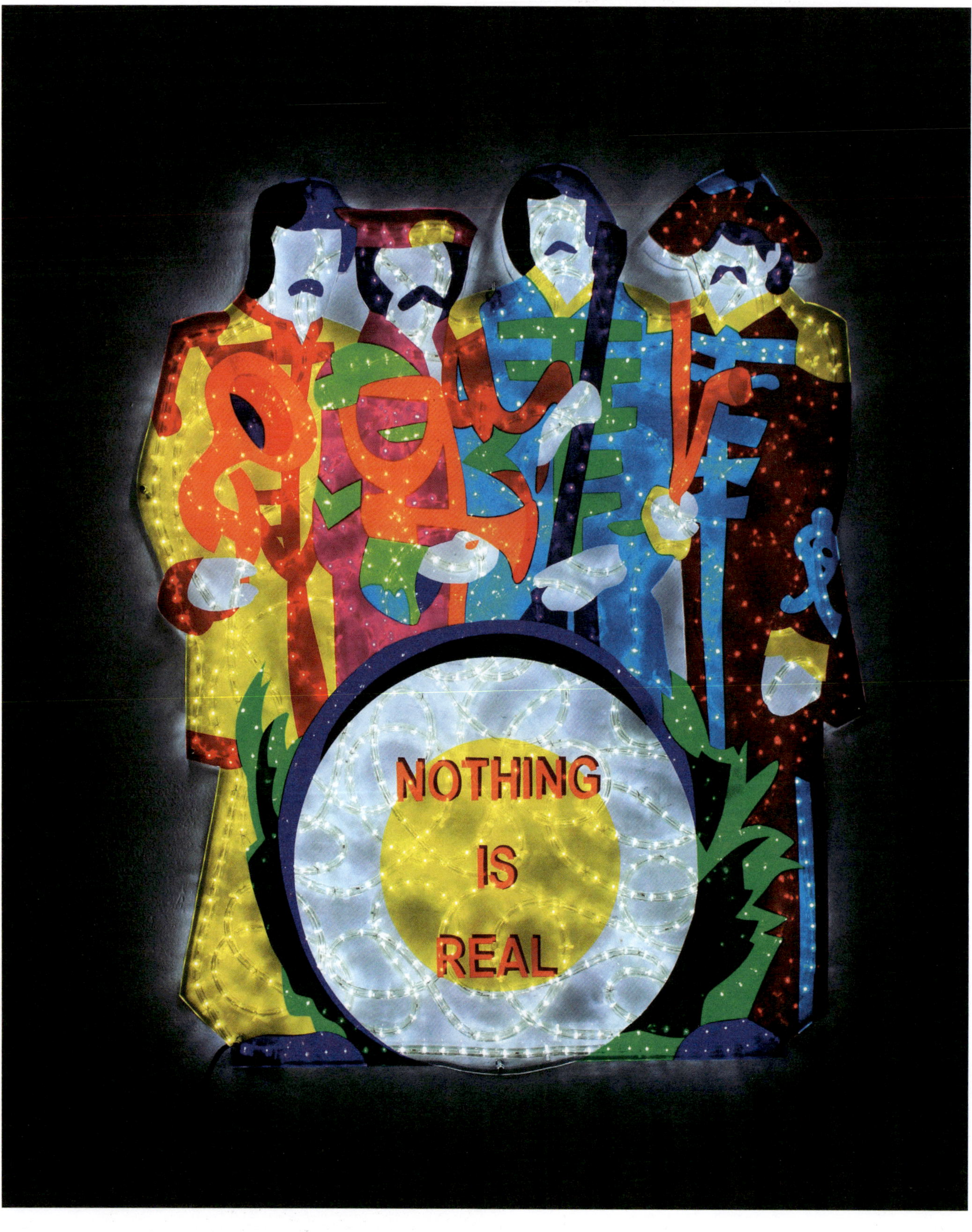
NOTHING
IS
REAL

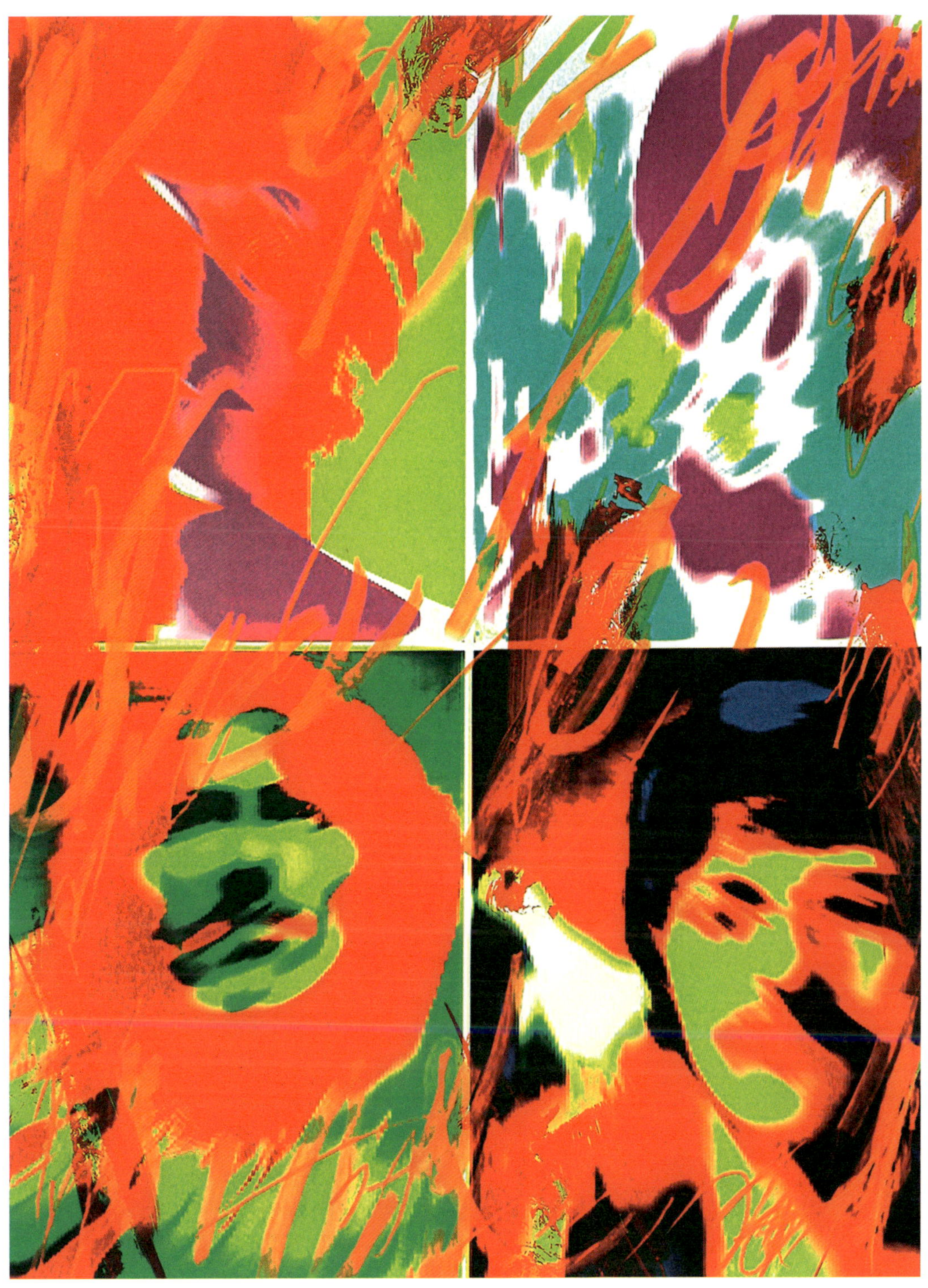

Marco Lodola, *Nothing Is Real*, 2016
scultura luminosa / light sculpture, circa 100 x 100 cm

Giovanna Fra, *Chiedi chi erano i Beatles*, 2016
ipergrafia, acrilico su foto digitale / hypergraphy, acrylic on digital photograph, 110 x 82 cm

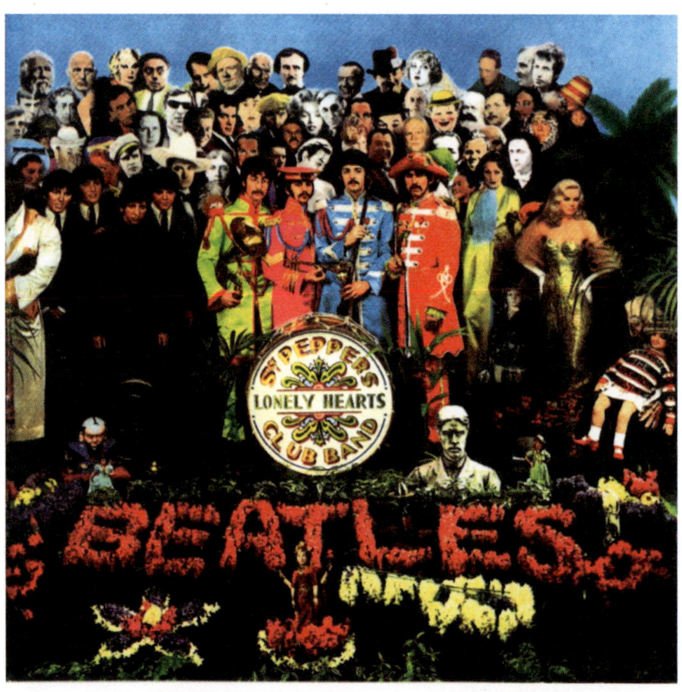

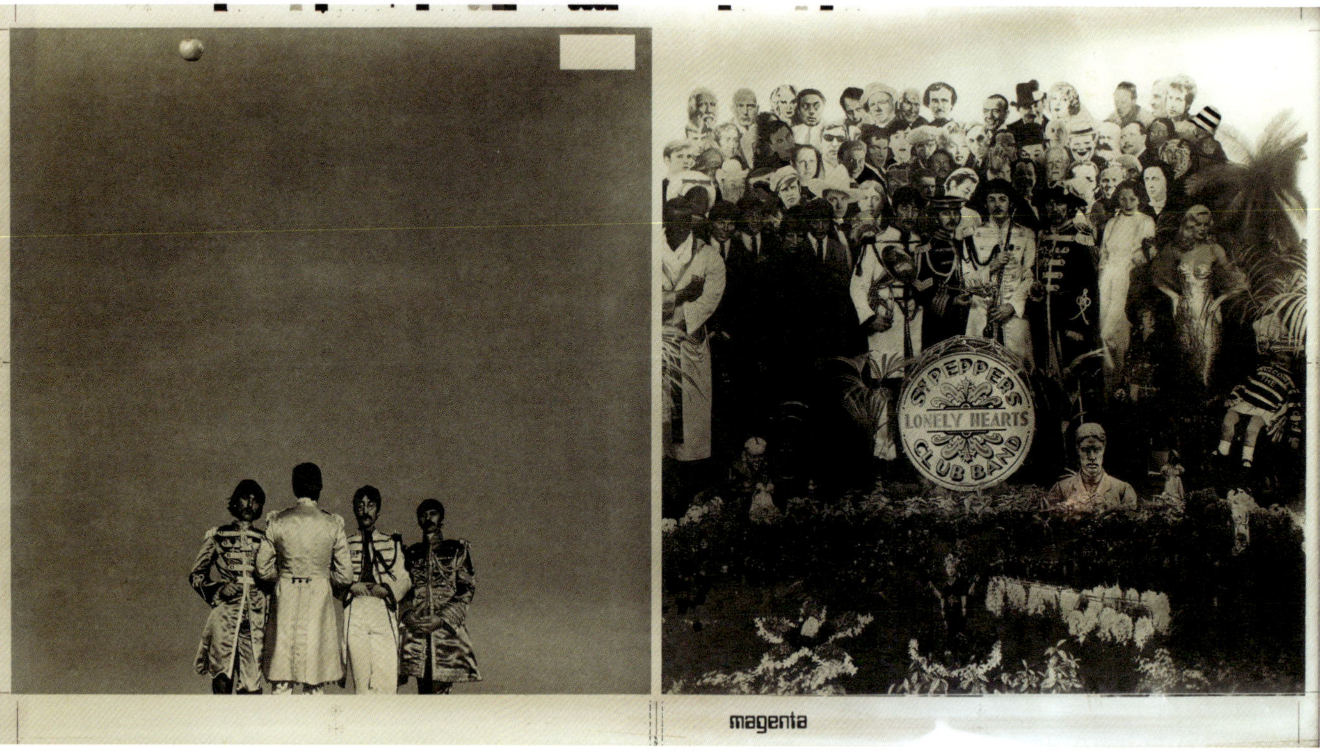

The Beatles, *Sgt. Pepper's Lonely Hearts Club Band*, 1967
Parlophone/Capitol Records/EMI, copertina / cover

Peter Blake, *Sgt. Pepper's Lonely Hearts Club Band*, ed. 1987
impianti di fotolito della copertina / colour offset lithography for the record cover

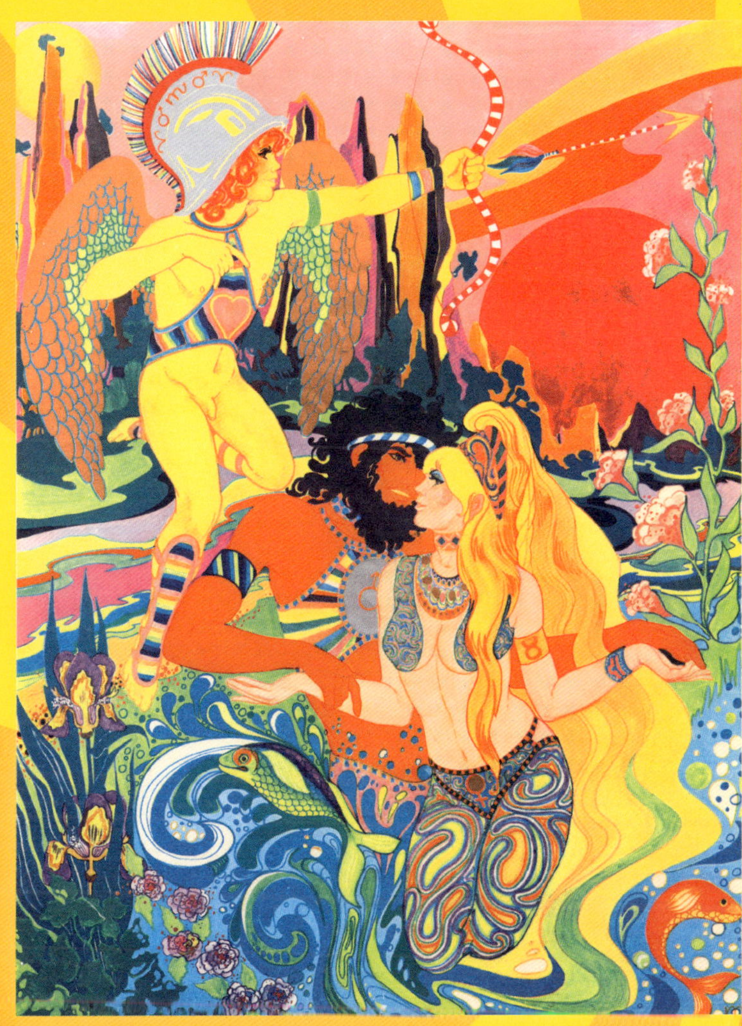

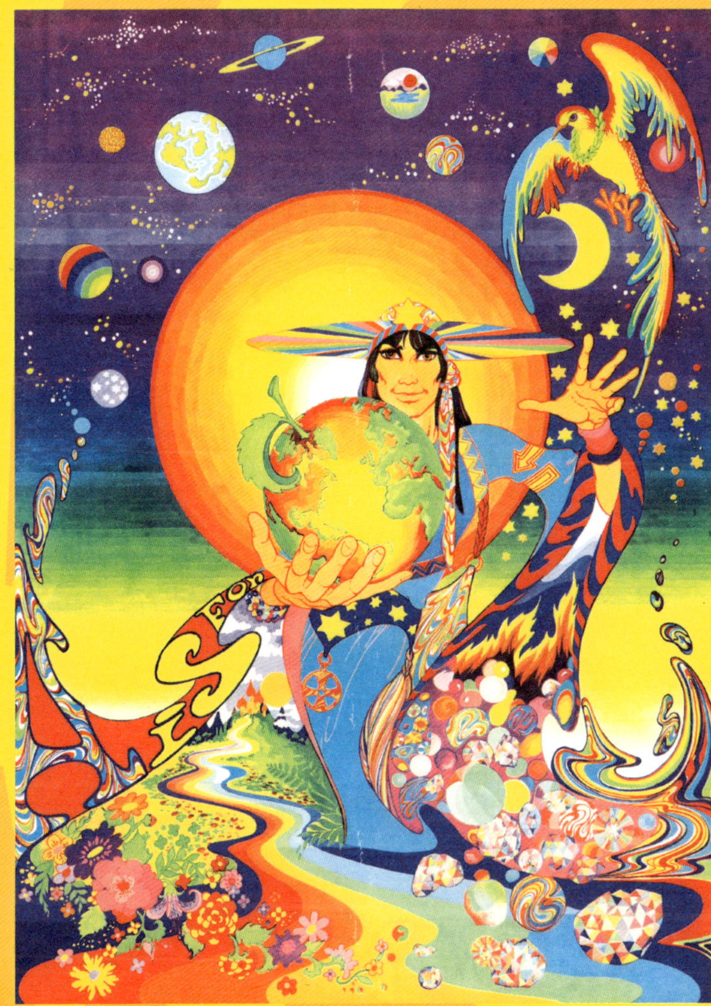

The Fool Collective, 1967-1968
poster Apple Boutique, Apple Publishing
Design by Marijke Koger of the Fool

The Fool Collective, 1967-1968
poster Apple Boutique, Apple Publishing
Design by Marijke Koger of the Fool

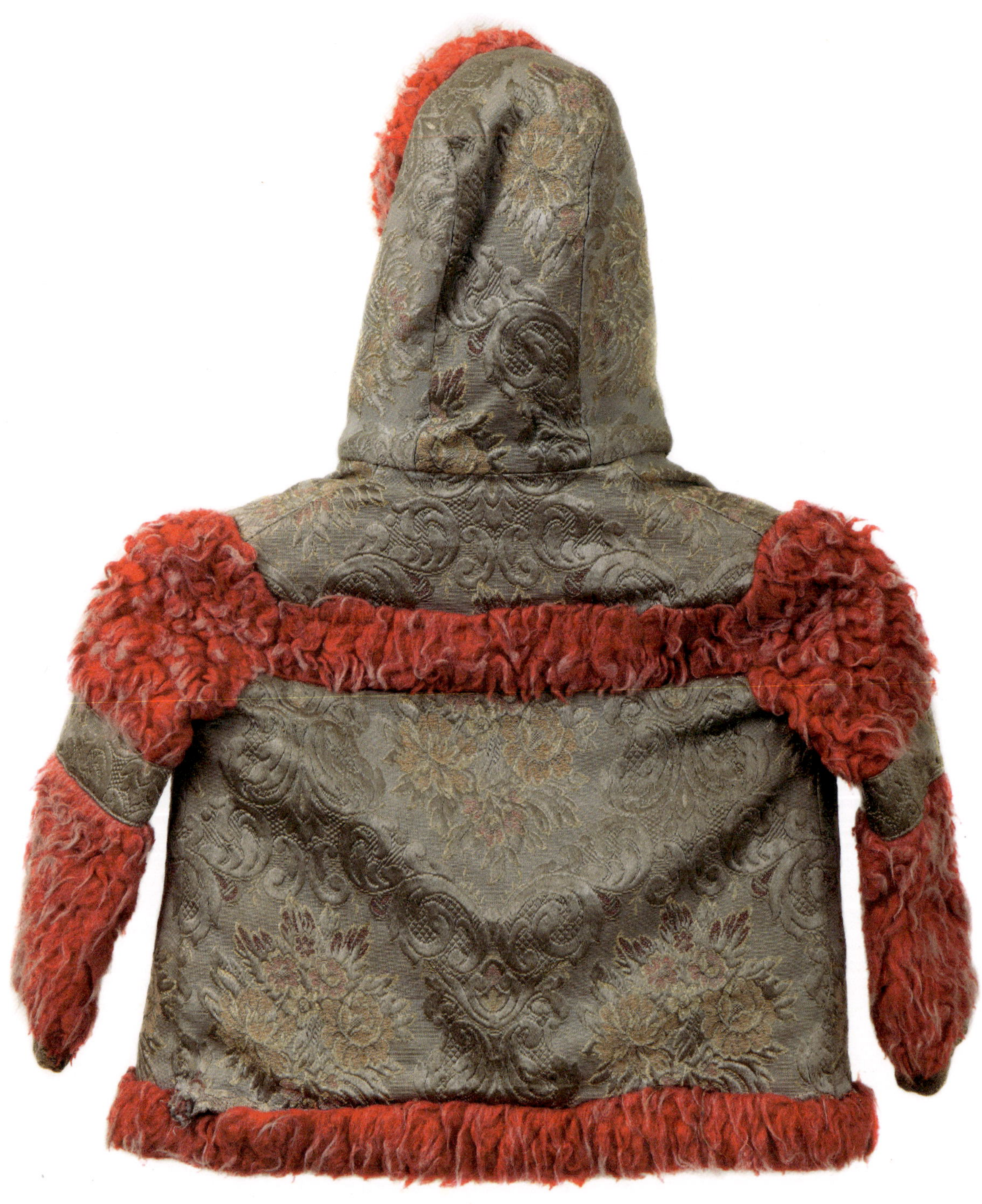

Cappottino per bambini / Child's coat, 1968
Apple Boutique

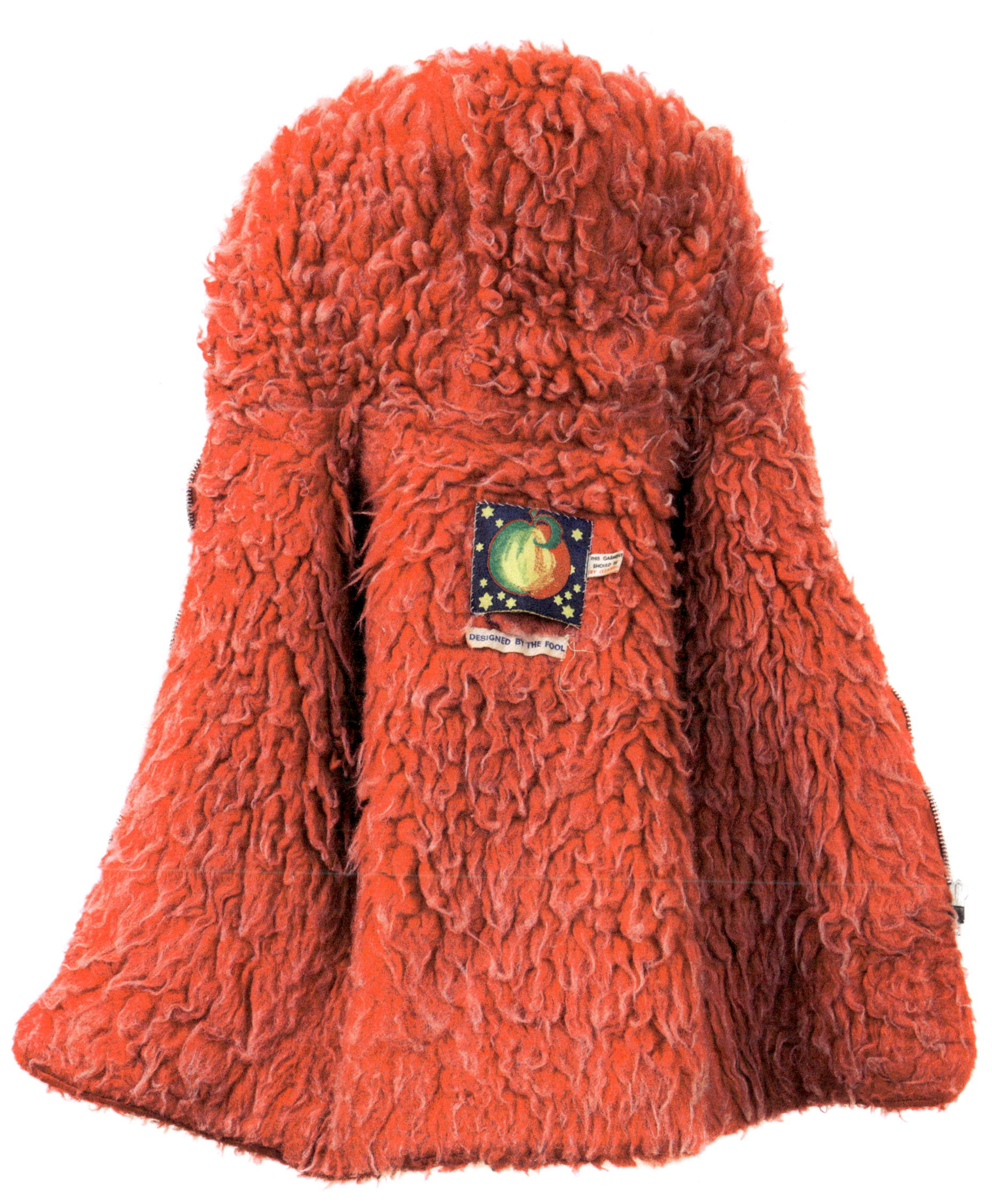
THIS GARMENT
SHOULD BE
DRY CLEANED
DESIGNED BY THE FOOL

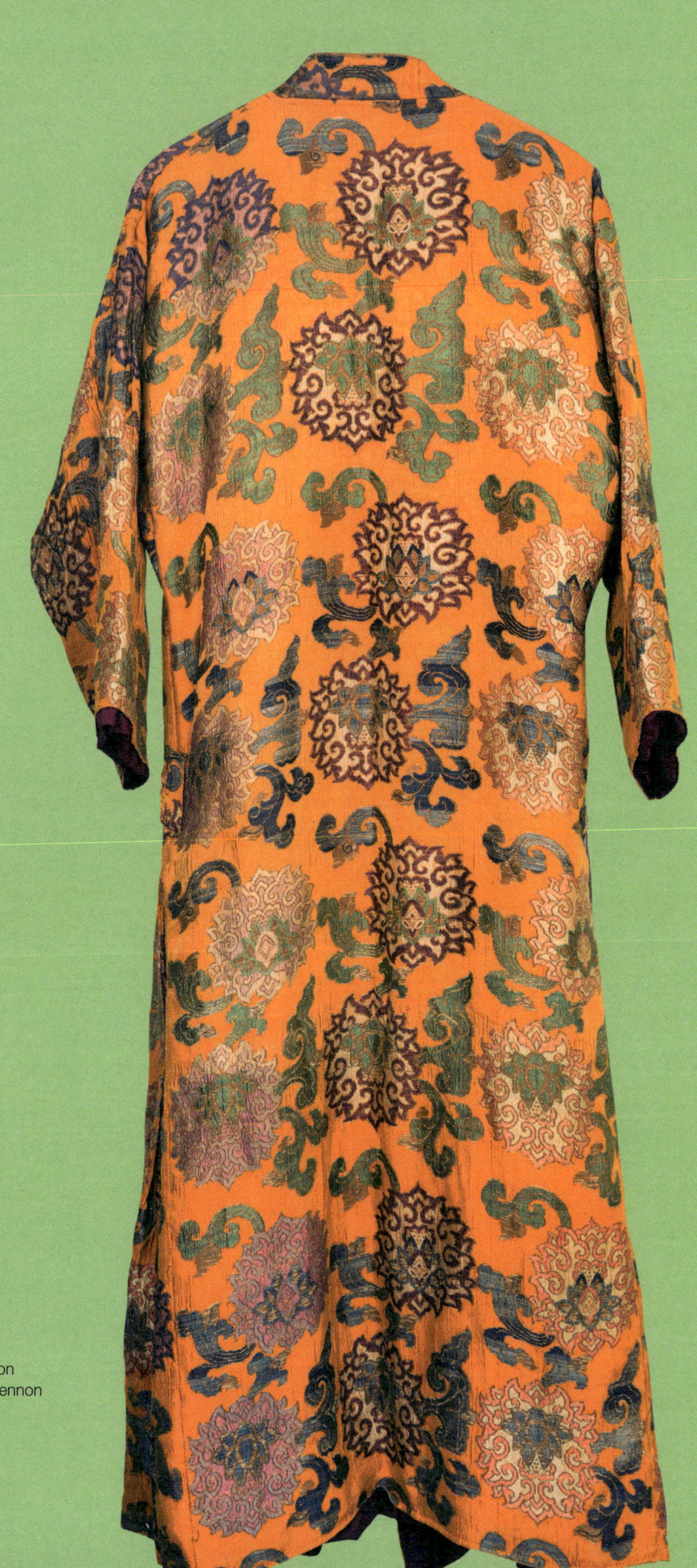

Veste di seta di John Lennon
Silk robe owned by John Lennon
circa 1966-1967

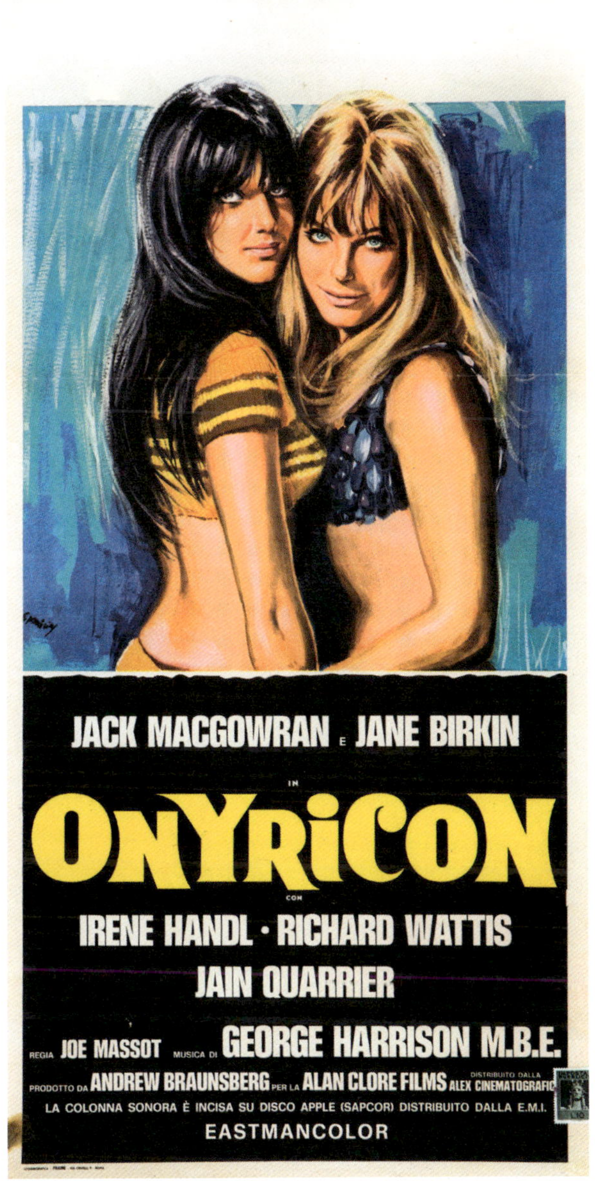

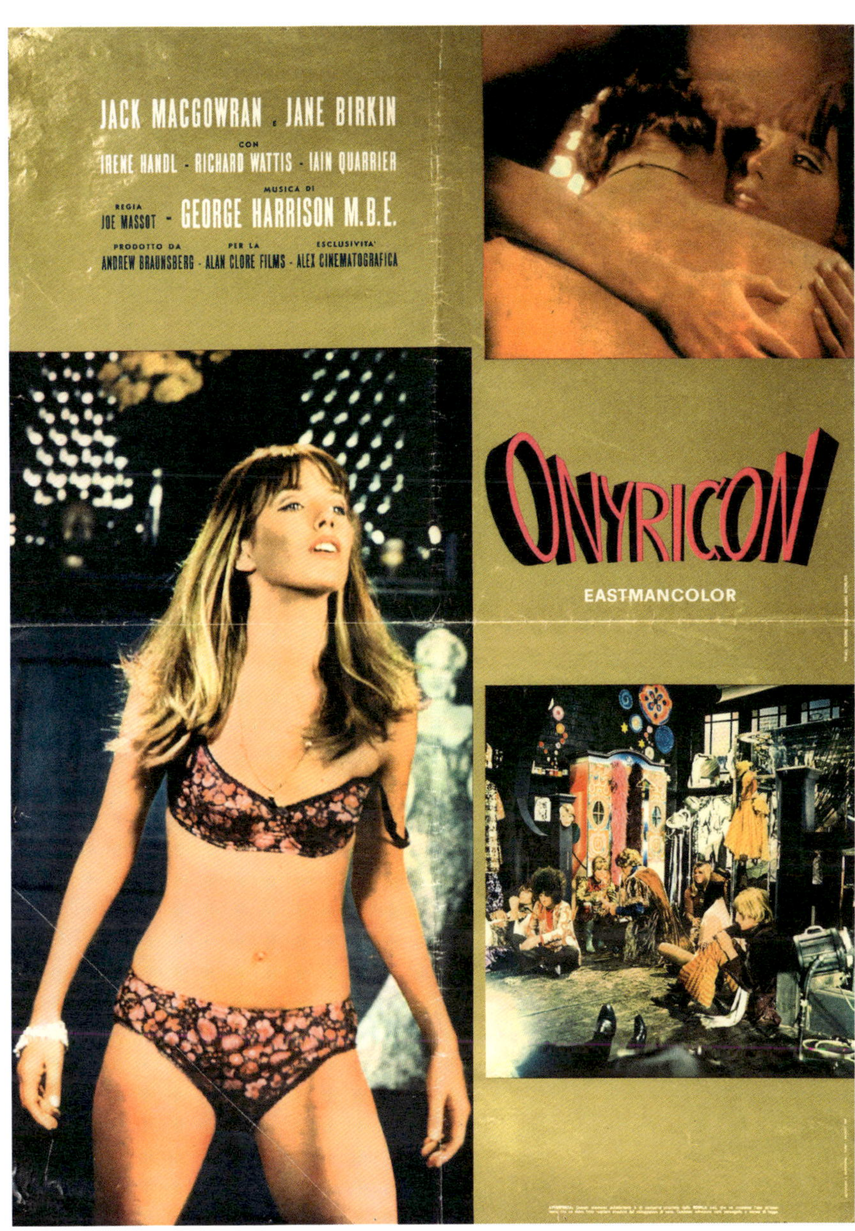

Onyricon, 1968 (ed. italiana / Italian edition)
poster originale del film / original movie poster

Onyricon, 1968 (ed. italiana / Italian edition)
fotobusta del film / movie poster

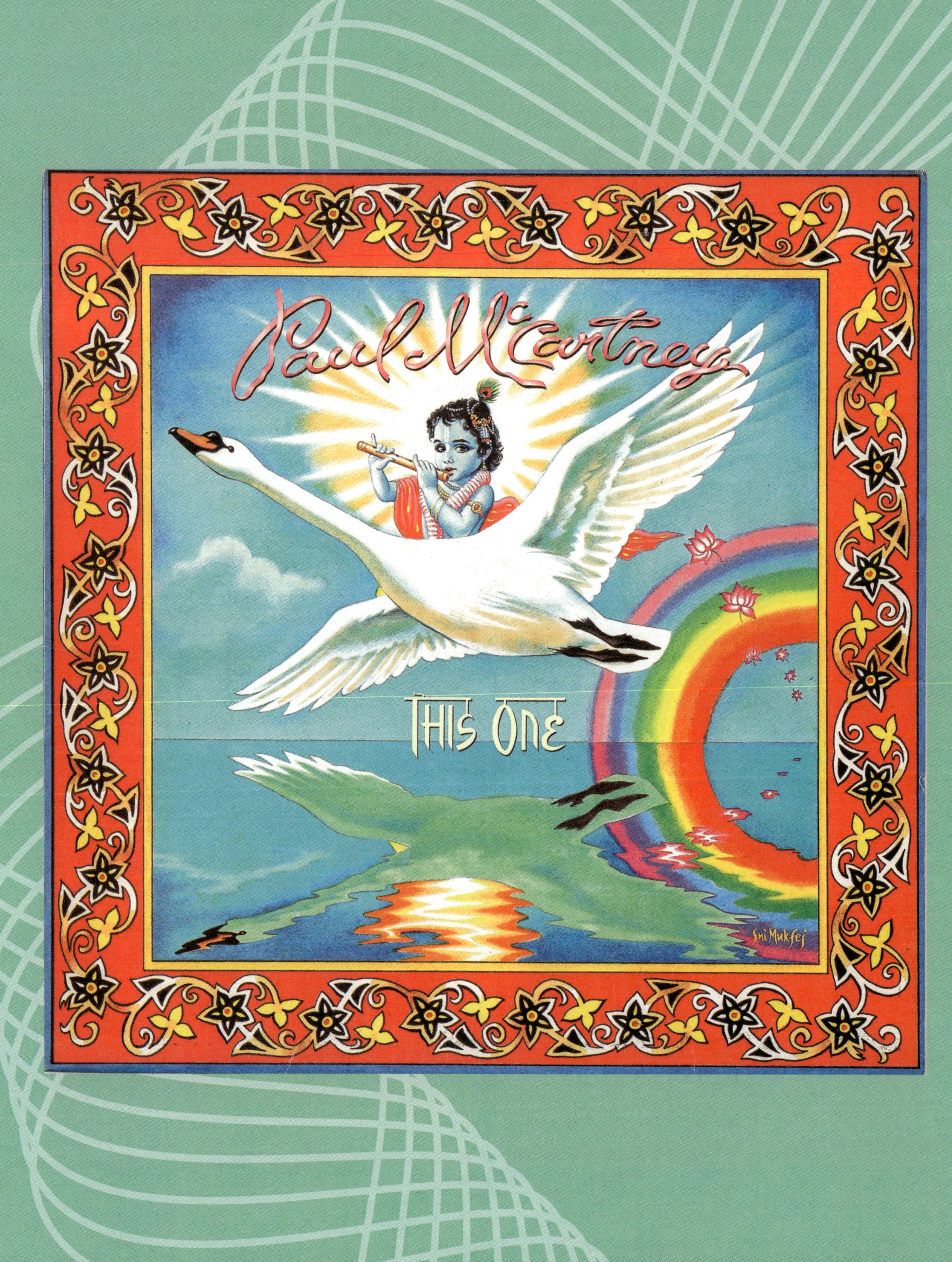
Paul McCartney
THIS ONE
Sri Mukfes

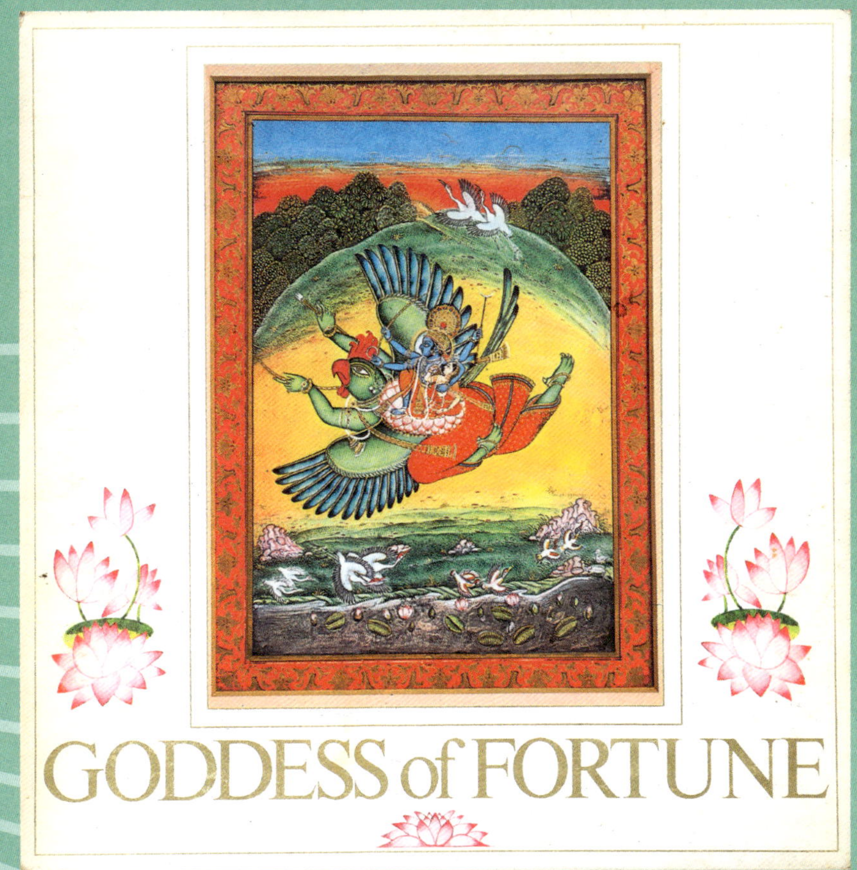

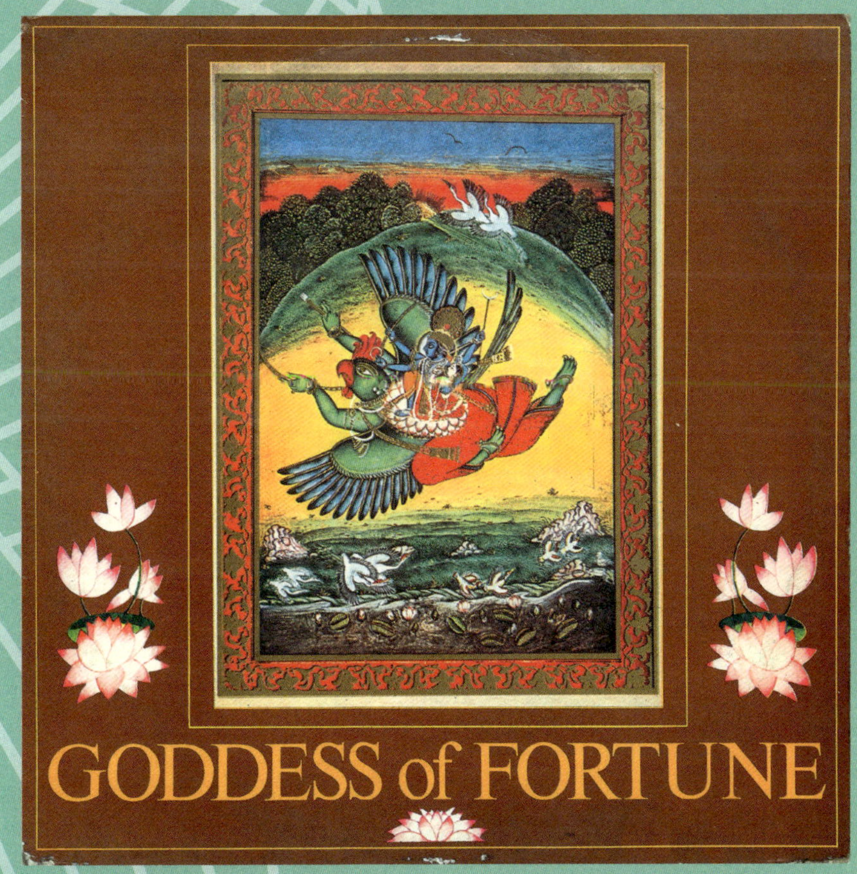

Paul McCartney, *This One*, 1989
45 giri, formato 12" / 45 RPM, 12"
EMI/Parlophone, copertina / cover

Goddess of Fortune, 1975
(ed. inglese / English edition)
prodotto da / produced by George Harrison
copertina / cover

Goddess of Fortune, 1975
(ed. italiana / Italian edition)
prodotto da / produced by George Harrison
copertina / cover

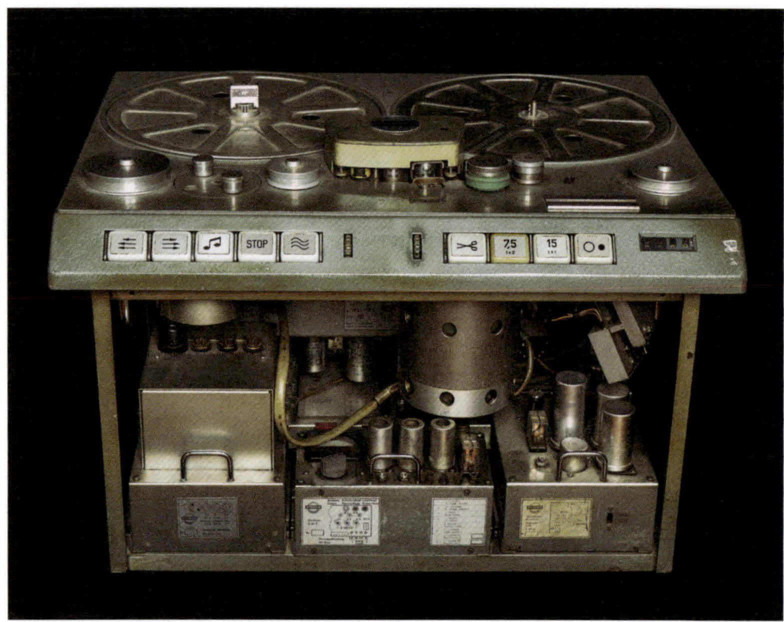

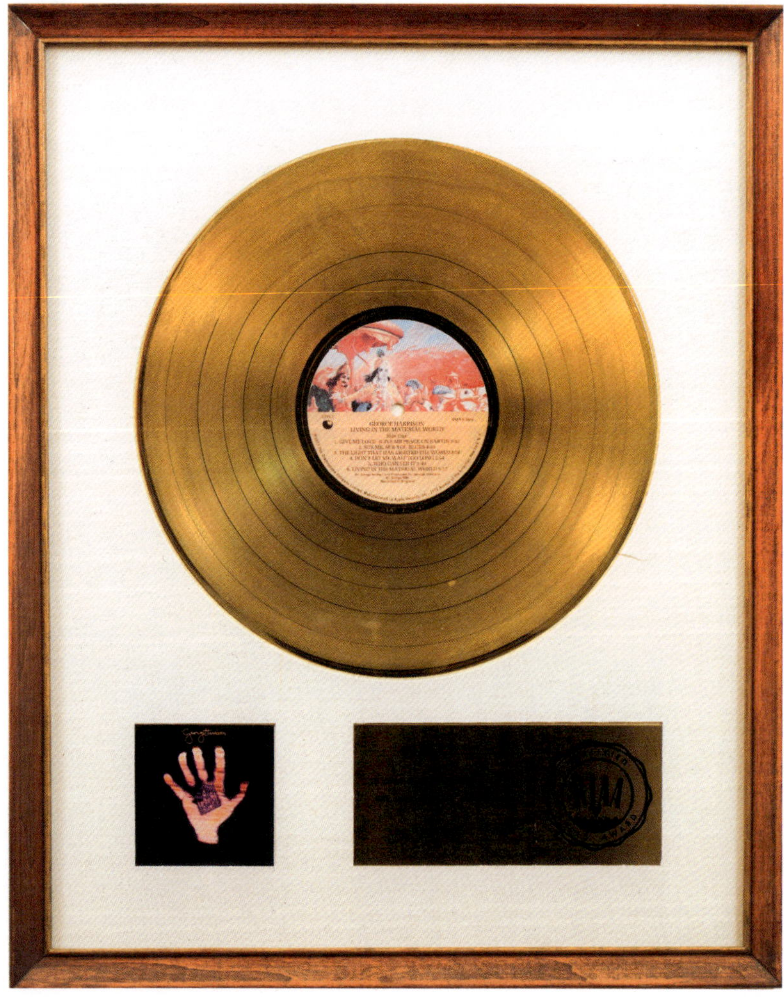

Registratore Studer J37 a 4 piste proveniente dagli studi
di Abbey Road, Londra, circa anni settanta
Studer J37 4 track tape machine from the Abbey Road Studios,
London, circa 1970s

George Harrison, *Living in the Material World*, 1973
disco d'oro / Gold Disc (RIAA)

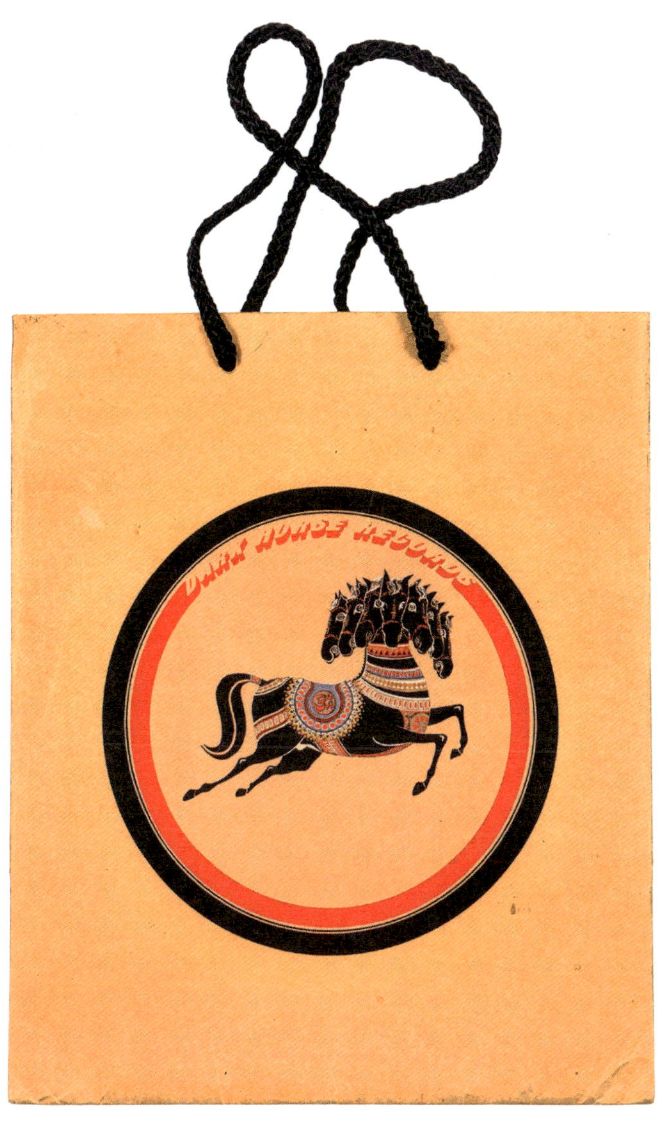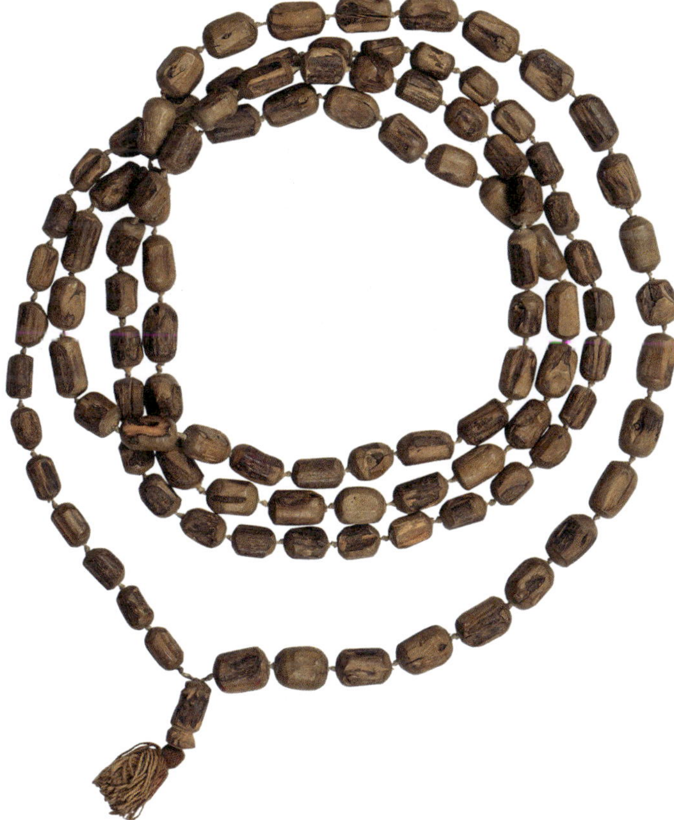

Dark Horse Records, anni settanta / 1970s
borsa promozionale dell'etichetta discografica
promo bag for the record label

Tulsi India Hare Krishna Chanting Japa Beads, circa 1970
collana di meditazione / meditation necklace

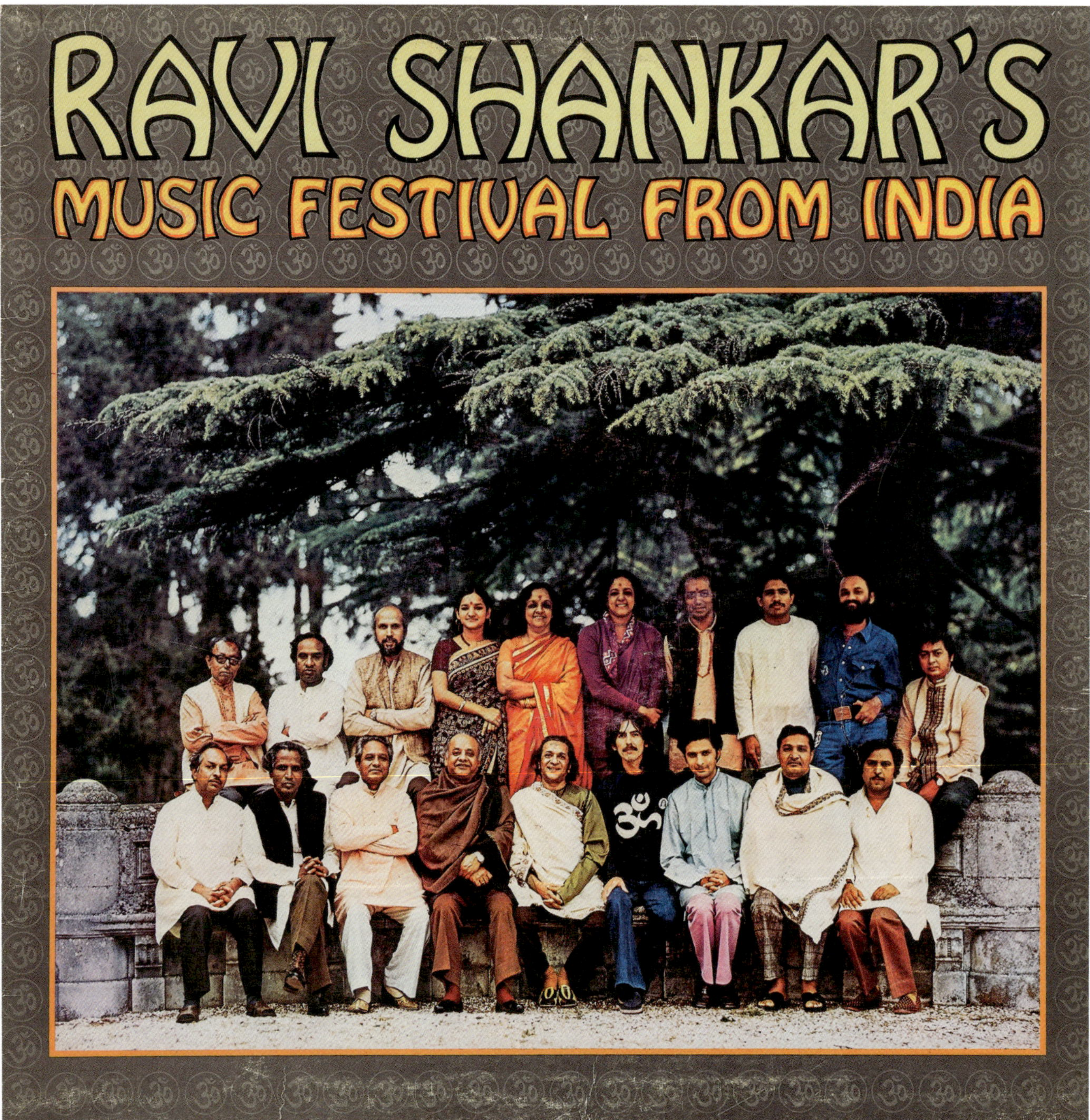

Ravi Shankar, *Music Festival from India*, 1976 (ed. originale / original edition)
Dark Horse Records, copertina / cover
al centro della foto George Harrison, produttore dell'album / George Harrison at the centre of the photograph, the album producer

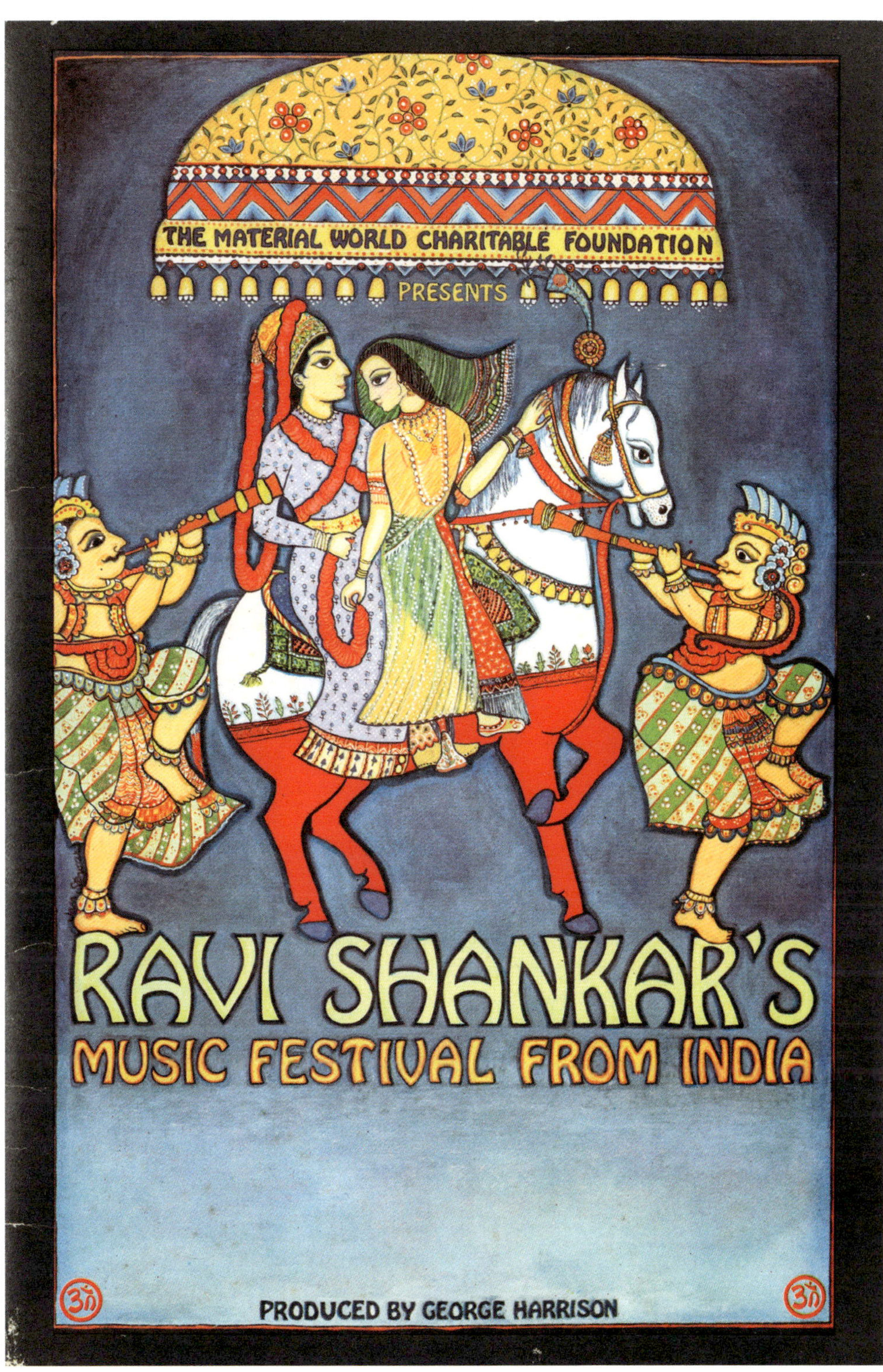

Ravi Shankar, *Music Festival from India*, 1974
programma del concerto / concert program, Royal Albert Hall, London

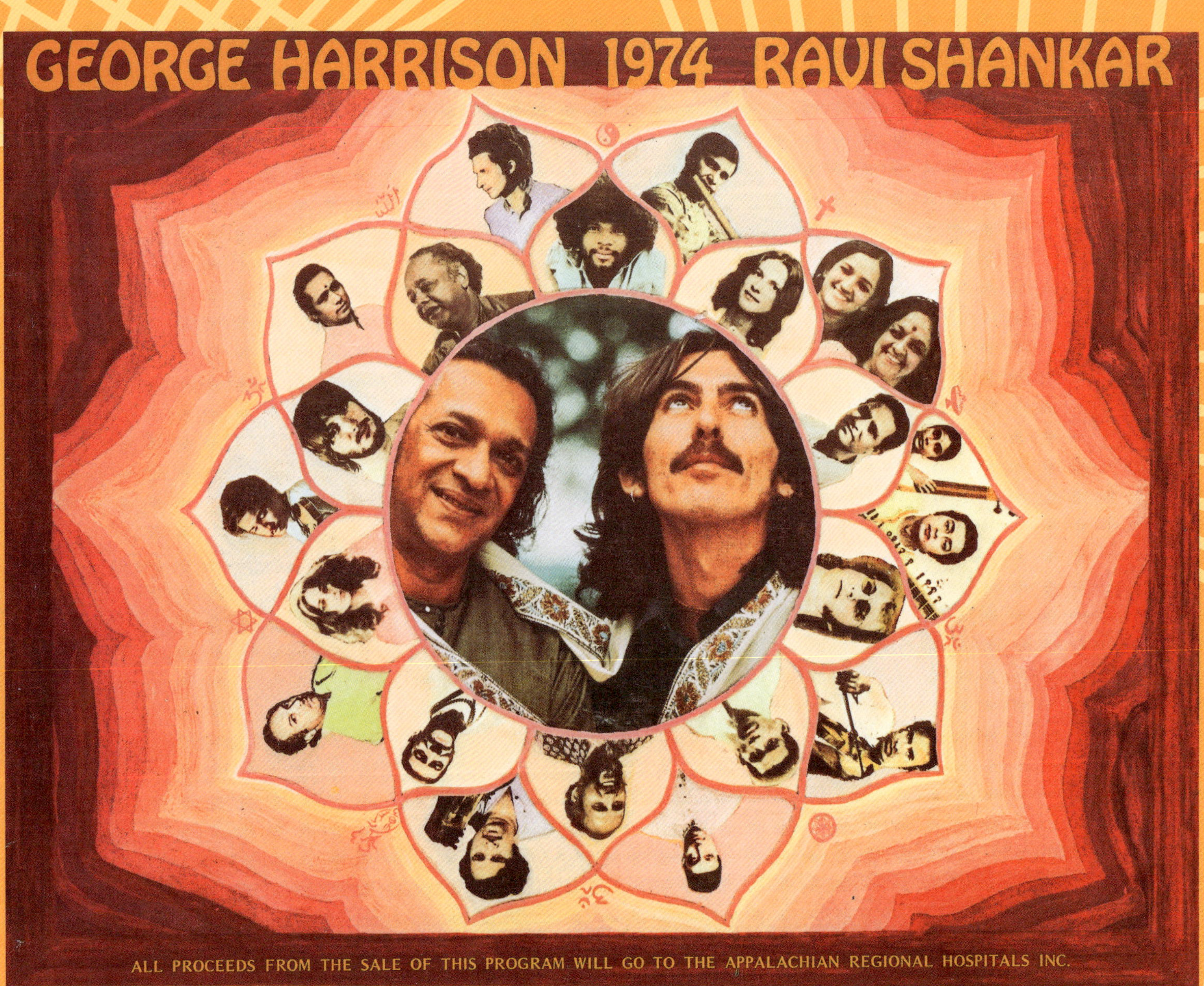

George Harrison 1974 Ravi Shankar, 1974
programma del tour / tour program

The Concert for Bangladesh, 1971
poster

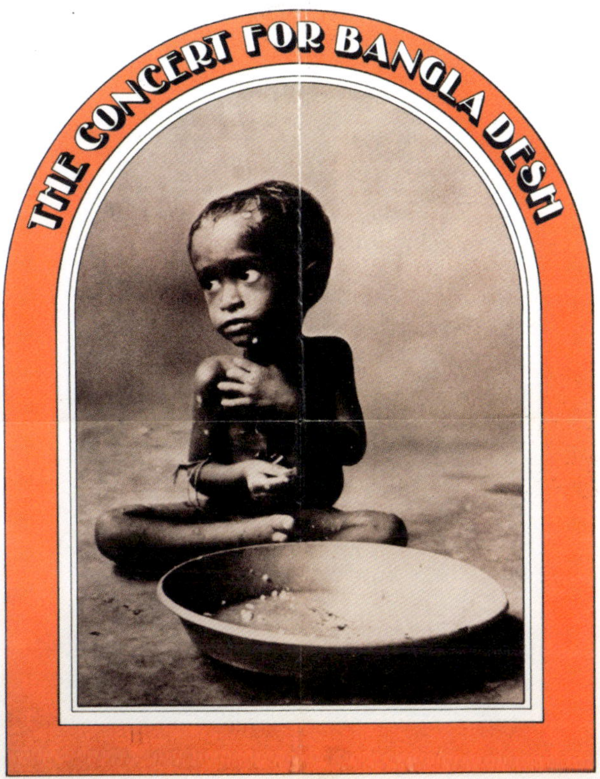

The Bangladesh benefit concert—
"A triumphant success. An historic event."
—Newsweek, January 10, 1972

Now you can experience it,
hear it, live it as never before.

THE CONCERT FOR BANGLA DESH

apple presents
THE CONCERT FOR BANGLADESH

ERIC CLAPTON · BOB DYLAN · GEORGE HARRISON · BILLY PRESTON
LEON RUSSELL · RAVI SHANKAR · RINGO STARR · KLAUS VOORMAN
as well as BADFINGER · JESSE DAVIS · JIM HORN · JIM KELTNER
CLAUDIA LINNEAR and CARL RADLE
Directed by Saul Swimmer · Produced by George Harrison and Allen Klein
Music Recording Produced by George Harrison and Phil Spector
apple / 20th century-fox release
Original Sound Track Available On Apple Records
Technicolor®
ALL AGES ADMITTED G General Audiences

COPYRIGHT © 1972 TWENTIETH CENTURY-FOX FILM CORPORATION

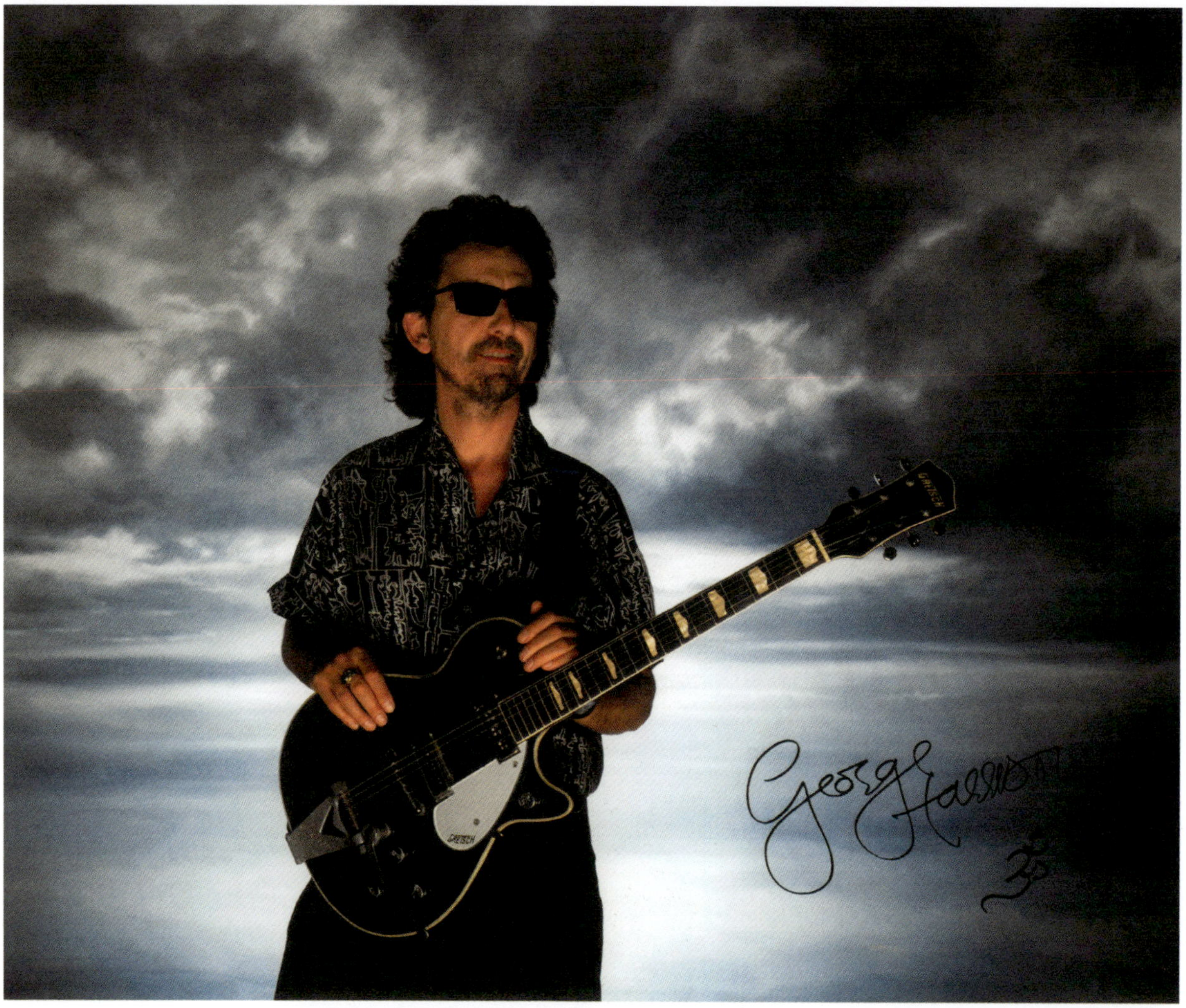

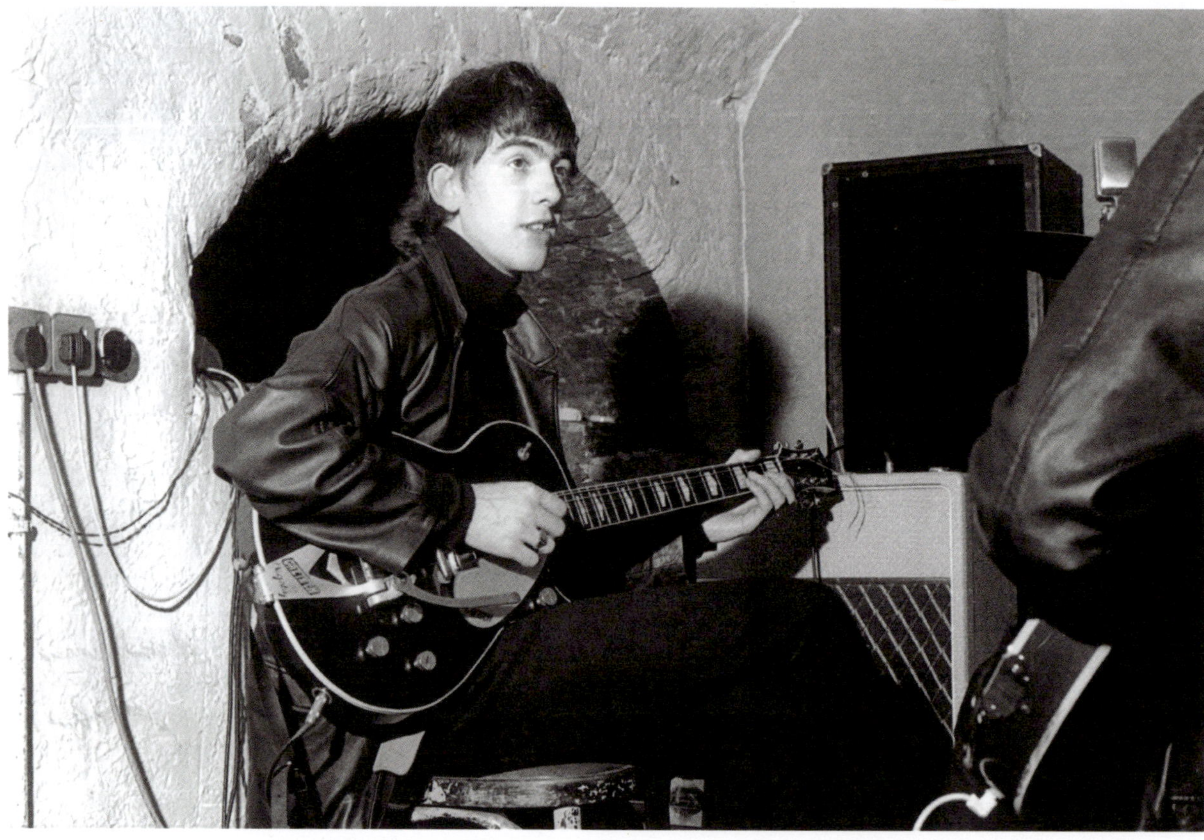
George Harrison

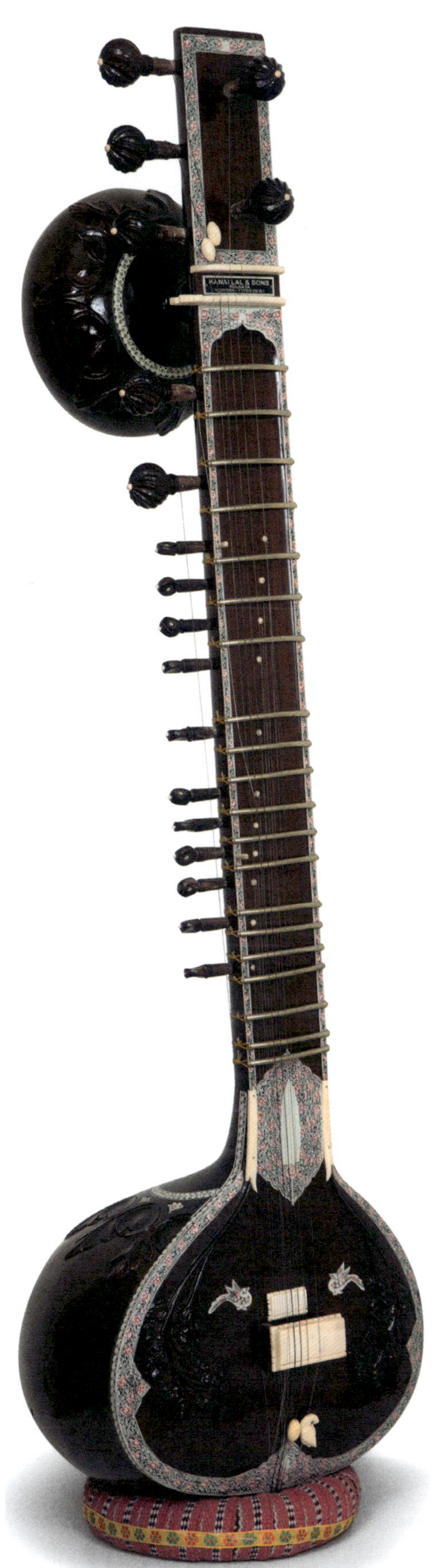

Chitarra / Guitar Gretsch 6128T,
George Harrison Tribute Custom
Courtesy M. Casale Bauer S.p.A.,
Cadriano di Granarolo Emilia, Bologna

Sitar indiano originale / Original Indian sitar

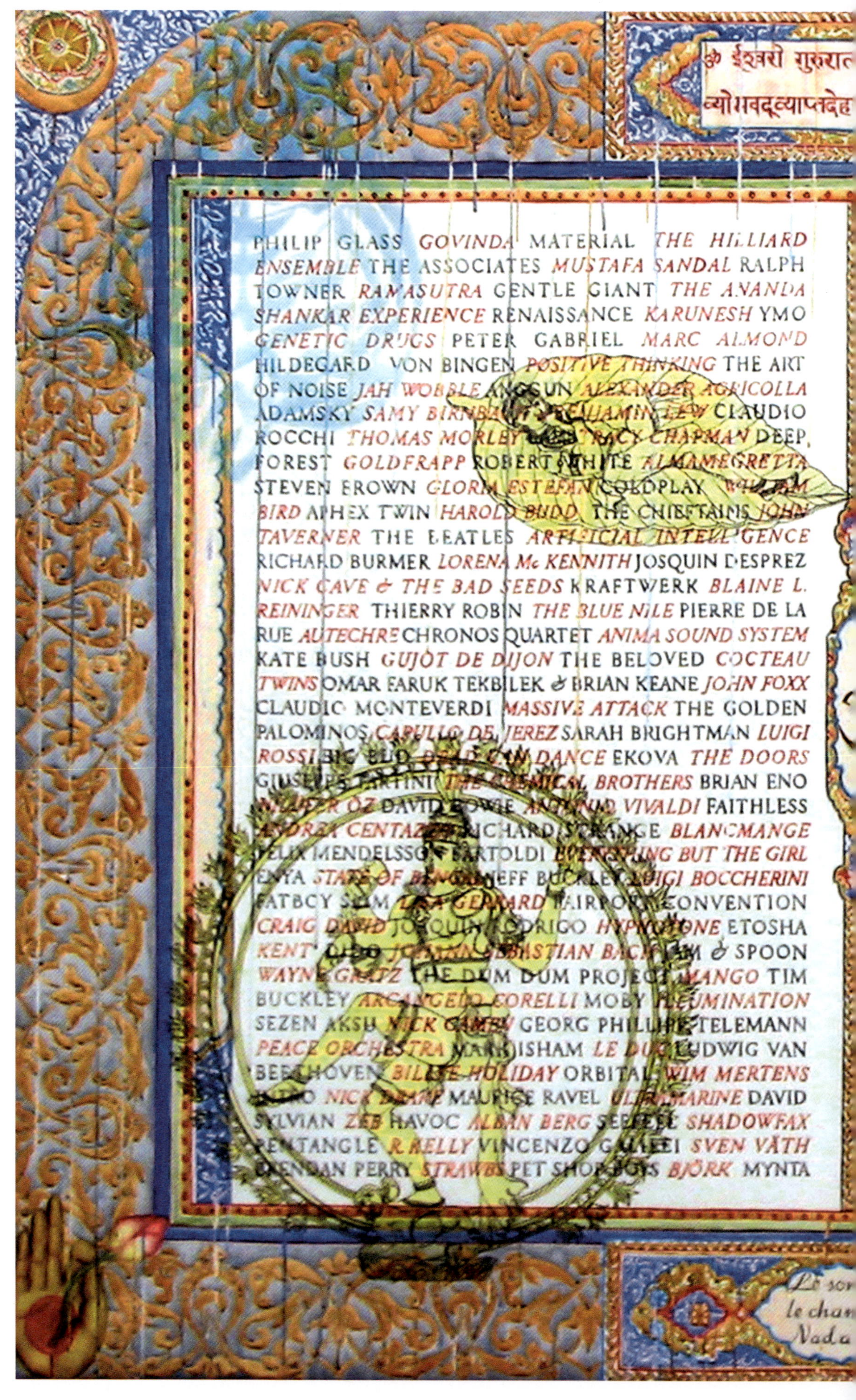
PHILIP GLASS GOVINDA MATERIAL THE HILLIARD
ENSEMBLE THE ASSOCIATES MUSTAFA SANDAL RALPH
TOWNER RAMASUTRA GENTLE GIANT THE ANANDA
SHANKAR EXPERIENCE RENAISSANCE KARUNESH YMO
GENETIC DRUGS PETER GABRIEL MARC ALMOND
HILDEGARD VON BINGEN POSITIVE THINKING THE ART
OF NOISE JAH WOBBLE ANGGUN ALEXANDER AGRICOLLA
ADAMSKY SAMY BIRNBACH BENJAMIN LEW CLAUDIO
ROCCHI THOMAS MORLEY TRACY CHAPMAN DEEP
FOREST GOLDFRAPP ROBERT WHITE ALMAMEGRETTA
STEVEN BROWN GLORIA ESTEFAN COLDPLAY WILLIAM
BIRD APHEX TWIN HAROLD BUDD THE CHIEFTAINS JOHN
TAVERNER THE BEATLES ARTIFICIAL INTELLIGENCE
RICHARD BURMER LORENA McKENNITH JOSQUIN DESPREZ
NICK CAVE & THE BAD SEEDS KRAFTWERK BLAINE L.
REININGER THIERRY ROBIN THE BLUE NILE PIERRE DE LA
RUE AUTECHRE CHRONOS QUARTET ANIMA SOUND SYSTEM
KATE BUSH GUJOT DE DIJON THE BELOVED COCTEAU
TWINS OMAR FARUK TEKBILEK & BRIAN KEANE JOHN FOXX
CLAUDIO MONTEVERDI MASSIVE ATTACK THE GOLDEN
PALOMINOS CAPULLO DE JEREZ SARAH BRIGHTMAN LUIGI
ROSSI BIG BUD DEAD CAN DANCE EKOVA THE DOORS
GIUSEPPE TARTINI THE CHEMICAL BROTHERS BRIAN ENO
WIZARD OZ DAVID BOWIE ANTONIO VIVALDI FAITHLESS
ANDREA CENTAZZO RICHARD STRANGE BLANCMANGE
FELIX MENDELSSOHN BARTOLDI EVERYTHING BUT THE GIRL
ENYA STATE OF BENGAL JEFF BUCKLEY LUIGI BOCCHERINI
FATBOY SLIM LISA GERRARD FAIRPORT CONVENTION
CRAIG DAVID JOSQUIN RODRIGO HYPNOTONE ETOSHA
KENT OHIO JOHANN SEBASTIAN BACH M & SPOON
WAYNE GRATZ THE DUM DUM PROJECT MANGO TIM
BUCKLEY ARCANGELO CORELLI MOBY ILLUMINATION
SEZEN AKSU NICK CAMBY GEORG PHILIPP TELEMANN
PEACE ORCHESTRA MARK ISHAM LE DUC LUDWIG VAN
BEETHOVEN BILLIE HOLIDAY ORBITAL WIM MERTENS
RY CO NICK DRAKE MAURICE RAVEL ULTRAMARINE DAVID
SYLVIAN ZEB HAVOC ALBAN BERG SEEFEEL SHADOWFAX
PENTANGLE R. KELLY VINCENZO GALILEI SVEN VÄTH
BRENDAN PERRY STRAWBS PET SHOP BOYS BJÖRK MYNTA

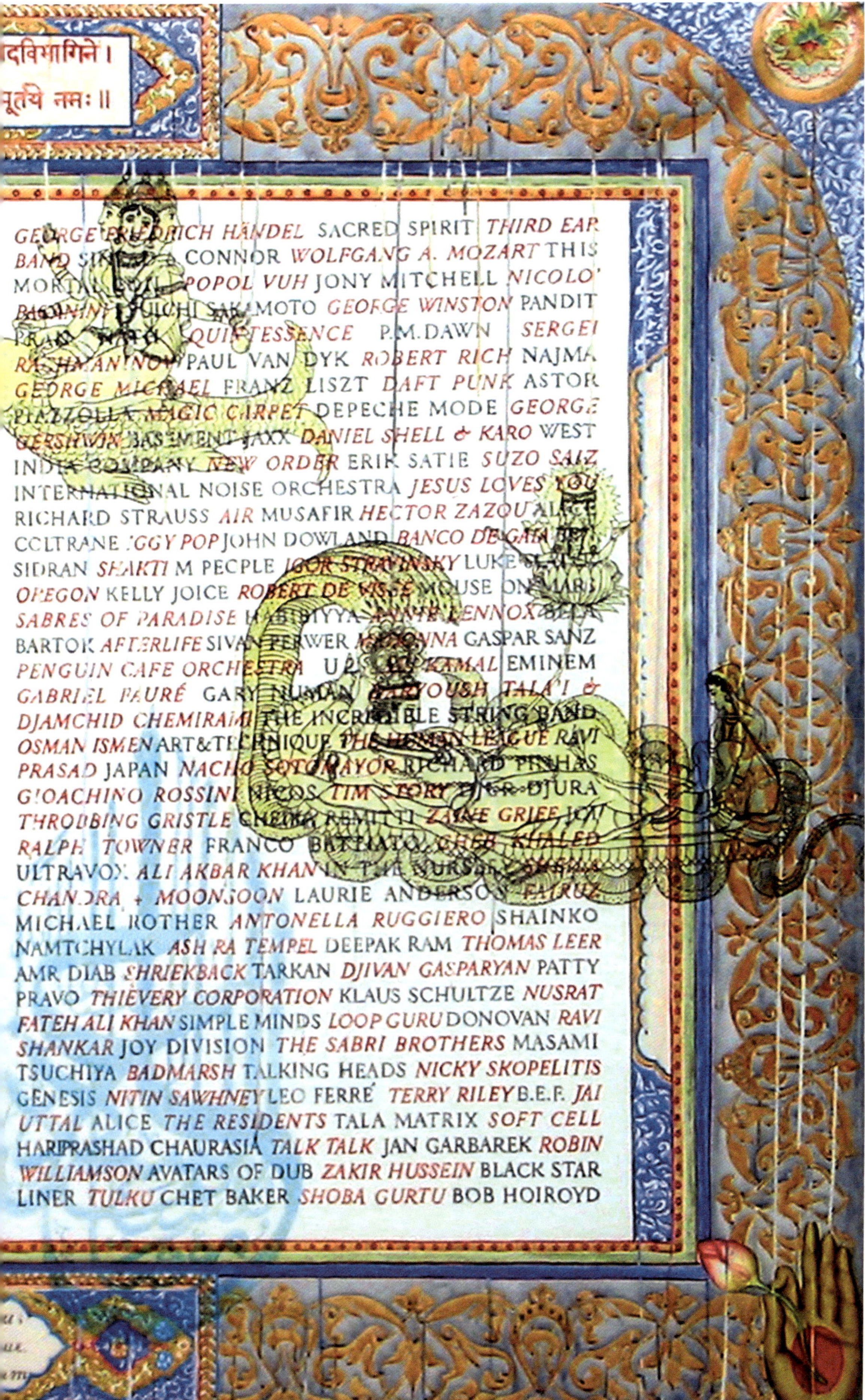

Fabrizio Passarella
*Nada Brahman.
Il Suono è Dio*, 2001
acrilico su tela / acrylic on canvas
150 x 200 cm

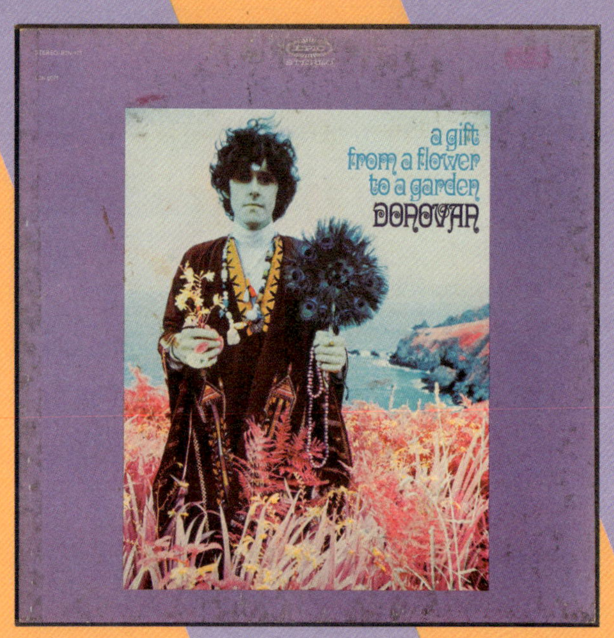
a gift
from a flower
to a garden
DONOVAN

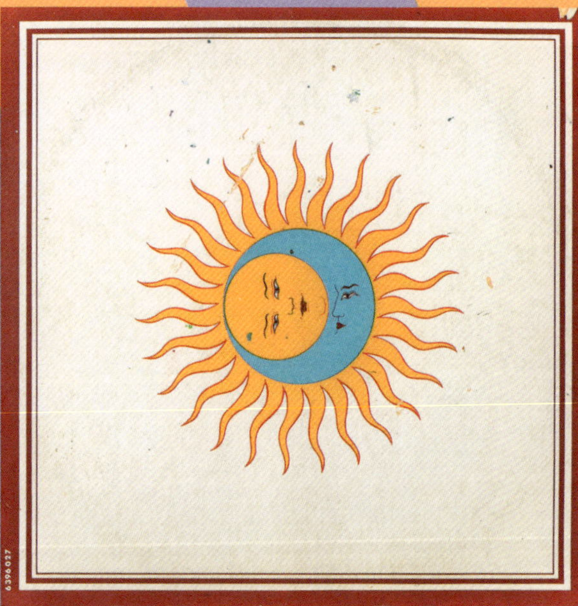

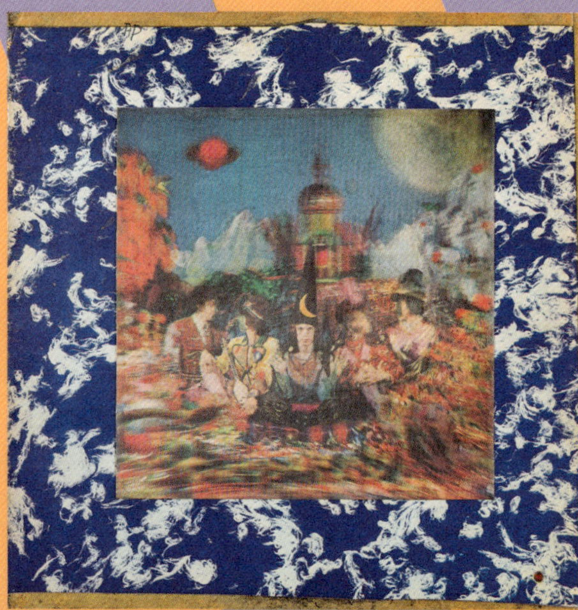

Donovan, *A Gift from a Flower to a Garden*, 1967
copertina / cover

King Crimson, *Larks' Tongues In Aspic*, 1973
copertina / cover

Rolling Stones, *Their Satanic Majesties Request*, 1967
copertina / cover

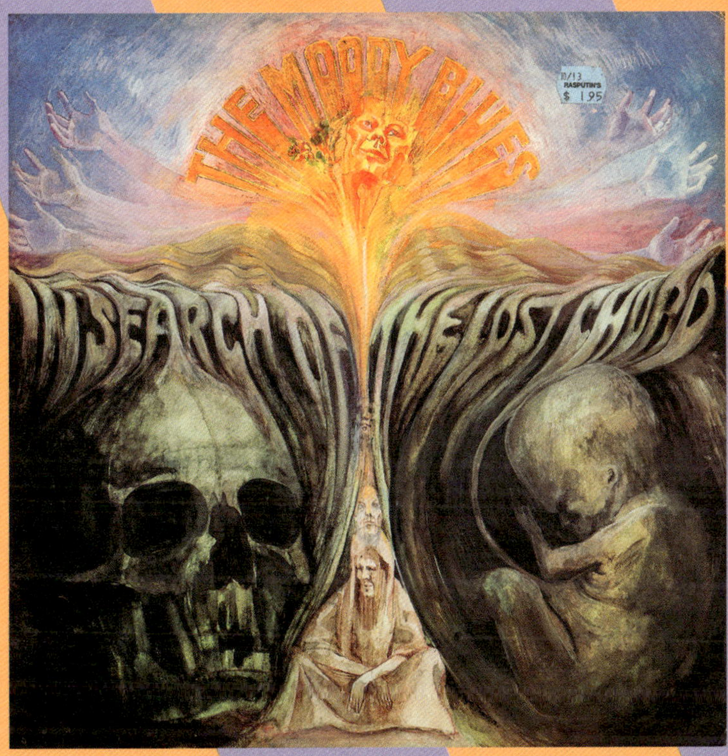

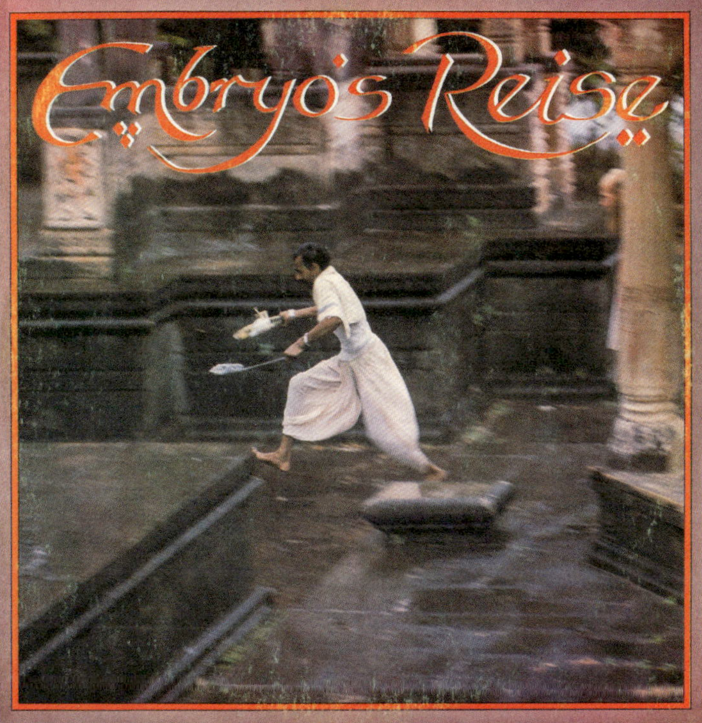

The Moody Blues, *In Search of the Lost Chord*, 1968
copertina / cover

Embryo, *Embryo's Reise*, 1971
copertina / cover

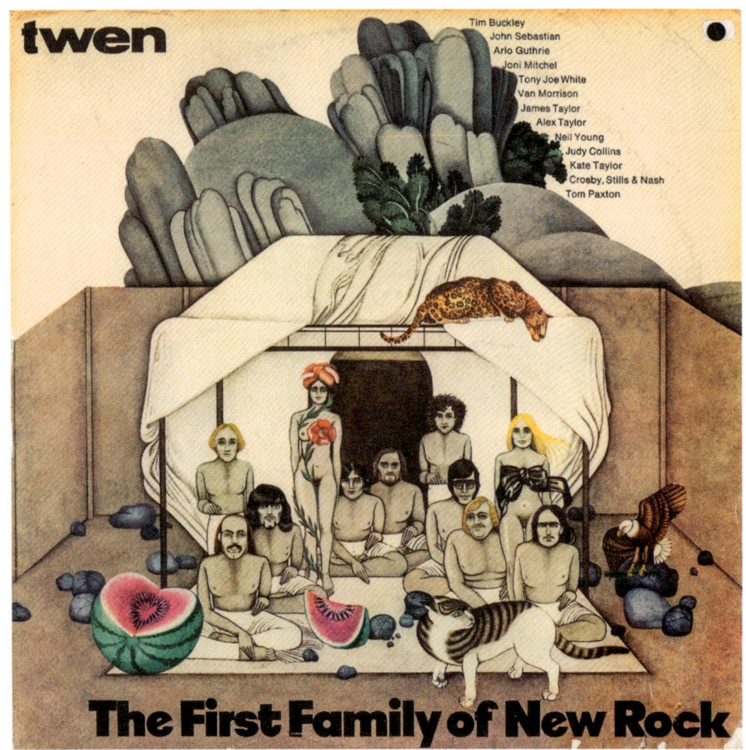

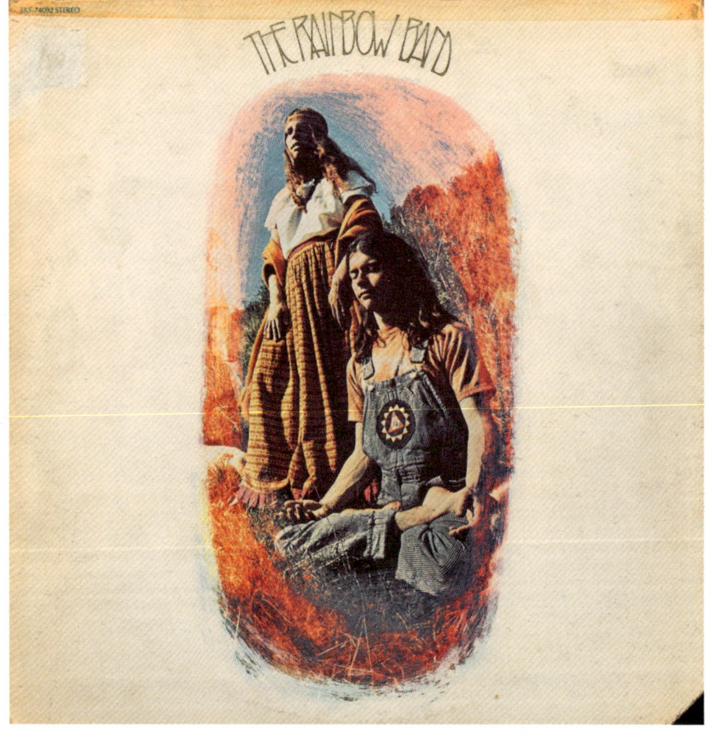

The First Family of New Rock, 1971
copertina / cover

The Rainbow Band, *The Rainbow Band*, 1971
copertina / cover

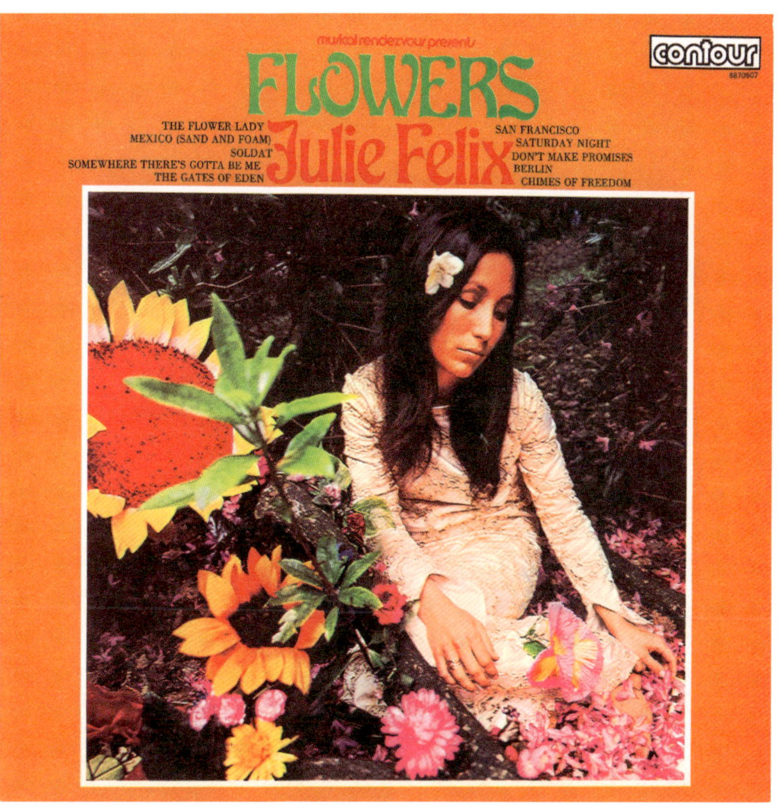

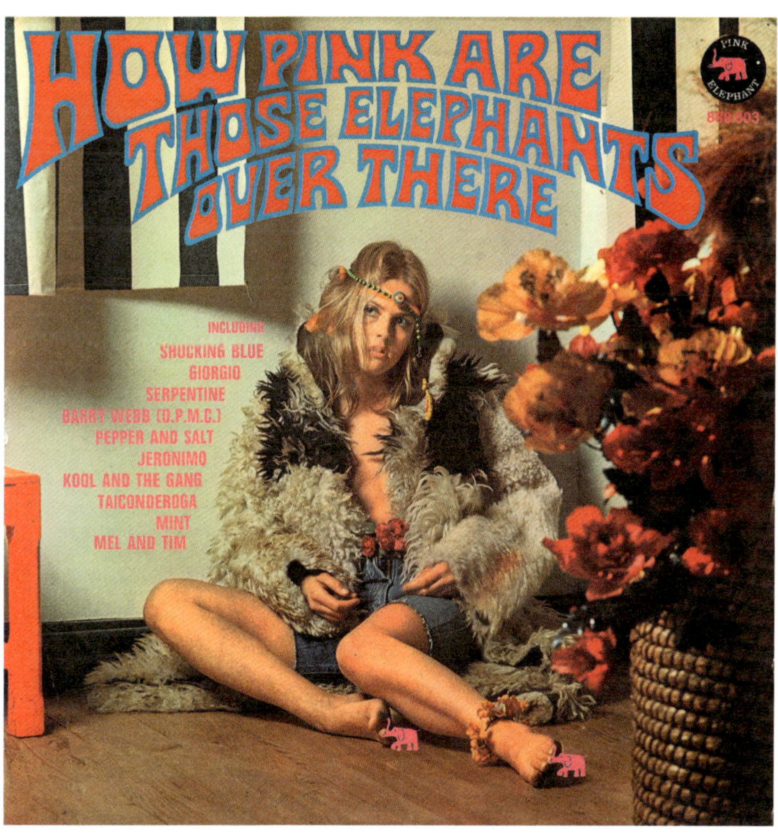

Julie Felix, *Flowers*, 1967
copertina / cover

How Pink Are Those Elephants Over There, 1969
copertina / cover

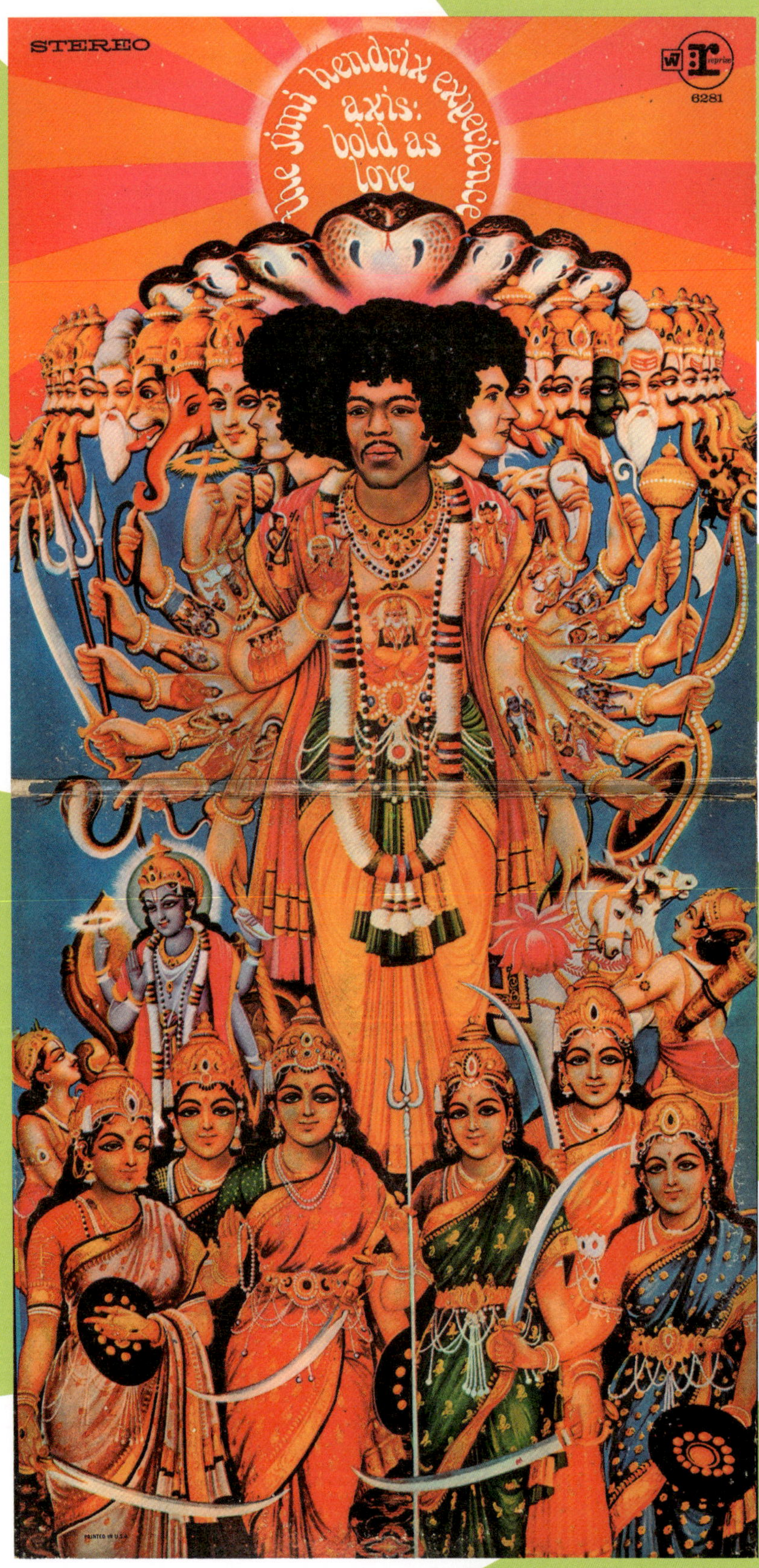

The Jimi Hendrix Experience, *Axis: Bold as Love*, 1967
copertina / cover
Design by David King and Roger Law

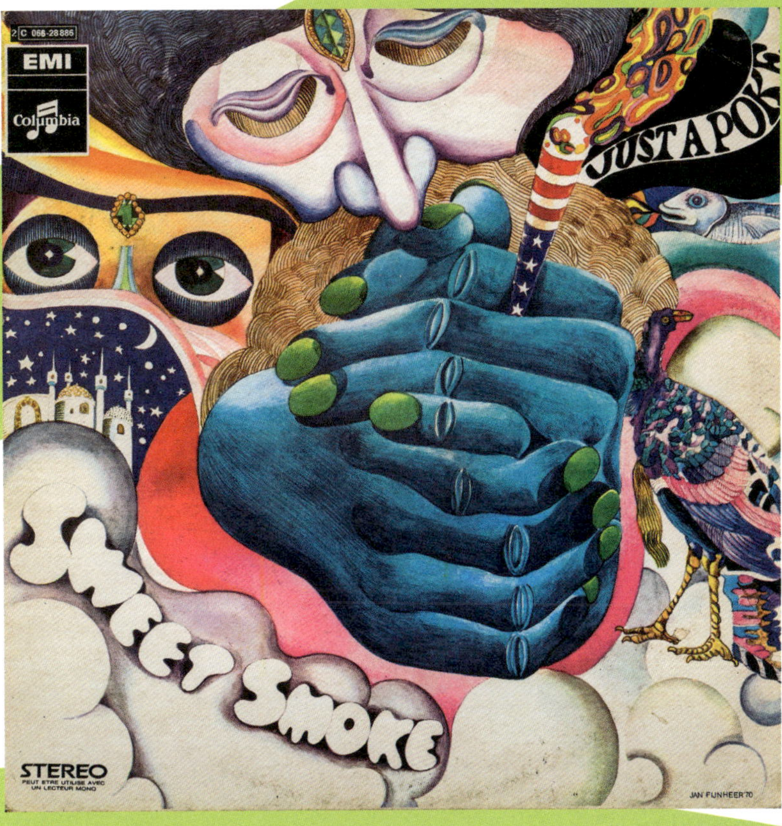

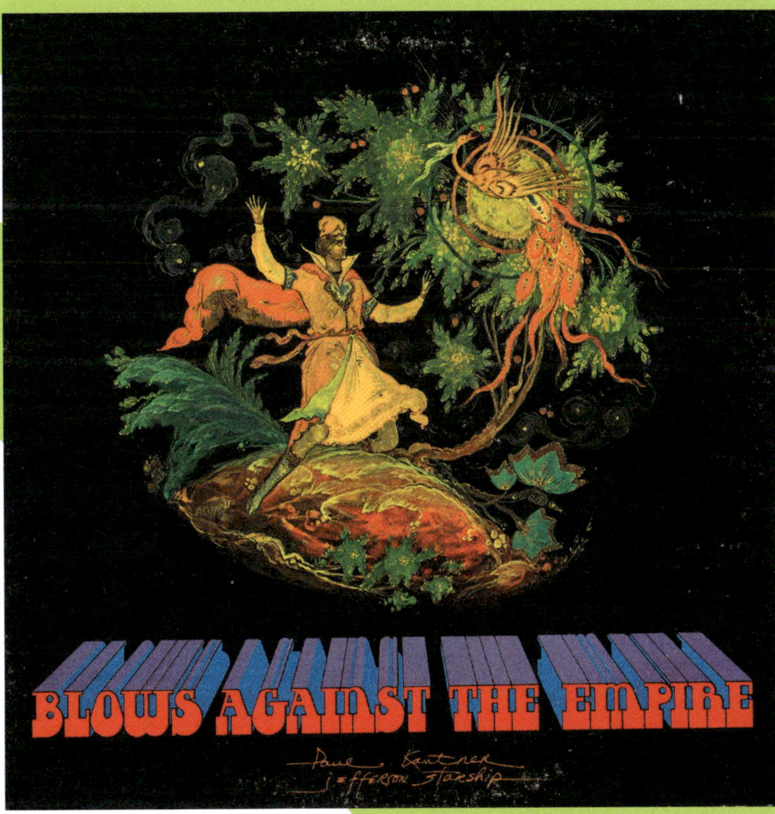

Sweet Smoke, *Just a Poke*, 1970
copertina / cover

Paul Kanter, *Blows Against the Empire*, 1970
copertina / cover

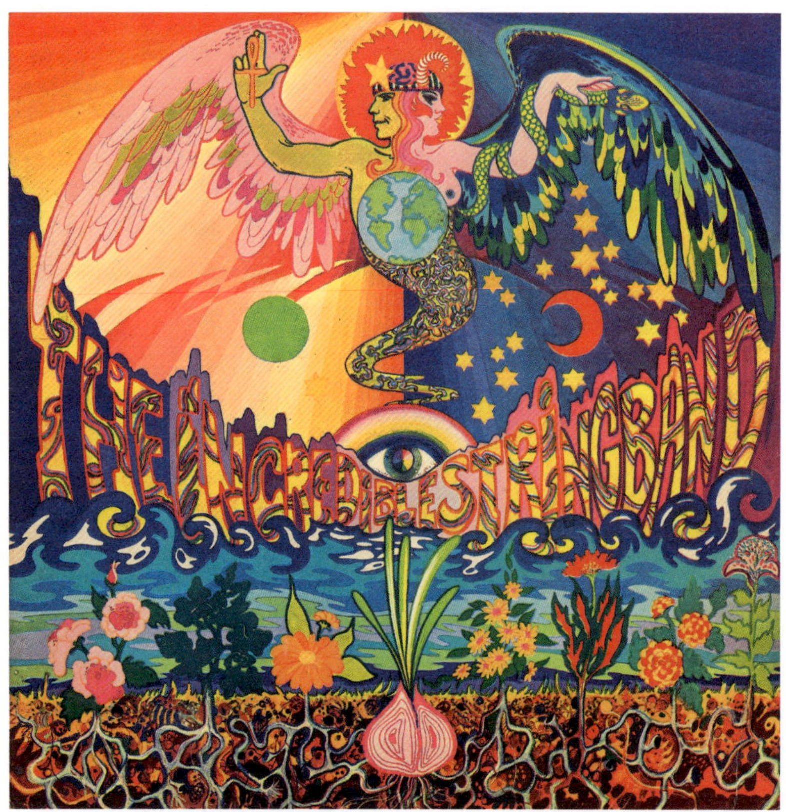

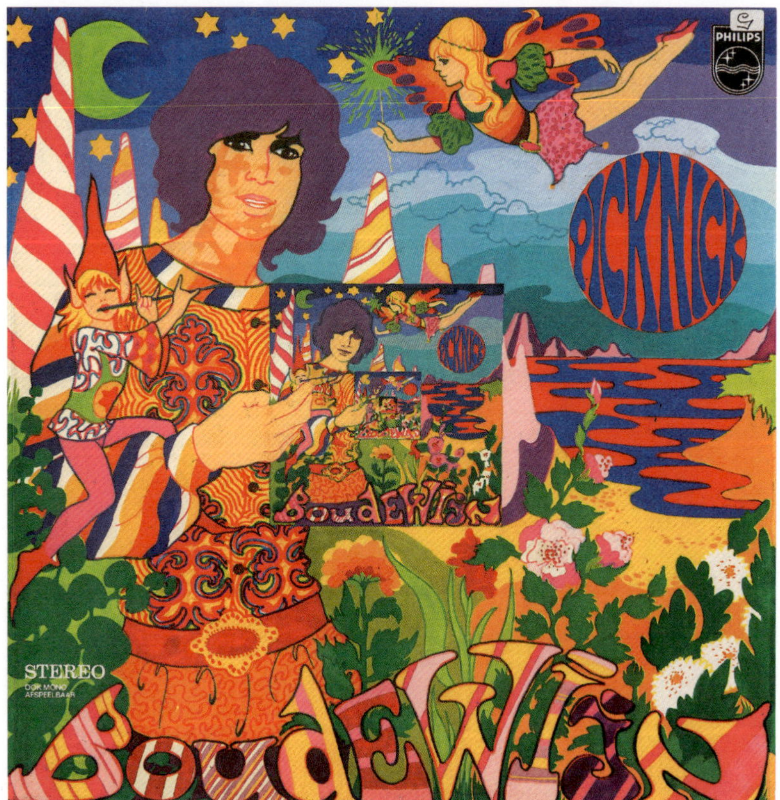

The Incredible String Band, *The 5000 Spirits
or the Layers of the Onion*, 1967
copertina / cover

Boudewijn, *Pick Nick*, 1982
copertina / cover
Design by Marijke Koger of the Fool

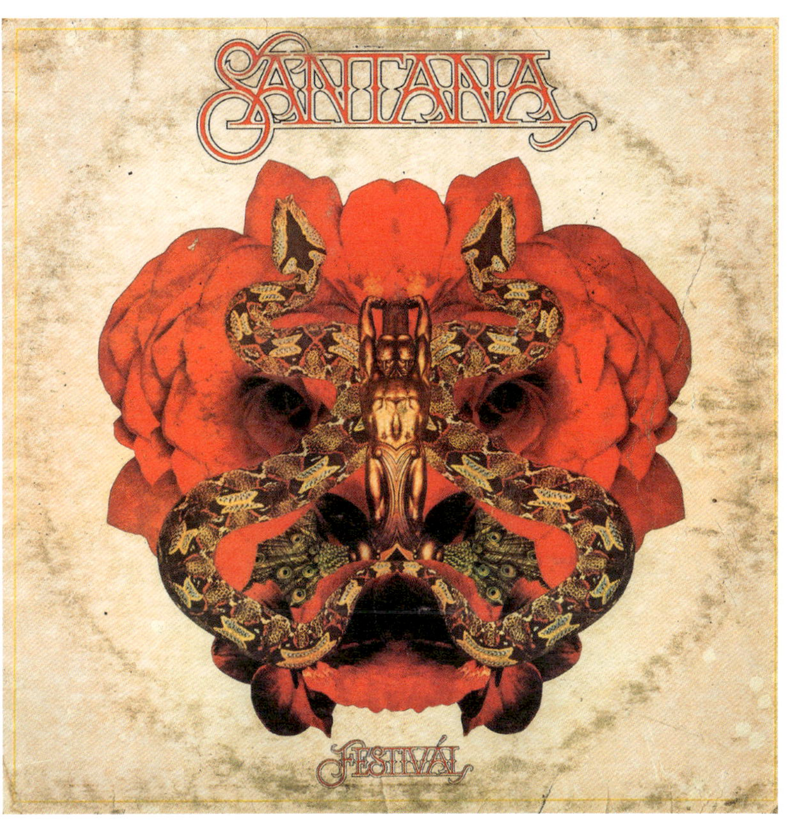

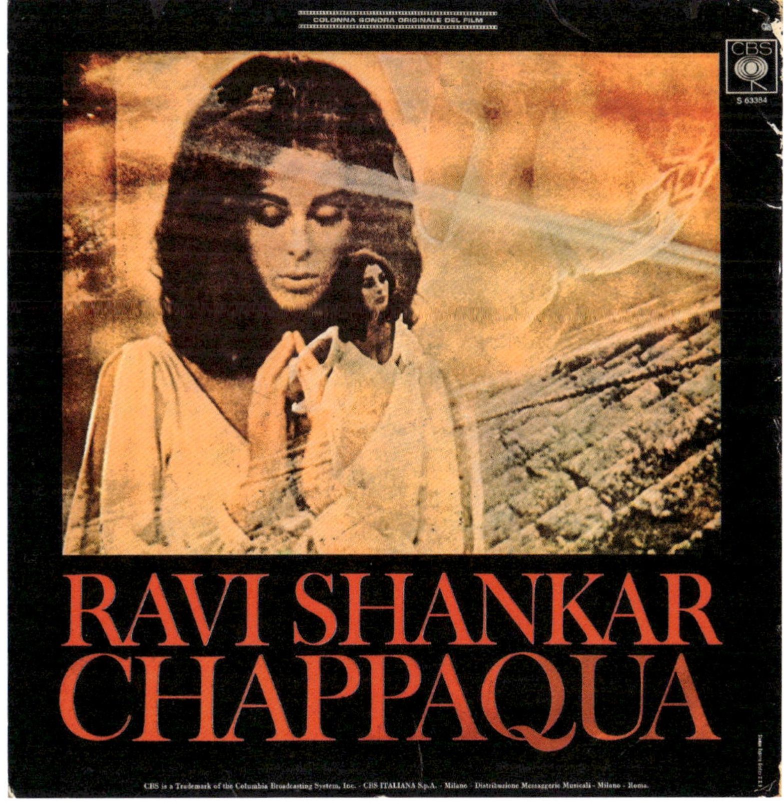

Santana, *Festival*, 1977
copertina / cover

Ravi Shankar, *Chappaqua*, 1966
copertina / cover

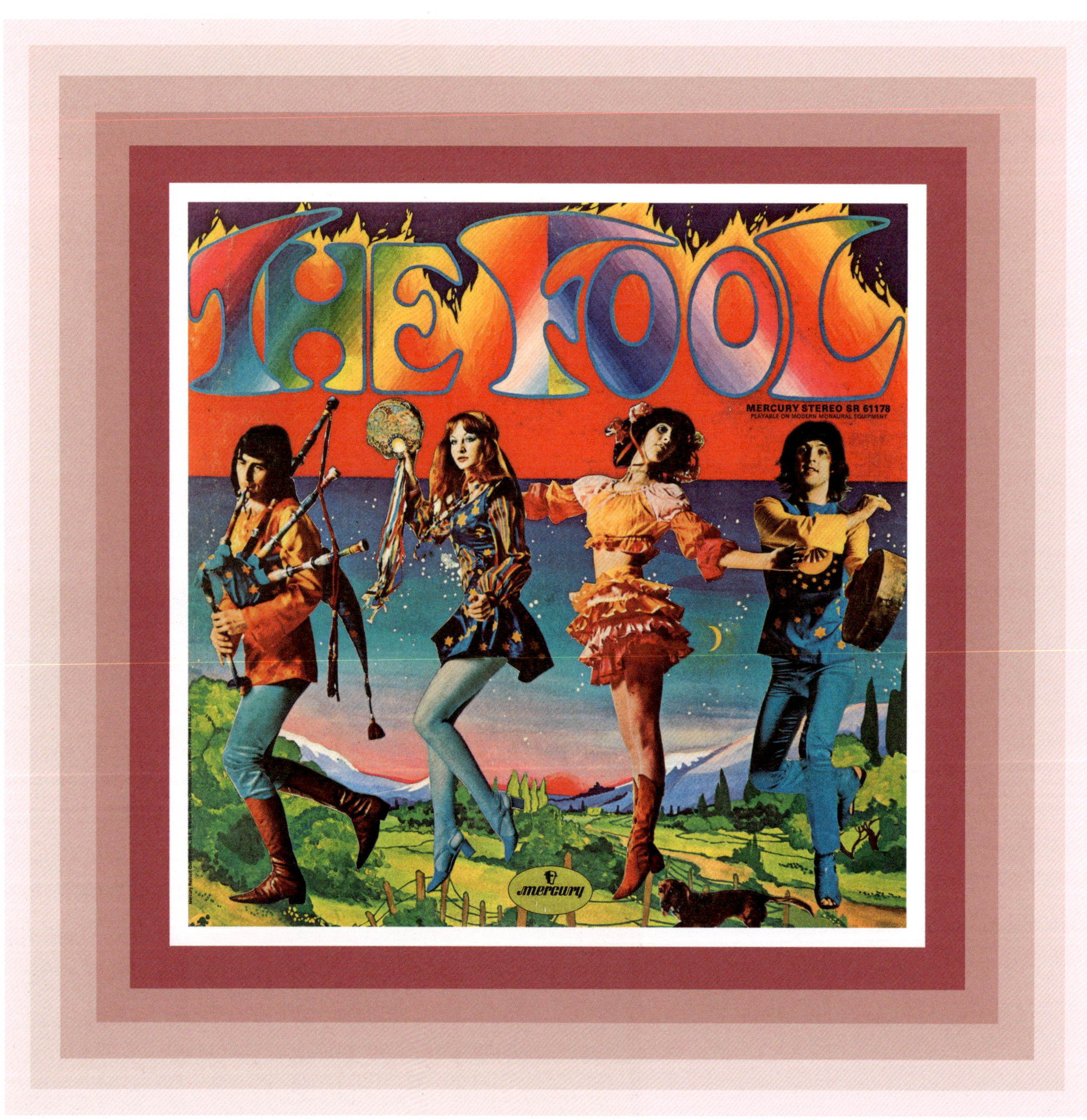

The Fool Collective, *The Fool*, 1969
copertina / cover
Design by Marijke Koger of the Fool

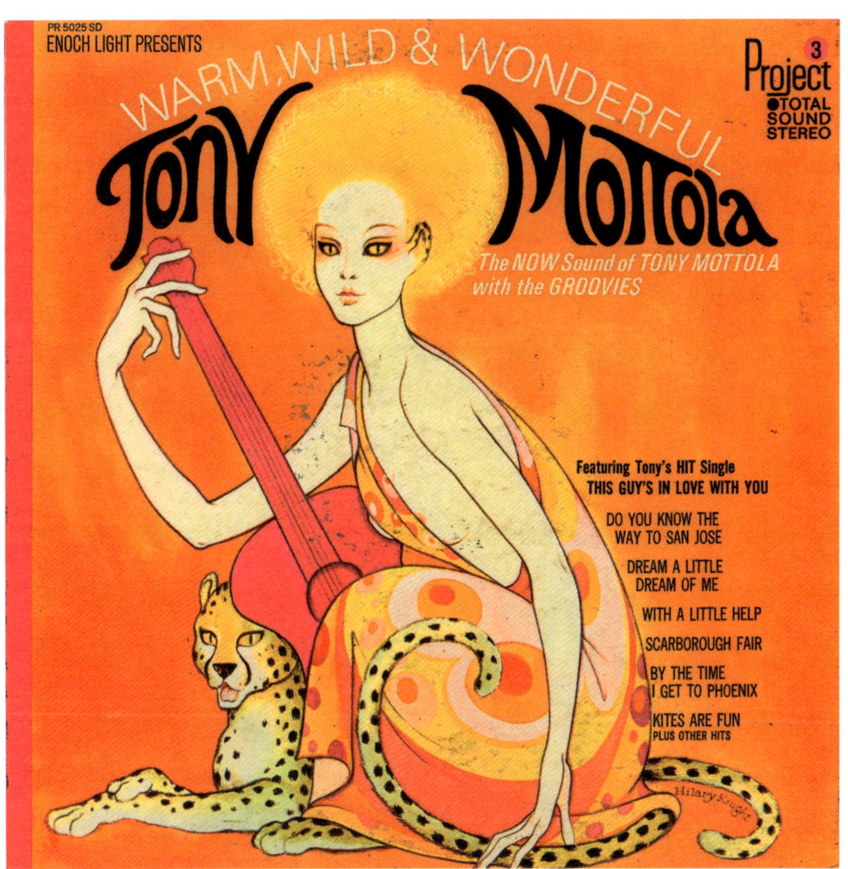

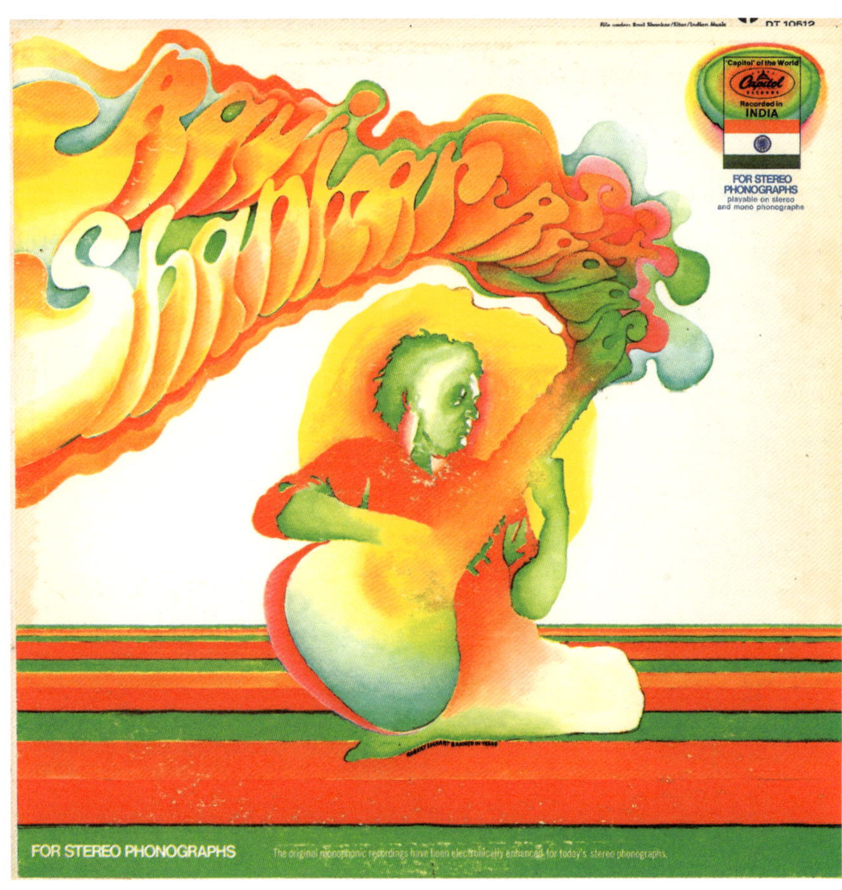

Tony Mottola, *Warm, Wild & Wonderful*, 1968
copertina / cover

Ravi Shankar, *Six Ragas*, 1968
copertina / cover

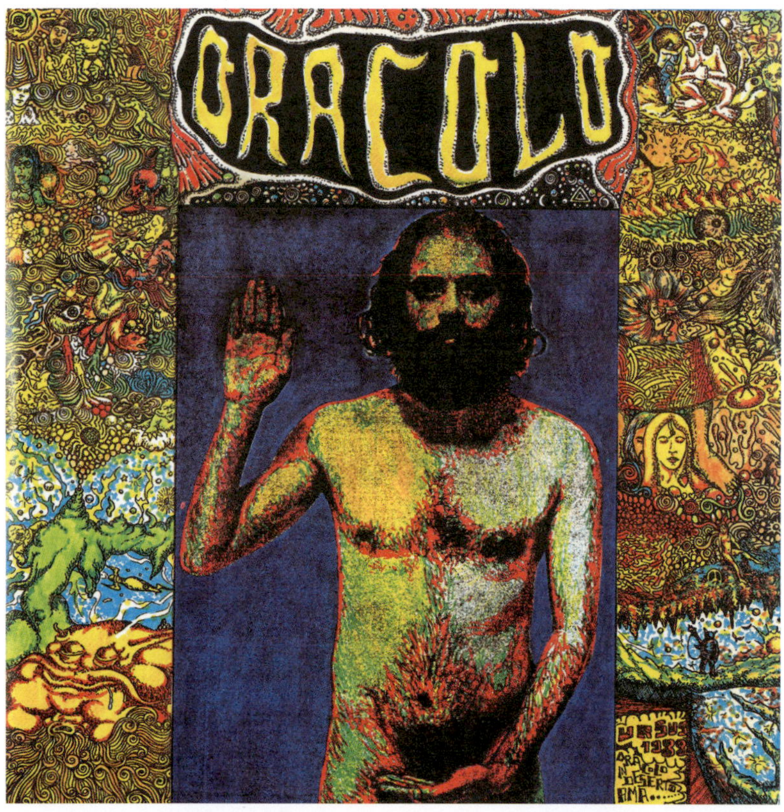

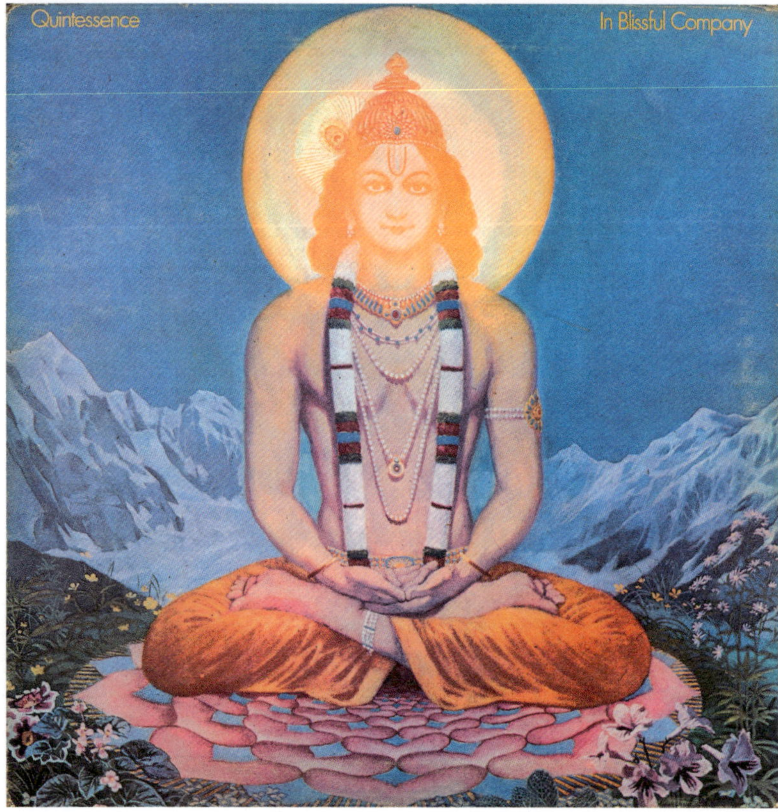

Oracolo, 1989
copertina / cover

Quintessence, *In Blissful Company*, 1969
copertina / cover

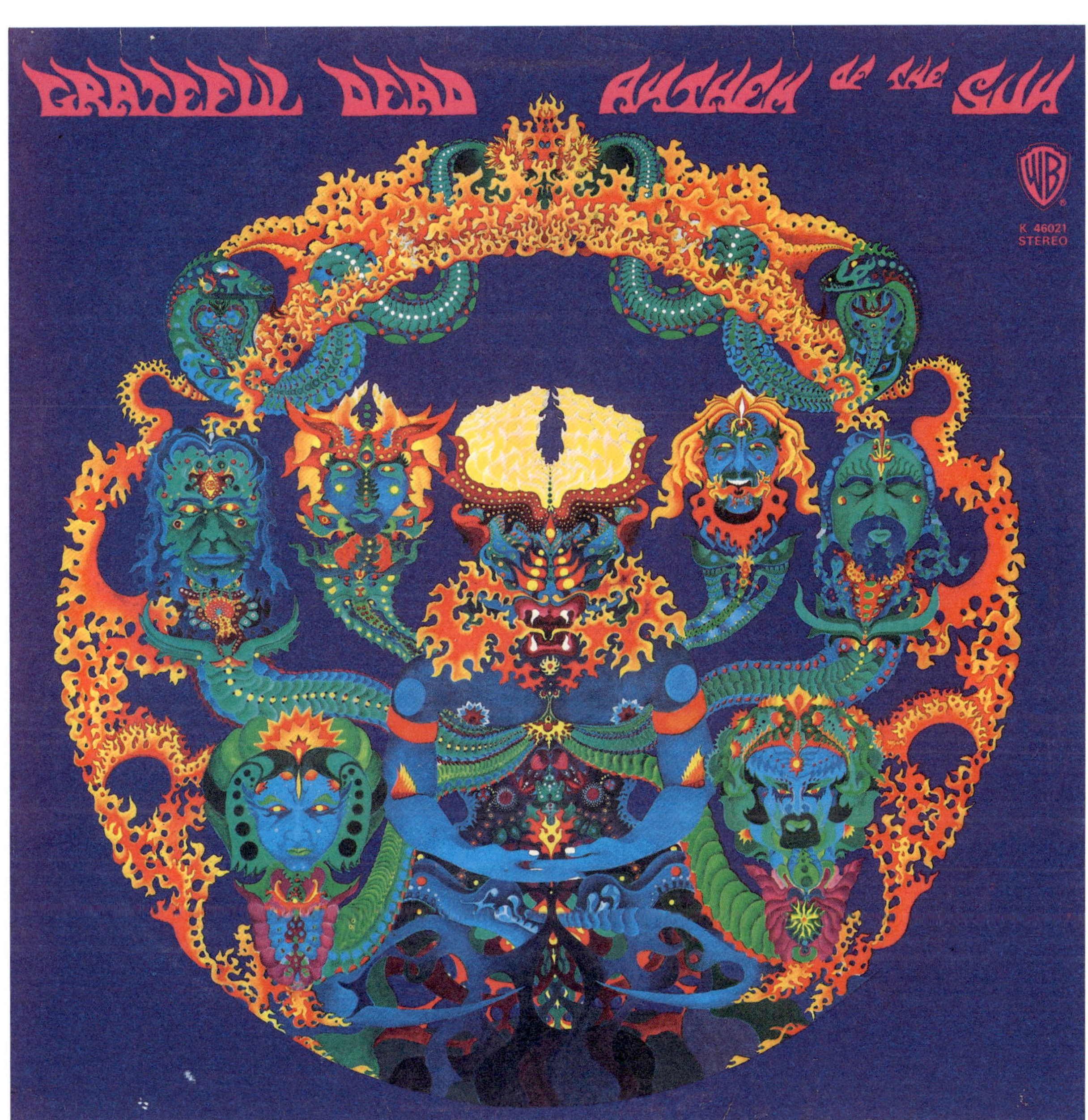

The Grateful Dead, *Anthem of the Sun*, 1968
copertina / cover

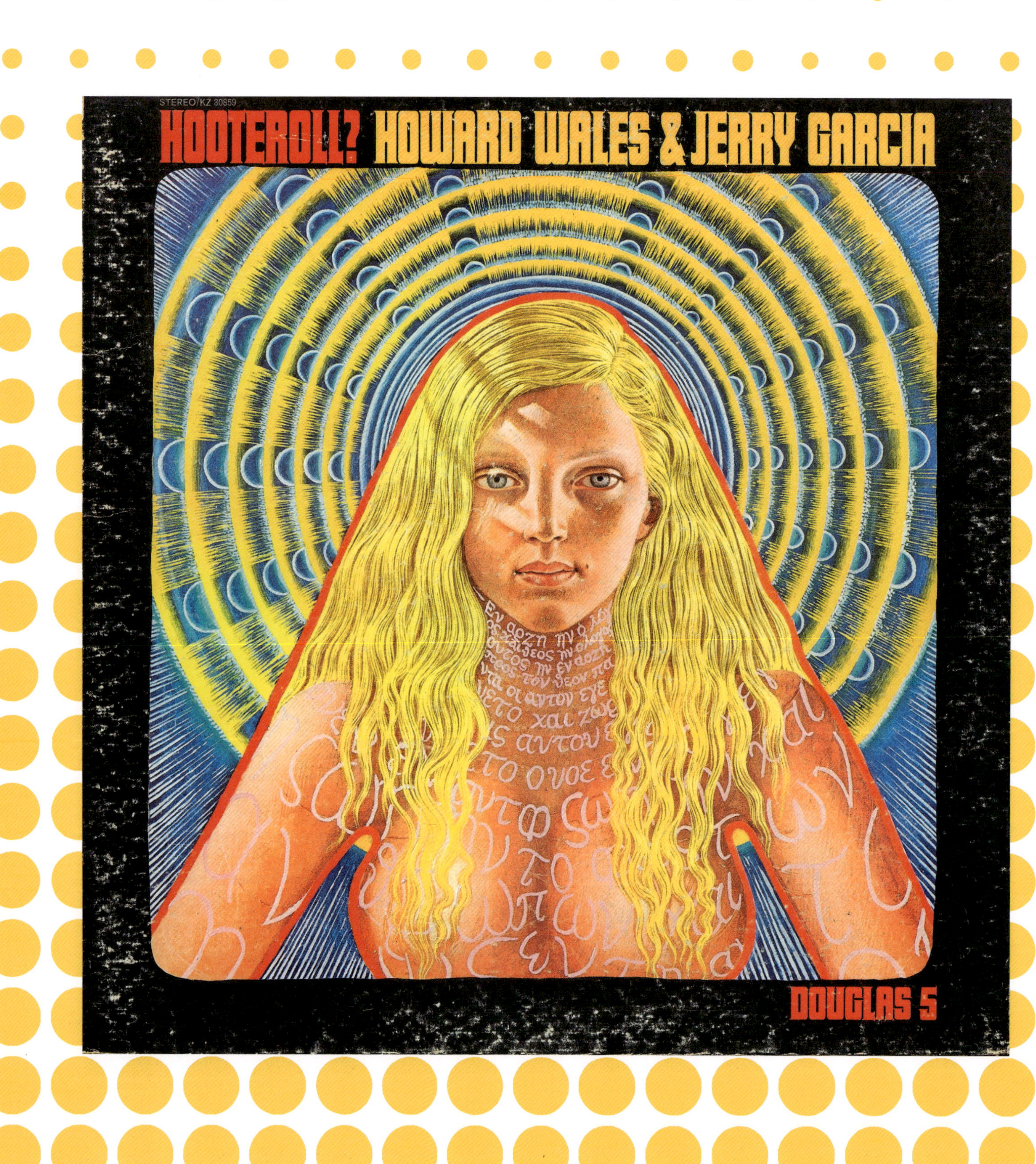

STEREO/KZ 30859
HOOTEROLL? HOWARD WALES & JERRY GARCIA
Douglas 5

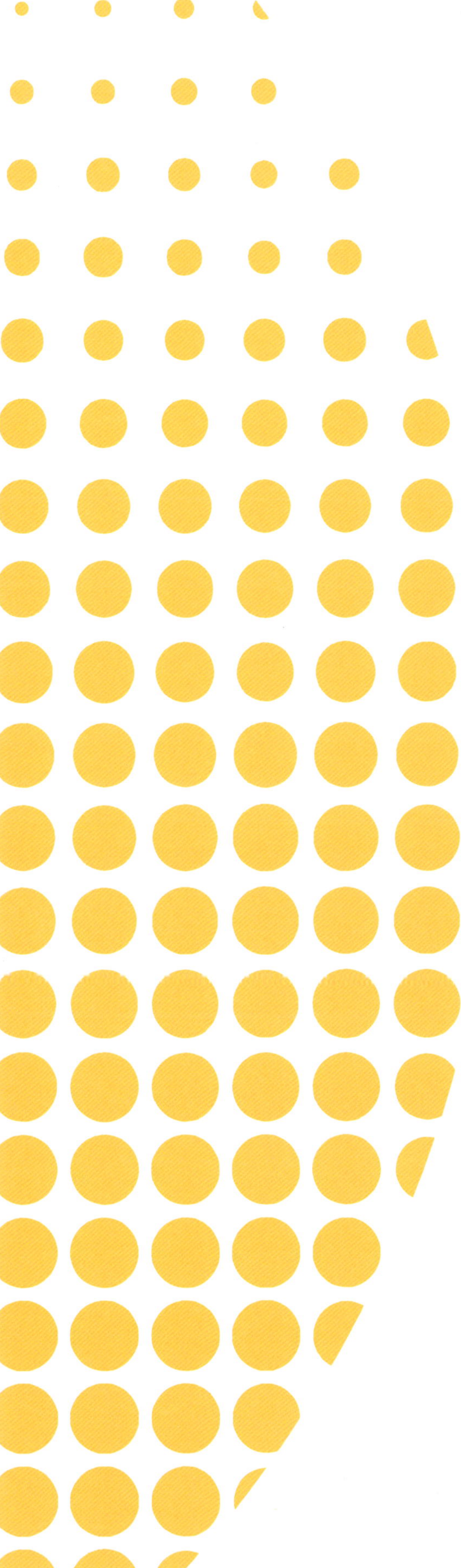

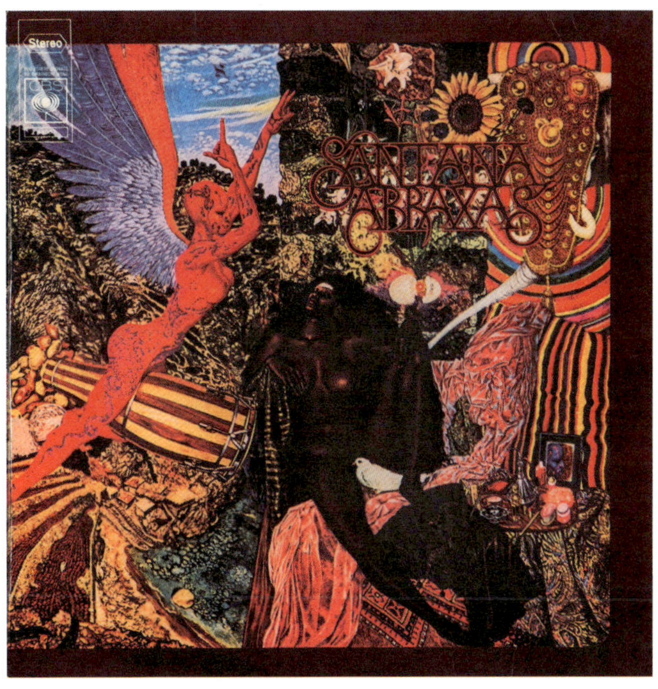

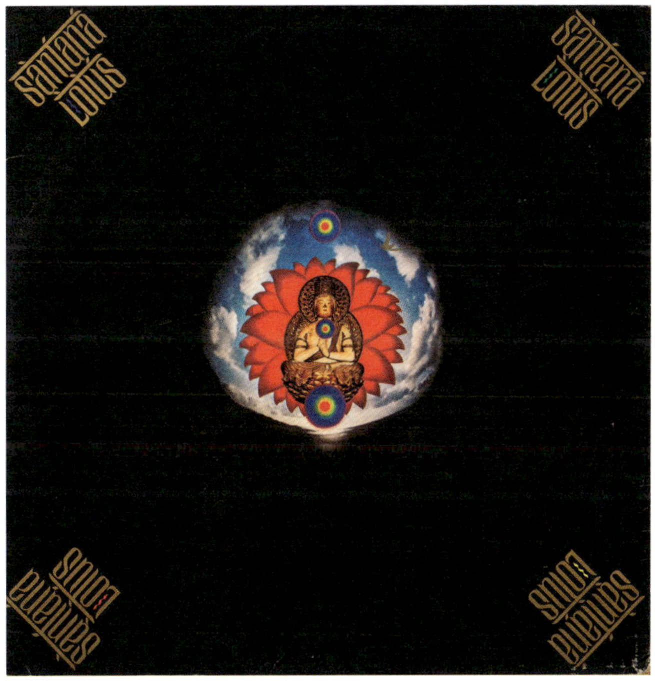

Howard Wales & Jerry Garcia, *Hooteroll?*, 1971
copertina / cover

Santana, *Abraxas*, 1970
copertina / cover

Santana, *Lotus*, 1974
copertina / cover

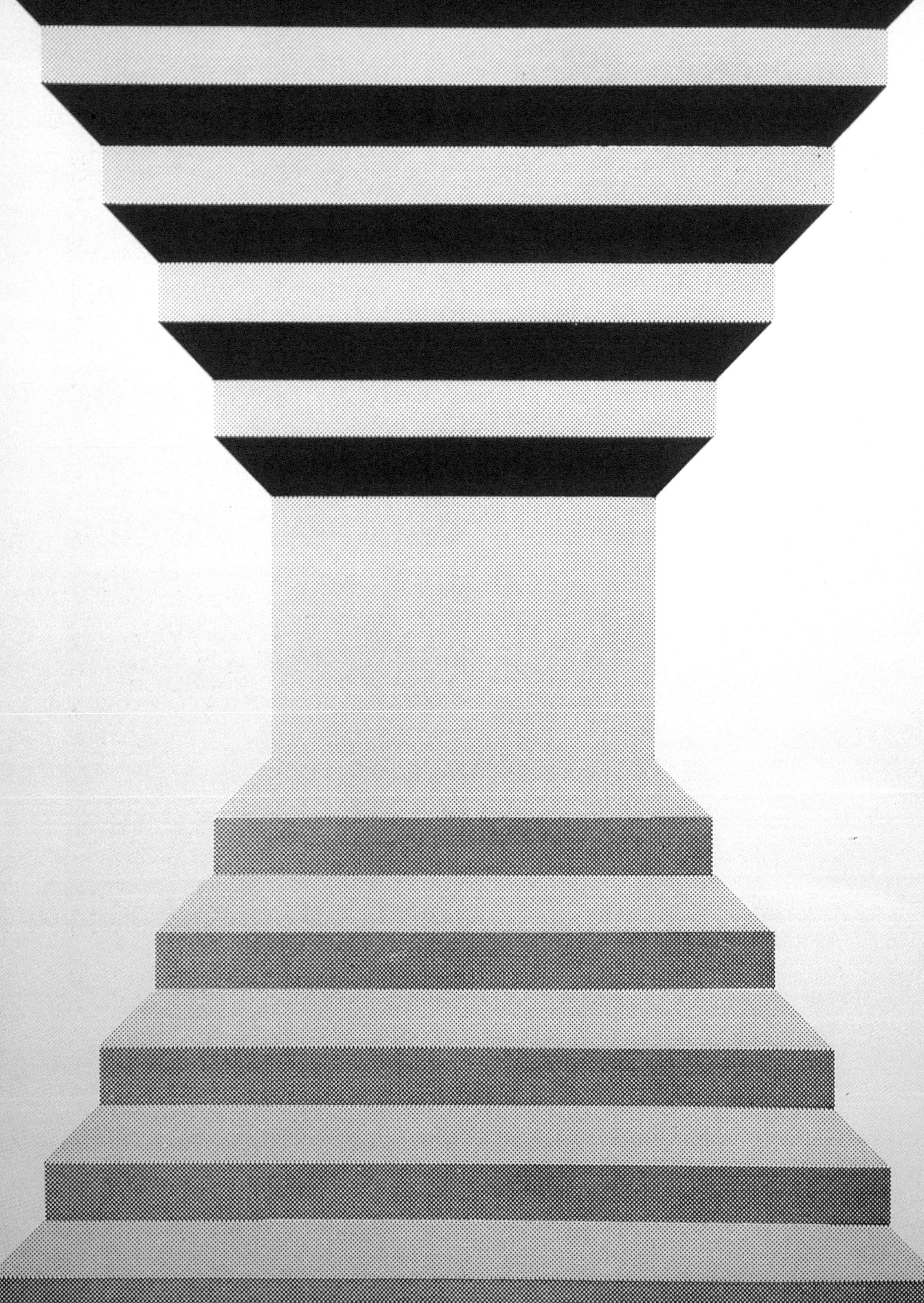

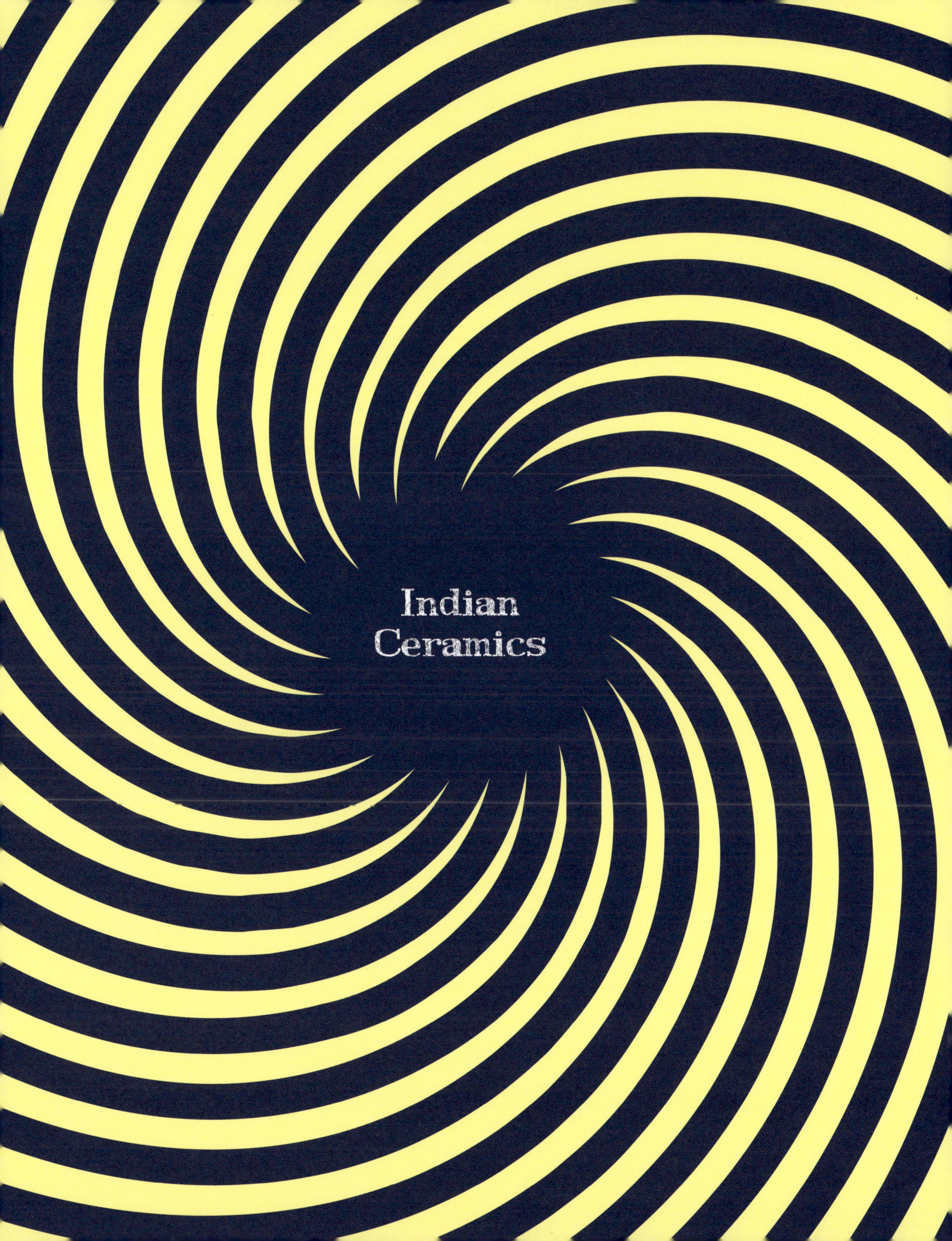
Indian
Ceramics

FULVIO FERRARI

Oriente

L'ARCHITETTO ETTORE SOTTSASS inizia negli anni sessanta a frequentare l'Oriente, traendone sottili riflessioni esistenziali. È colpito dalla grazia delle donne birmane e dalla serena armonia dell'architettura delle loro case e delle loro capanne, che pare coerente con la leggerezza della vita di chi non possiede altro che fragili cose. Il buddhismo gli interessa più come una filosofia aperta che come una religione ed è impressionato dai "cesti di fiori color zafferano e petali sulle scalinate. Scalinate bagnate d'acqua".

È attratto dalla magia e dal silenzio, dalla rappresentazione, nella fragilità di certi oggetti, di un cosmo primigenio. Annota che nel tempo tutto è sparito e solo le ceramiche hanno conservato tracce di allegorie, di appartenenze.

Nel 1963 appare raffigurata sulle *Ceramiche delle Tenebre*, vasi altamente simbolici, la privata liturgia visuale attraverso cui comunica la sua speculazione esistenziale.

Tra il 1969 e il 1970 affida ad alcuni scritti pubblicati su "Domus" i suoi pensieri sulla mistica e contestualmente realizza le ceramiche che fanno parte di questa mostra.

Scrive: "Va già bene se riesco a riempire un pezzettino di carta con qualche colore, con qualche segno". Gli erano infatti ben note le inconsuete dimensioni delle ceramiche di Babilonia, quelle enormi dell'Islam, le moschee di ceramica.

Realizza una mostra a Stoccolma intitolata *Paesaggio per un Pianeta Fresco. Incerti suggerimenti*. È il febbraio 1969. Vi sono disposti 15 lavori. Ci sono altari e pilastri di sfere, sovrapposte e monocromatiche. Un pilastro è progettato con 165 pezzi incolonnati; un altare con 53 colonne di 2, 4, 7, 11 o 16 elementi ognuna.

Dice: "Mi pare che la terracotta vada bene per fare cose che indichino la miseria e la fragilità di un destino".

L'idea dello spazio è presa in considerazione anche da un punto di vista inconsueto, più ampio, un po' disorientante. In India, infatti, ha imparato la "faccenda" di organizzare lo spazio in modo che diventi un po' come una droga (yoga). In realtà gli stati esistenziali possono essere aiutati dal disegno dell'ambiente. Ne erano ben consapevoli i costruttori di cattedrali, gli arabi che costruivano i cortili con la fontanella, insomma gli architetti di luoghi e non di monumenti. Così Sottsass disegna ancora ceramiche, *Ceramiche tantriche*. Ne realizza una ventina di coppie eseguite al tornio a Pesaro, dall'amico Bucci, allievo dello scomparso Nanni Valentini. Sono tornite in gres, una terra dura che comporterà colori particolari, resistenti alle bruciature delle alte temperature necessarie alla cottura dell'impasto. Verranno esposte a Bologna, alla Galleria La Nuova Loggia, nel febbraio 1969. Nello scritto pubblicato da "Domus" nel mese di settembre di quello stesso anno, Sottsass puntualizza, ironico, che "ancora una volta non si è venduto nulla". Nell'invito, composto con la consueta maestria, sono riprodotti in rosso, al tratto, 13 disegni-diagrammi mutuati dal filone indiano ritualista. L'idea è che venga sollecitata, con il culto tantrico che comprende l'arte e l'esperienza estetica, un tipo di attività mentale che coinvolge e stimola l'attività psicosomatica. Infatti, la meditazione rituale, lo yoga, i sacrifici e le manifestazioni sessuali estendono le limitazioni della vita.

Sono soprattutto i complicatissimi diagrammi cosmici, quelli che descrivono l'ordine spaziale e temporale dell'universo, a interessare Ettore Sottsass. Sono figure derivate da calcoli molto complessi che forniscono, ad esempio, "i tempi e i luoghi che il sé attraversa per completare la sua liberazione", oppure "la sottile connessione con strati di materia e spazio del sistema trascendente dello spazio cosmico col cosmo umano". I gres realizzati

p. 74: Ettore Sottsass, *Poster Tantra*, 1968, serigrafia / silkscreen print, 50 x 70 cm. Courtesy Fulvio Ferrari, Casa Mollino, Torino perdono quindi ogni trama decorativa. Le superfici sono perlopiù bianche matt e simboleggiano energia, oppure vengono impiegati monocromi rossi, verdi e marroni. Le forme sono squisitamente geometriche, concentrazioni di linee e linee concentranti. Rappresentano serie di coni scalati a gradini regredenti al piede, spesso combinati con semplici cilindri.

Nel successivo capitolo delle sue terrecotte Sottsass disegna le *Ceramiche di Fumo*, esposte alla Galleria Il Sestante di Milano nel maggio 1969: 23 lavori nuovamente monocromi, formati a mano con tonda geometria circolare di nuvole e ampi anelli degradanti. I titoli ci rendono un'intenzione meditatrice (*Il fumo sacrificale*, *Il fumo di Shiva*, *Il fumo del nomade*), ma anche un'ironia da indiano metropolitano (*Il fumo della Esso*, *Il fumo dell'hashish*, *Il fumo dell'acquavite*, *Il fumo della mia cremazione, Amen*). Un anno dopo compaiono le *Yantra di terracotta*: 32 modelli prodotti da un'industria, la Poltronova, dell'amico Sergio Cammilli. Il catalogo è un pieghevole di 8 pagine edito da Design Center (marchio Poltronova), graficamente redatto da un altro amico, Roberto Pieraccini.

Le immagini ideate da Sottsass e dal fotografo Alberto Fioravanti ci portano dritto al cuore del problema. Nelle composizioni, accanto alle *Yantra*, appaiono candele, monetine, incensi, fiori recisi e un ritratto. Sono simboli dei sensi offerti in venerazione.

Lo Yantra è infatti un importante mezzo visivo, in forma grafica o di oggetto, del culto tantrico. È focalizzatore delle rappresentazioni e degli stati psichici dell'uomo. All'icona tantrica si manifesta devozione e riverenza con offerte rituali e pratiche di devozione che consentono di comprendere la genesi del tempo, il processo della creazione, di vedere con la mente rivolta all'indietro l'atto continuo della creazione, del processo creativo in cui siamo immersi, oltre lo scorrere del tempo. Lo Sri Yantra è la figura simbolica più complessa tra gli Yantra, rappresentando la totalità della creazione. Si configura come la stella a 14 punte che Ettore ci rende in ceramica con il vaso siglato *Y28*. È rosso, colore che in coppia con il bianco fa circolare l'energia.

Ma la potente, espressiva simbologia fondamentale del tantrismo usa il sesso. L'immagine della femmina, la yoni, è un triangolo rosso con la punta verso il basso; quella maschile, il lingam, è un triangolo con la punta verso l'alto. Si compenetreranno nel vaso *Y30*, mentre il sole e la luna diverranno i vasi modello *Y33a*, *Y33b*. Tutte queste immagini sono costituite a partire da diagrammi visivi che, analogamente ai mantra recitati, concentrano energie e danno luogo a immagini divine.

Ecco quindi che la superficie delle ceramiche *Yantra* è formata da piatti rilievi geometrici che delimitano anche lo zig-zag dei loro bordi.

Ettore Sottsass è calamitato dalla religiosità di un culto estetico che ha a che fare con il corpo, con gli odori, con il sesso. Sente di poter partecipare a invenzioni, proposte, ricerche. Gli si spiegano molte cose. Questa religiosità ancorata alla terra è un trattato di vita, è il raggiungimento di una benedizione, il distacco, a strati diversi, dalle ansie quotidiane, il raggiungimento di un orgasmo spirituale. Le sue terrecotte *Yantra* vogliono stimolare le persone a una possibile maggiore consapevolezza esistenziale, come quando ci si innamora, come quando si fa l'amore. Lui consiglia di mettere una sola *Yantra* nella stanza. "Sono pezzi intensi. Hanno bisogno di spazio intorno".

FULVIO FERRARI

Orient.

During the 1960s the architect Ettore Sottsass began to spend some time in the East, gaining subtle existential reflections. He was struck by the grace of Burmese women and by the peaceful harmony in the architecture of their homes and their huts, which seemed coherent with the lightness of the lives of those who possessed nothing other than fragile things. He was more interested in Buddhism as an open philosophy rather than a religion; he was also impressed by the *baskets of saffron-coloured flowers and petals on the stairways. Stairs wet with water.* He was attracted by the magic and by the silence; by the representation, within the fragile nature of certain objects, of a primordial cosmos. He noted that everything disappeared over time and only ceramics preserved traces of allegories, a sense of belonging. The private visual liturgy through which he expressed his existential speculation was depicted on the *Ceramiche delle Tenebre* (Darkness Ceramics, highly symbolic vessels) in 1963. Between 1969 and 1970 he published some articles with his thoughts on the mystical realm in *Domus* and contemporarily produces the ceramics that are part of this exhibition. He wrote: "It's good enough if I manage to fill a little piece of paper with some colour, with some mark". In fact, he was well acquainted with the unusual dimensions of Babylon ceramics, the huge ceramics in Islam, the ceramic mosques.

He held an exhibition in Stockholm entitled *Landscape for a Fresh Planet. Uncertain suggestions.* It was February 1969. Fifteen works were on display. There were altars and pillars of spheres, one on top of the other and monochrome. One pillar was planned with 165 stacked pieces; an altar with 53 columns and 2, 4, 7, 11 or 16 elements each.

He said: "… clay is good for making things that indicate destiny's misery and fragility".

The idea of space was taken into consideration also from an unusual standpoint, one that was broader and slightly confusing. In fact, in India he learned the "task" of organizing space so that it became a sort of addiction (yoga). Actually, existential states can be helped by the design of the environment. Cathedral builders were well aware of this, and so were the Arabs who built their courtyards with drinking fountains – in other words, the architects of places and not of monuments. Hence Sottsass continued to design ceramics, *Tantra* ceramics. He produced about two dozen couples at the potter's wheel belonging to his friend Bucci (pupil of the late Nanni Valentini) in Pesaro. They were shaped using stoneware, a hard clay that produces particular colours, resistant to being burned at the high temperatures needed for baking. These works were exhibited in Bologna, at La Nuova Loggia Gallery, in February 1969. Sottsass ironically pointed out in the September 1969 edition of *Domus* that "once again, nothing was sold". The invitation, made with the usual mastery, reproduced 13 red designs-diagrams borrowed from the Indian ritualistic genre. The idea was to arouse, through the Tantra cult that includes art and the aesthetic experience, a type of mental activity that involved and stimulated psychosomatic activities. In fact, ritual meditation, yoga, sacrifice and sexual activities stretch life expectancy.

Ettore Sottsass was especially interested in very complicated cosmic diagrams, those that describe the spatial and temporal order of the universe. Figures deriving from very complex calculations that provide, for example, *the time and places that the self crosses in order to complete its liberation*, or *the thin connection with layers of matter and space of the transcendent system of cosmic space with the human cosmos.* Therefore the stoneware produced ended up losing any kind of decoration. The surfaces were mostly matt white and symbolized energy, otherwise red, green and brown monochrome colours were used. Their shapes were exquisitely geometric, concentrations of lines and concentrated lines. They represent series of scaled cones in regressed steps at the foot, often combined with simple cylinders.

During the next stage of his ceramics, Sottsass designed the *Ceramiche di Fumo* (Smoke Ceramics) exhibited at the Il Sestante Gallery in Milan on May 1969. It included 23 newly monochrome works, handmade with a round circular geometry of clouds and large degrading rings. The titles convey a meditative intention (*Il fumo sacrificale* (Sacrificial Smoke), *Il fumo di Shiva* (Shiva's Smoke), *Il fumo del nomade* (Smoke of a Nomad), but even the irony of a metropolitan Indian (*Il fumo della Esso* (Esso Smoke), *Il fumo dell'hashish* (Hashish Smoke), *Il fumo dell'acquavite* (Brandy Smoke), *Il fumo della mia cremazione* (Smoke from my Cremation), *Amen*.

One year later came the *Yantra terracotta* series. They were 32 items produced by the Poltronova industry belonging to his friend Sergio Cammilli. The catalogue is an 8-page fold-out edited by Design Center (Poltronova brand), whose graphics were drawn by another friend, Roberto Pieraccini. The images conceived by Sottsass and by the photographer Alberto Fioravanti lead us straight into the heart of the problem. In the compositions, alongside *Yantra* we find candles, coins, incense, cut flowers and a portrait. They are the symbol of senses offered in veneration.

Yantra is in fact an important visual means, in the graphic or the object form, of the Tantra cult. It focalizes on the representations and mental states of man. Devotion and reverence are manifested to the Tantra icon through ritual offerings and devotional practices that allow the comprehension of the genesis of time, the process of creation, to observe the continuous act of creation with the mind turned backwards, the creative process in which we are immersed, in addition to the elapsing of time. *Sri Yantra* is the most complicated symbolical figure of the Yantra, representing the totality of creation. It is a diagram formed by a 14-pointed star that Ettore reproduced in ceramics with the vase signed *Y28*. It is red, the colour that makes energy flow when paired with white.

But the powerful and expressive fundamental symbology of Tantrism uses sex. The image of the female, called *yoni*, is a red triangle with its tip pointed downwards; whereas the male figure, called *lingam*, is a triangle with its tip pointed upwards. They penetrate one another in vase *Y30*, while the sun and the moon are represented in vase models *Y33a* and *Y33b*. All these images are built from visual diagrams which, similarly to the recited mantra, concentrate energies and give rise to visions of the divine.

Hence the surfaces of *Yantra* ceramics are made of flat geometrical reliefs that even outline the zigzags on their edges.

Ettore Sottsass was drawn to the religiousness of an aesthetic cult that has to do with the body, with smells, with sex. He felt he could participate in inventions, proposals, research. Many things were explained to him. This religiousness anchored to the earth is a treatise on life; it is the attainment of a benediction, detachment (in different layers) from daily anxieties, the achievement of spiritual orgasm. His *Yantra* ceramics wished to stimulate people into a possible greater existential awareness, like when one falls in love, like when one makes love. He suggests only placing one *Yantra* into a room. "They are intense pieces. They are in need of surrounding space".

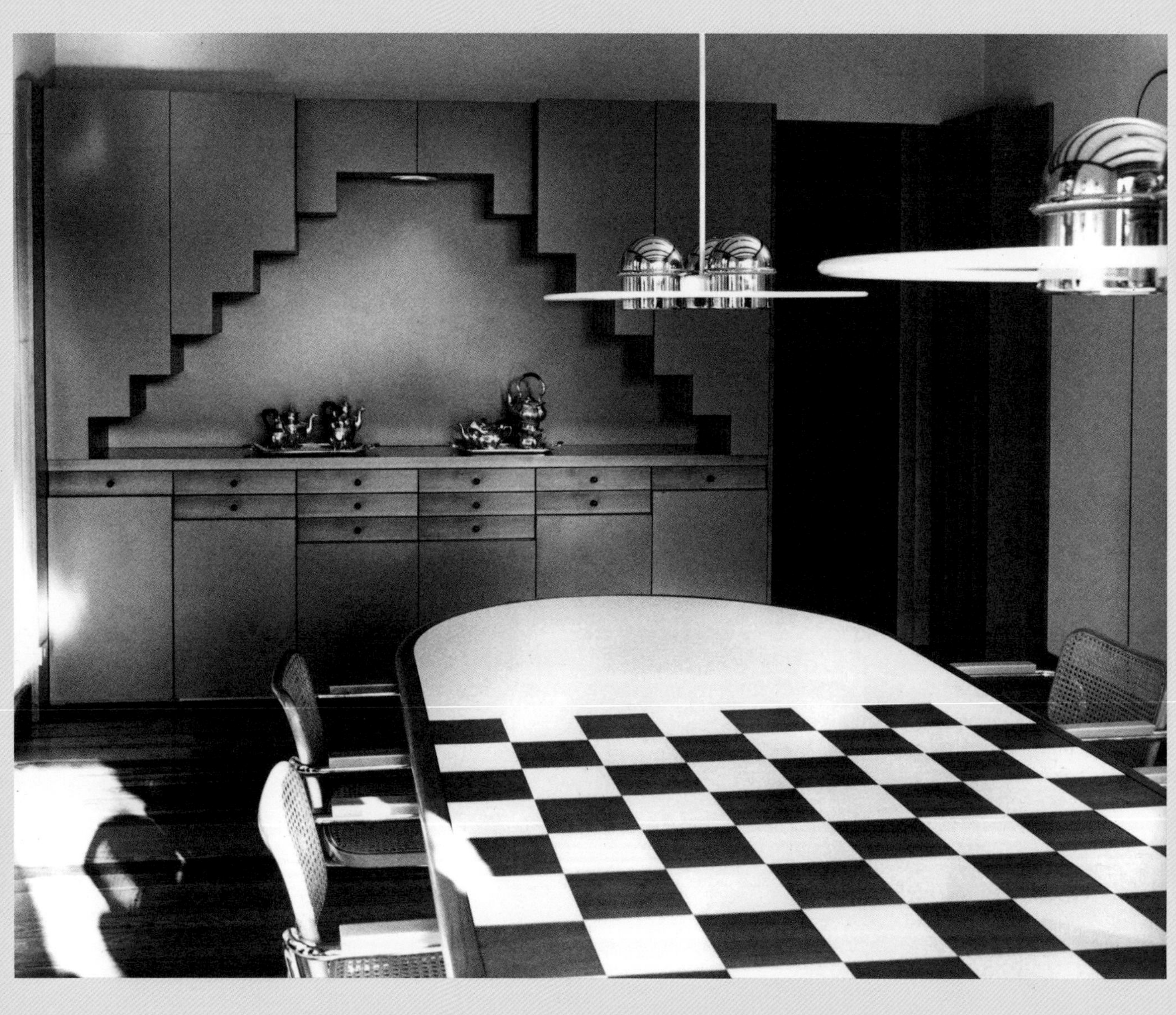

Ettore Sottsass, *Mobile tantrico*, anni settanta / 1970s
legno e laminato / wood and laminate, 280 x 280 cm

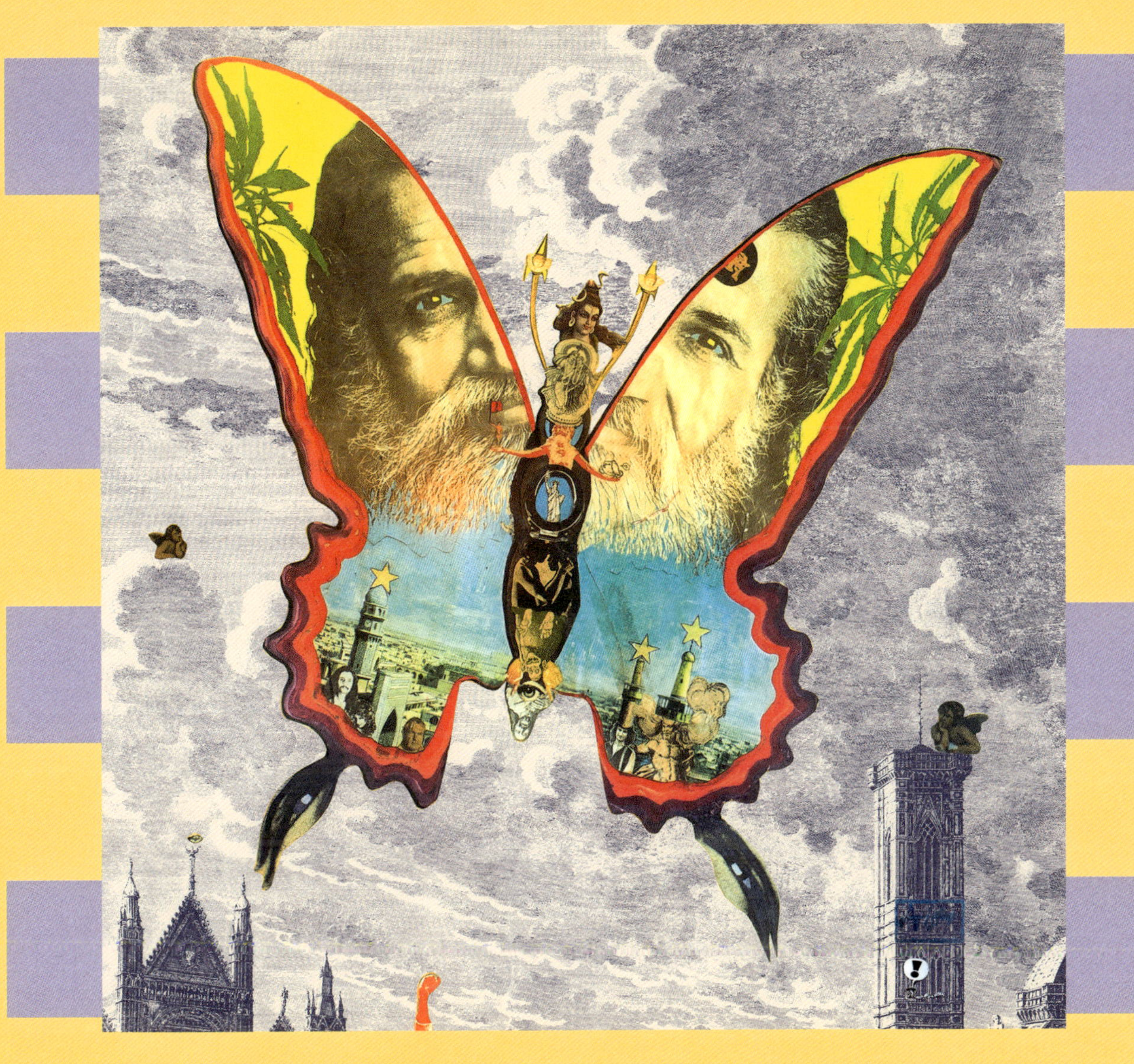

Barnaba Fornasetti, *Get Ready*, 1971
collage e tempera / collage and tempera, 94 x 94 cm
Courtesy Archivio Fornasetti, Milano

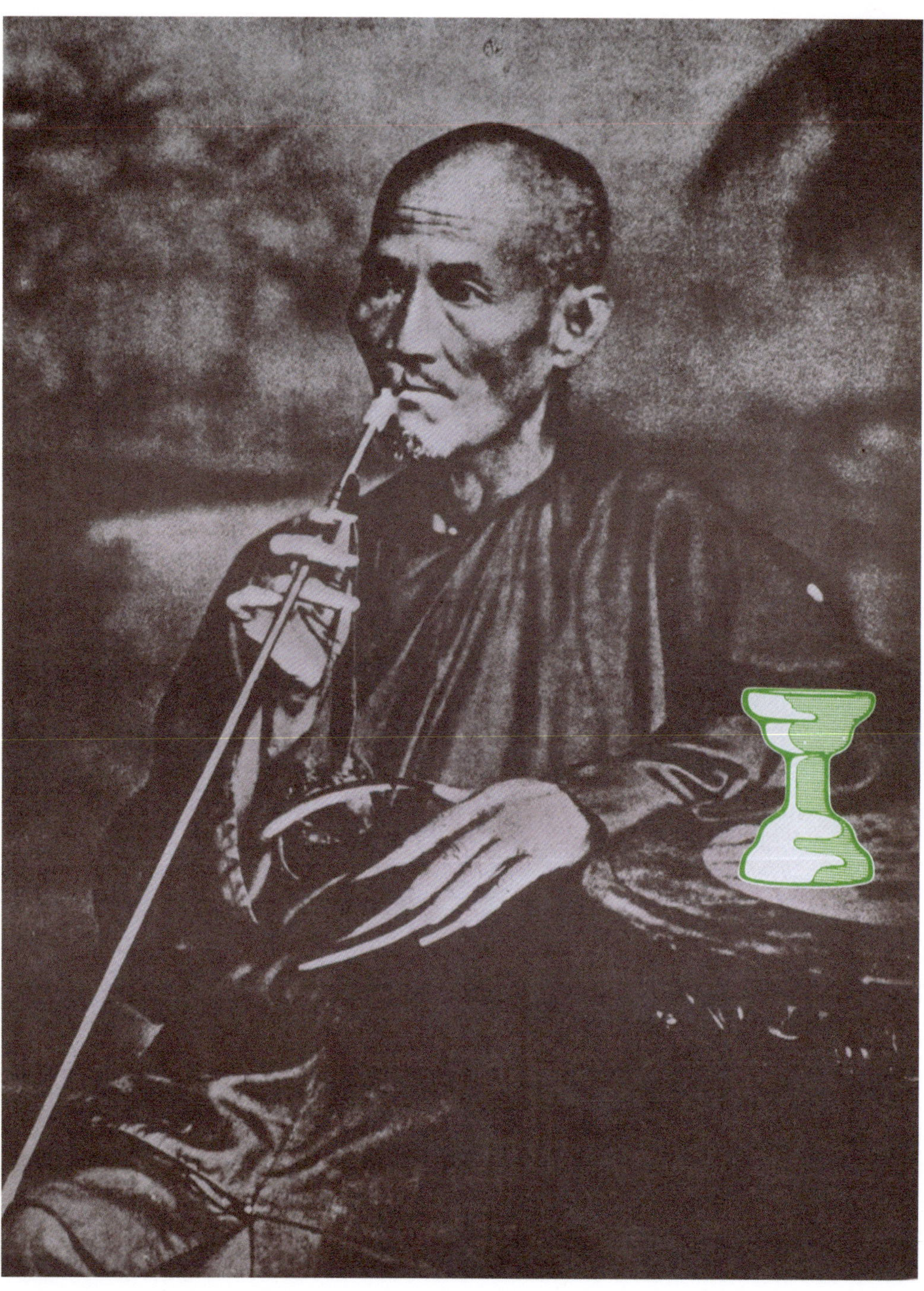

Ettore Sottsass, *Poster Fumo*, 1969
litografia / lithograph, 35 x 50 cm
Courtesy Fulvio Ferrari, Casa Mollino, Torino

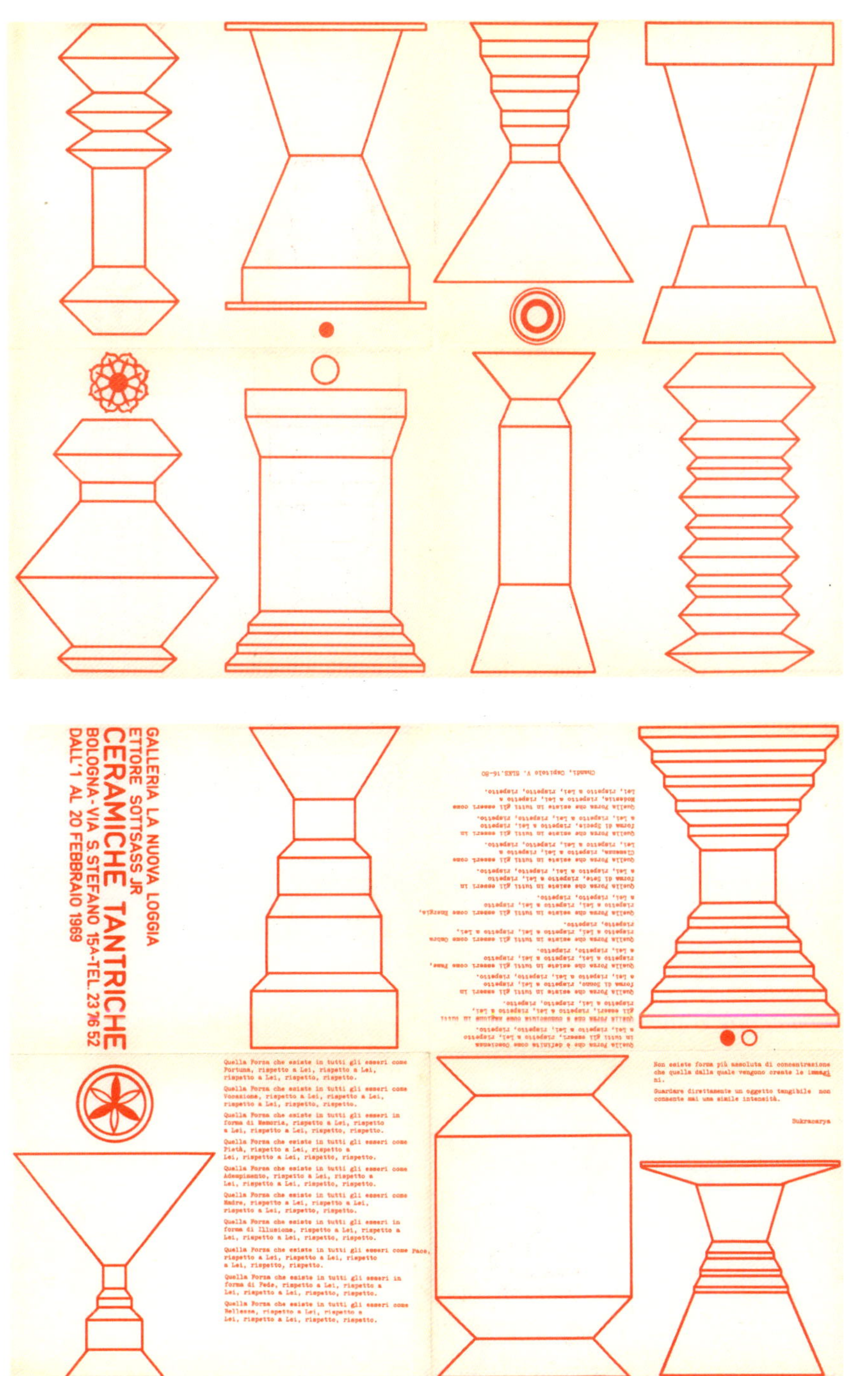

Ettore Sottsass, *Poster Loggia*, 1968
recto-verso, litografia / lithograph, 42 x 55 cm
Courtesy Fulvio Ferrari, Casa Mollino, Torino

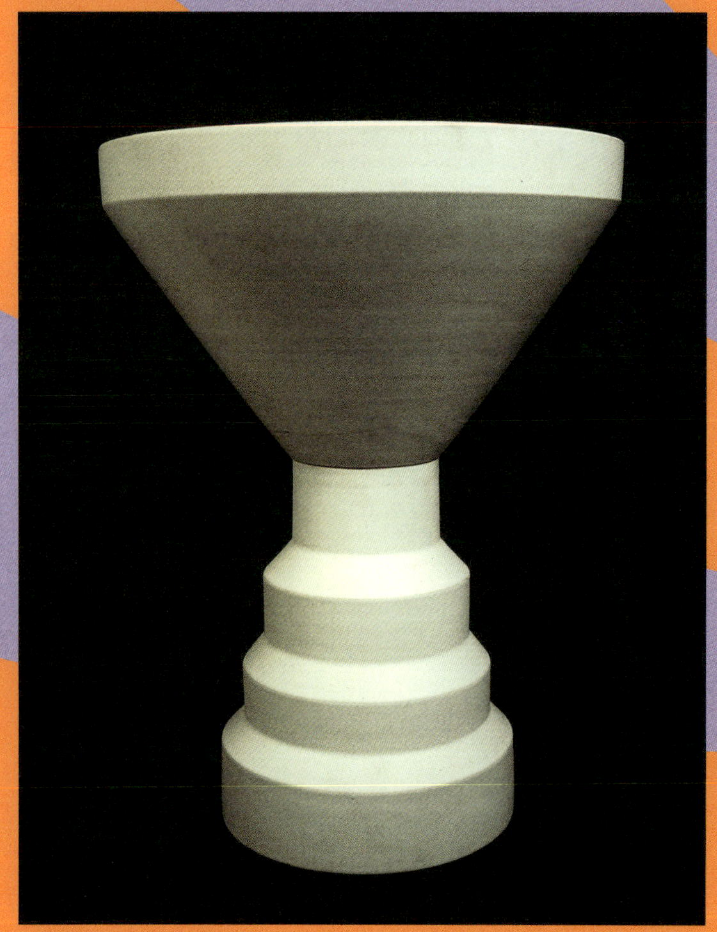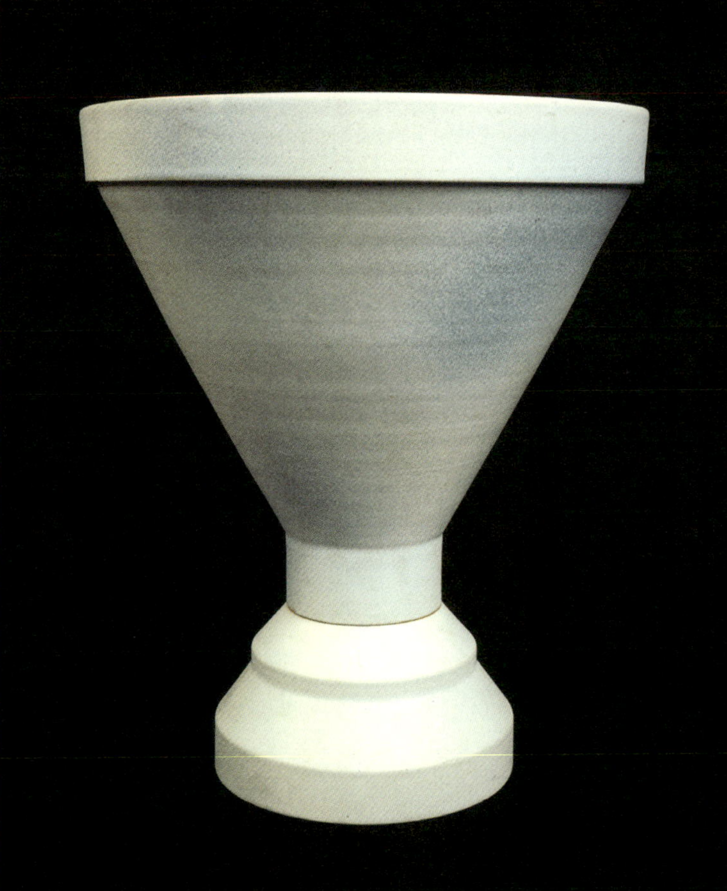

Ettore Sottsass, *Tantra*, 1968
ceramica tornita / wheel thrown pottery, 34 x 41 cm
Courtesy Fulvio Ferrari, Casa Mollino, Torino

Ettore Sottsass, *Tantra*, 1968
gres tornito / wheel thrown stoneware, 33 x 47 cm
Courtesy Fulvio Ferrari, Casa Mollino, Torino

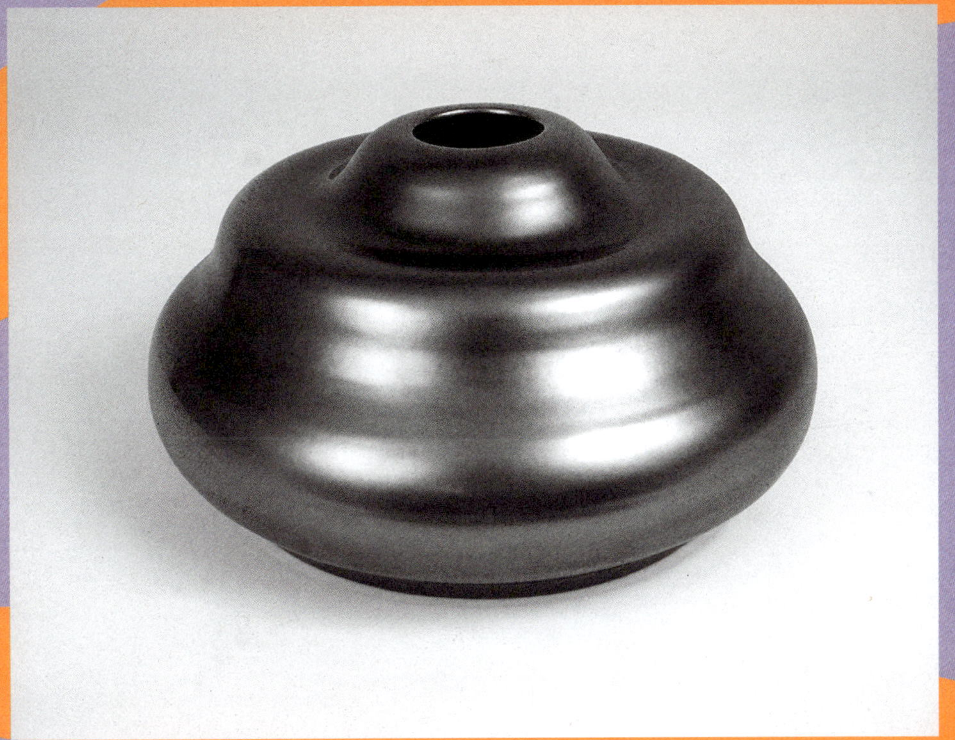

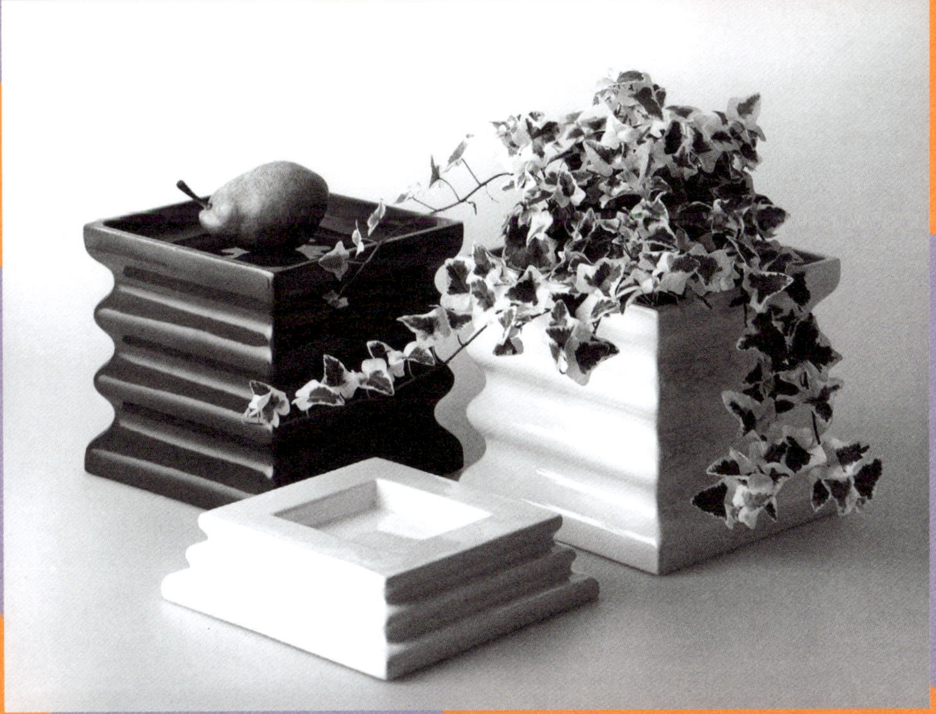

Ettore Sottsass, *Fumo*, 1969
ceramica tornita / wheel thrown pottery, 28 x 15 cm
Courtesy Fulvio Ferrari, Casa Mollino, Torino

Ettore Sottsass, *Onde*, 1969
ceramica a colaggio / slip-cast ceramics
22 x 22 x 50 cm, 22 x 22 x 50 cm, 24 x 24 x 17 cm
Courtesy Fulvio Ferrari, Casa Mollino, Torino

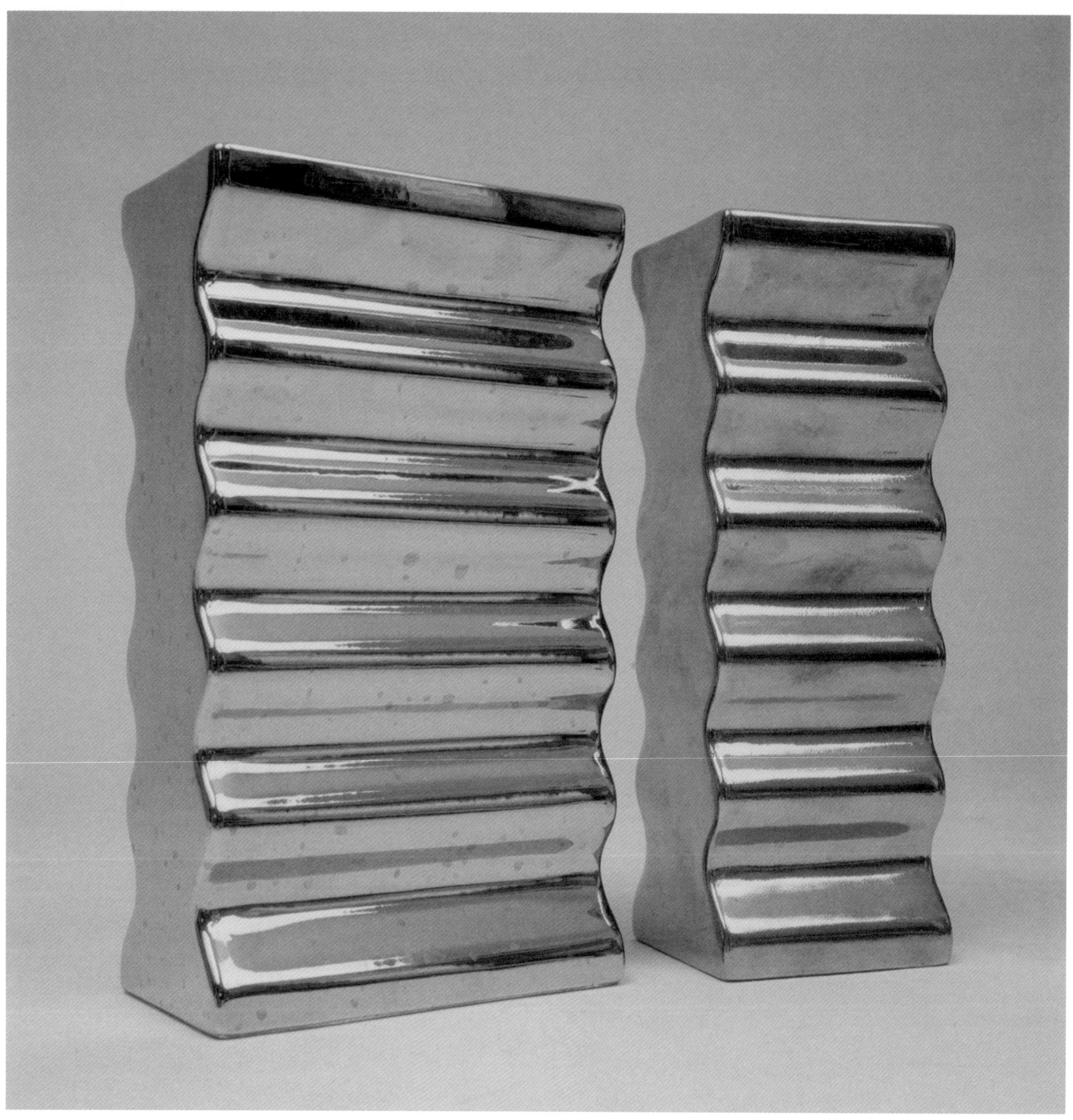

Ettore Sottsass, *Onde*, 1969
ceramica a colaggio / slip-cast ceramics, 10 x 10 x 30 cm, 27 x 10 x 30 cm
Courtesy Fulvio Ferrari, Casa Mollino, Torino

Ettore Sottsass, *Yantra*, 1969
ceramica a colaggio / slip-cast ceramics, 35 x 16 x 48 cm
Courtesy Fulvio Ferrari, Casa Mollino, Torino

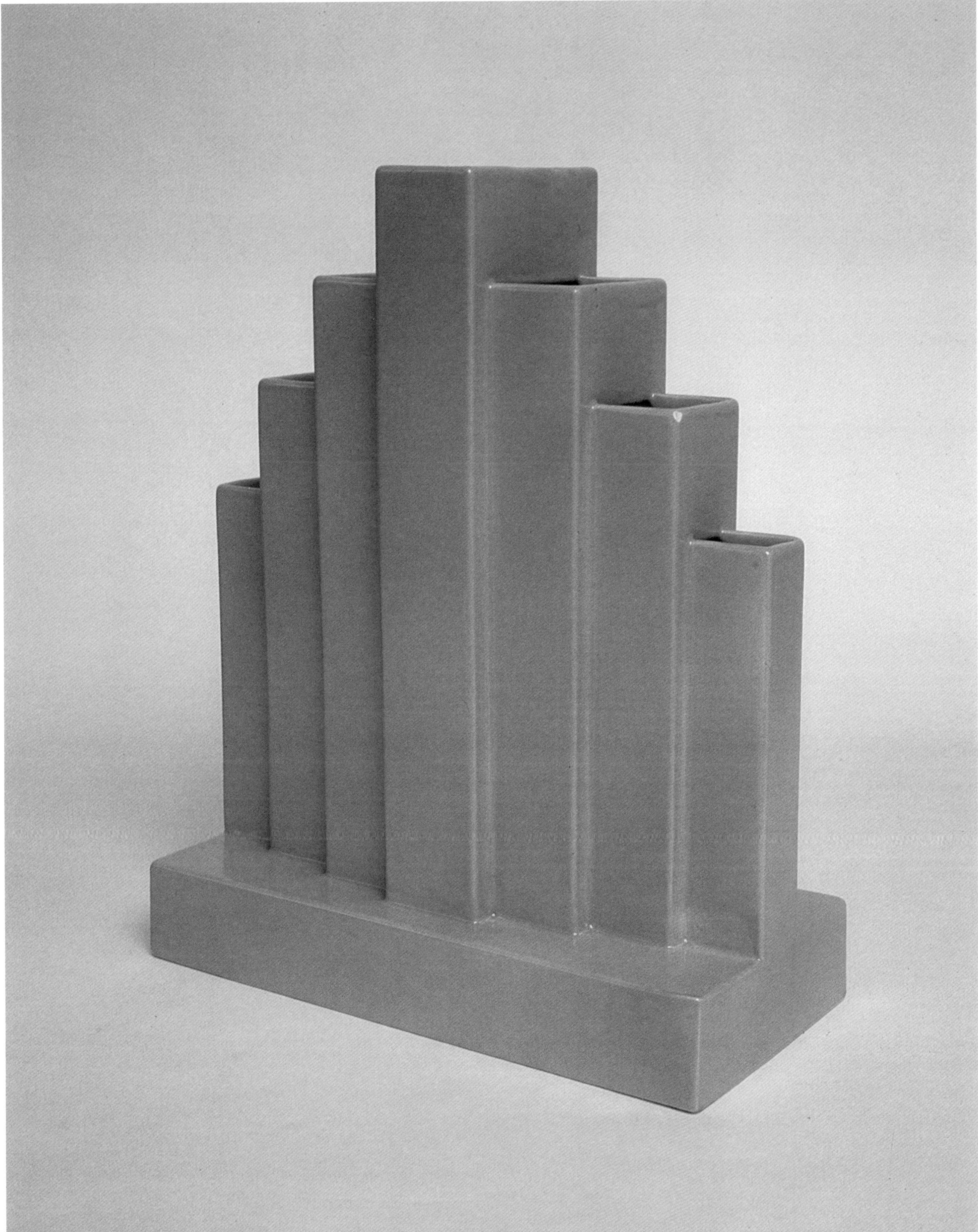

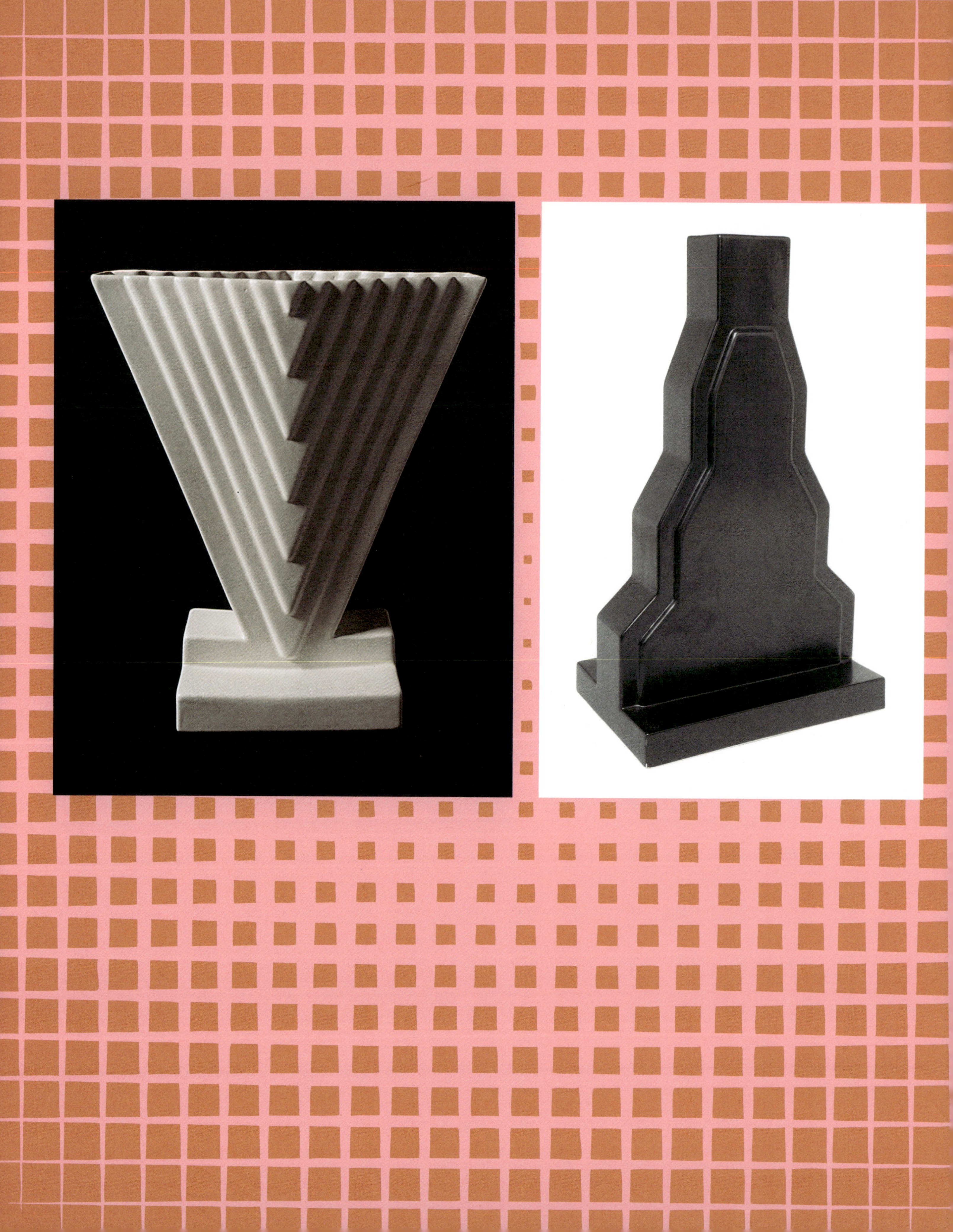

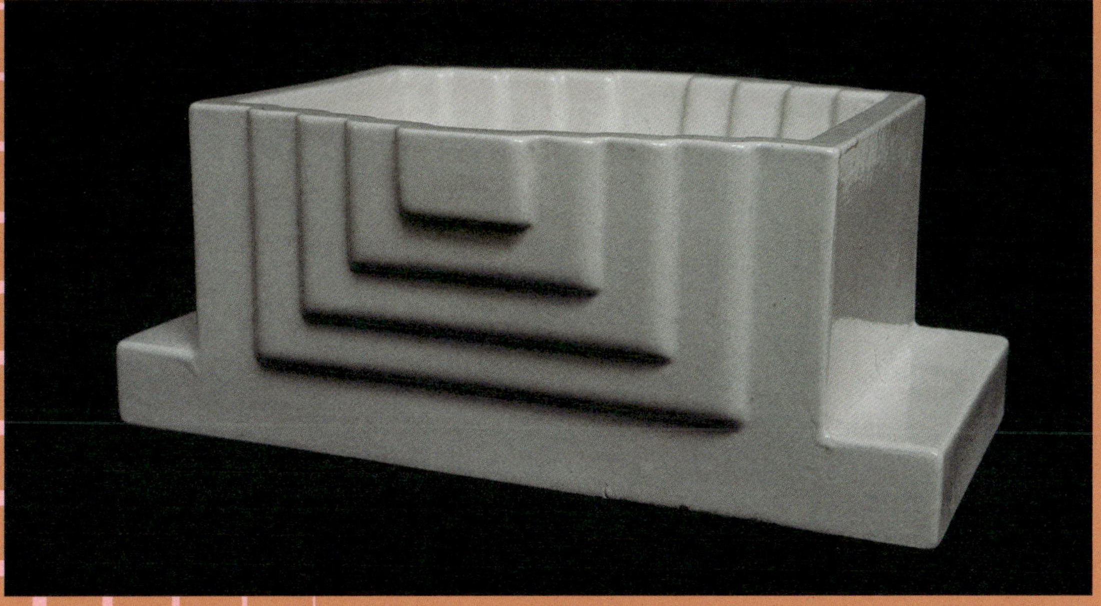

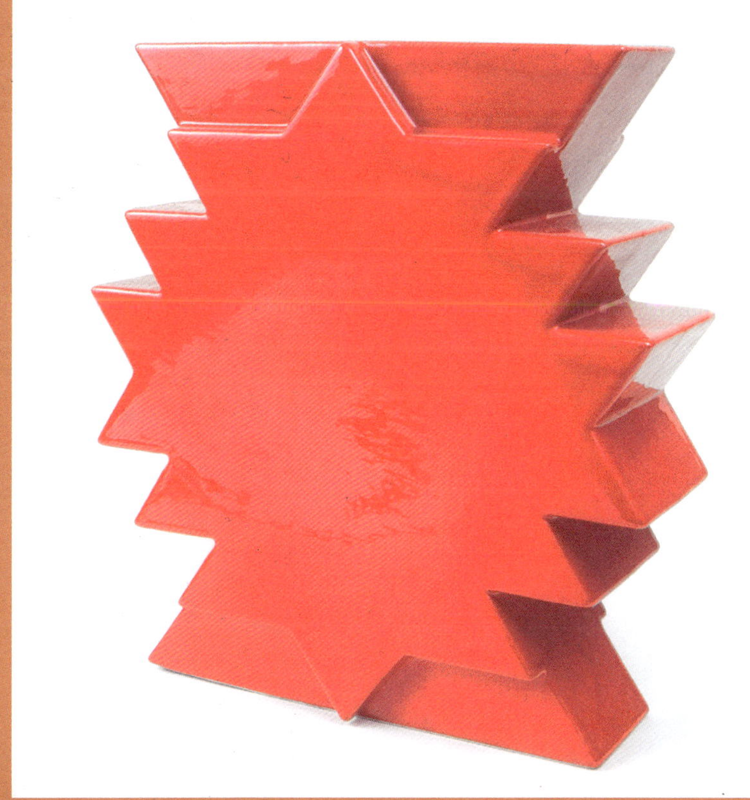

Ettore Sottsass, *Yantra*, 1969
ceramica a colaggio / slip-cast ceramics, 36 x 19 x 40 cm
Courtesy Fulvio Ferrari, Casa Mollino, Torino

Ettore Sottsass, *Yantra*, 1969
ceramica a colaggio / slip-cast ceramics, 24 x 24 x 47 cm
Courtesy Fulvio Ferrari, Casa Mollino, Torino

Ettore Sottsass, *Yantra*, 1969
ceramica a colaggio / slip-cast ceramics, 33 x 20 x 16 cm
Courtesy Fulvio Ferrari, Casa Mollino, Torino

Ettore Sottsass, *Yantra*, 1969
ceramica a colaggio / slip-cast ceramics, 38 x 12 x 39 cm
Courtesy Fulvio Ferrari, Casa Mollino, Torino

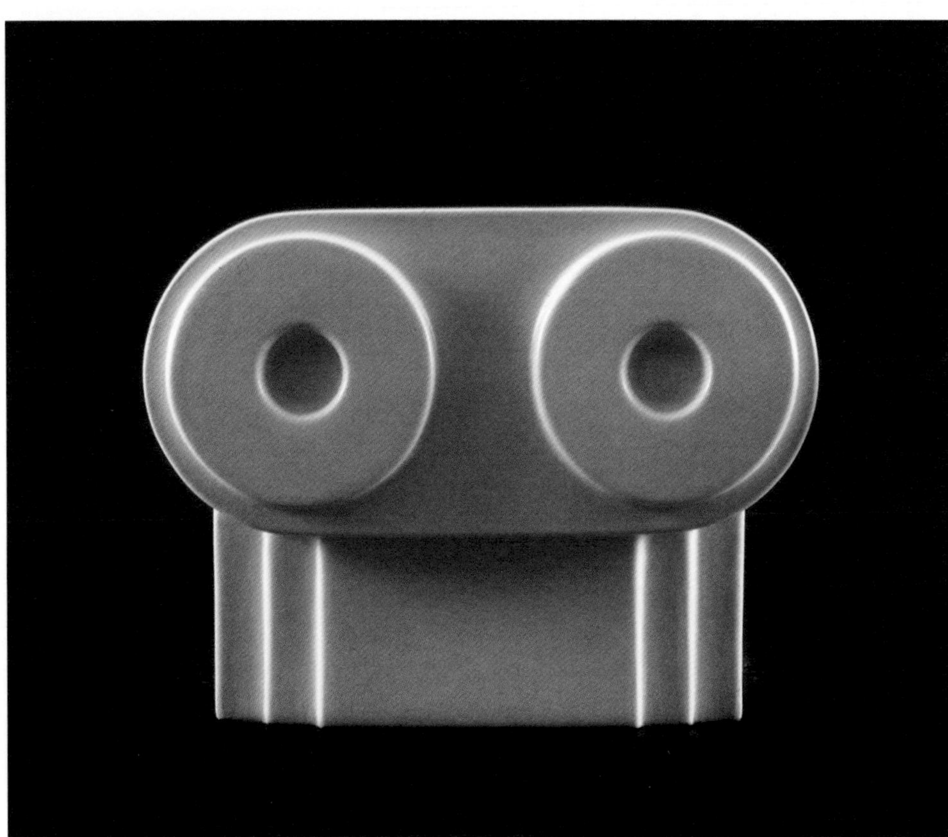

Ettore Sottsass, *Yantra*, 1969
ceramica a colaggio / slip-cast ceramics
35 x 17 x 26 cm
Courtesy Fulvio Ferrari, Casa Mollino, Torino

Ettore Sottsass, *Yantra*, 1969
ceramica a colaggio / slip-cast ceramics
28 x 19 x 35 cm
Courtesy Fulvio Ferrari, Casa Mollino, Torino

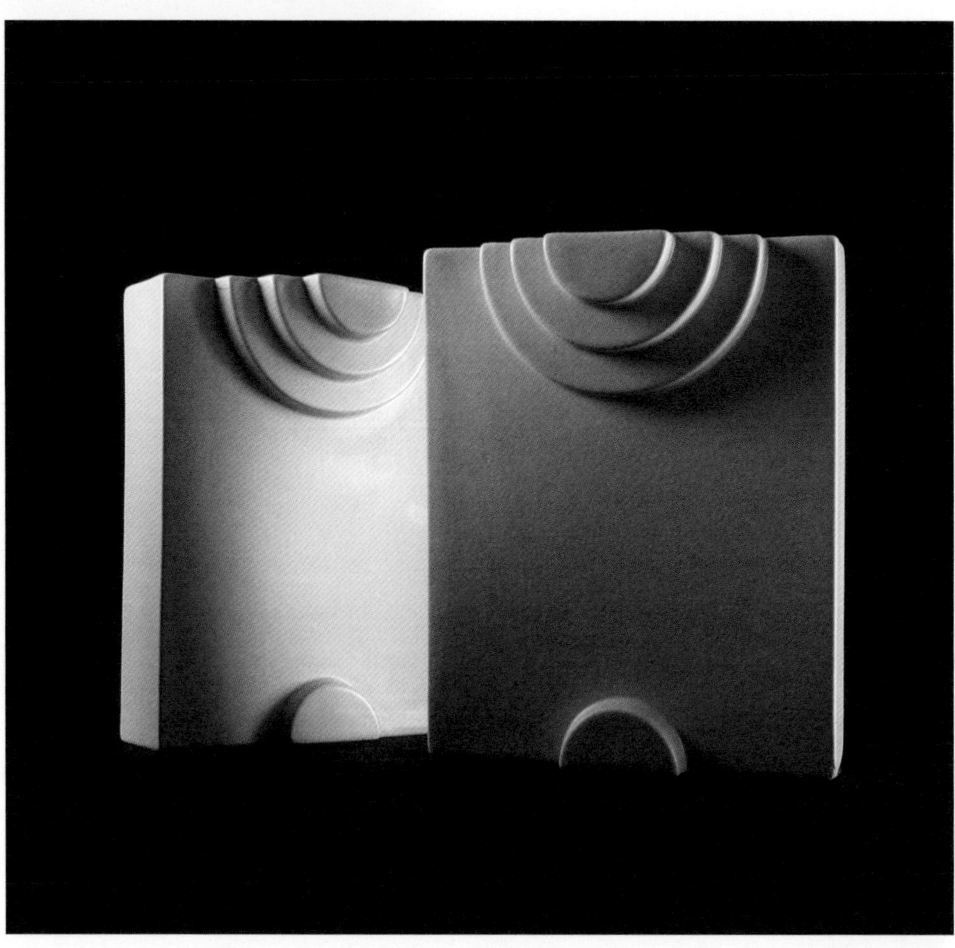

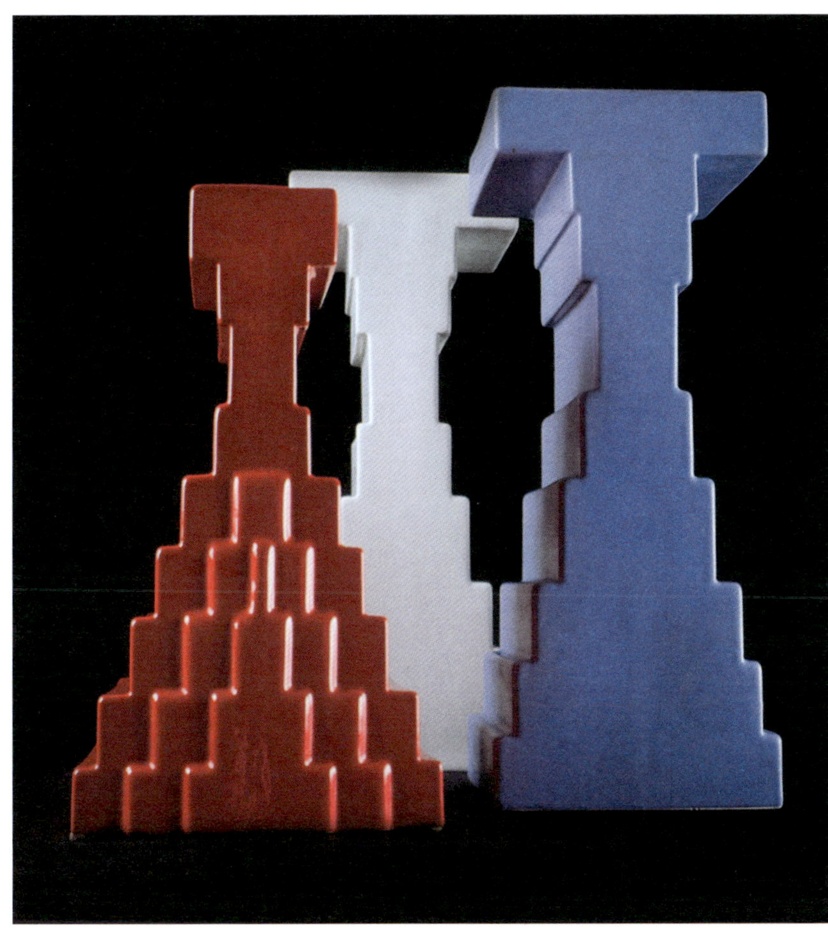

Ettore Sottsass, *Yantra*, 1969
ceramica a colaggio / slip-cast ceramics
25 x 20 x 44 cm, 21 x 21 x 53 cm, 21 x 21 x 53 cm
Courtesy Fulvio Ferrari, Casa Mollino, Torino

Ettore Sottsass, *Yantra*, 1969
ceramica a colaggio / slip-cast ceramics
23 x 23 x 46 cm
Courtesy Fulvio Ferrari, Casa Mollino, Torino

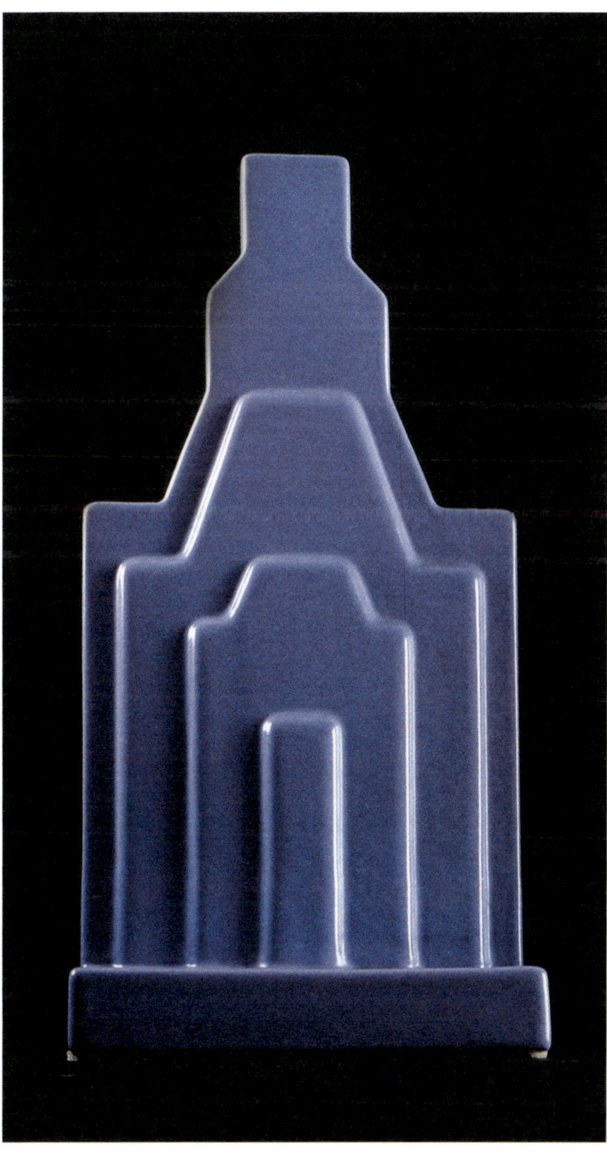

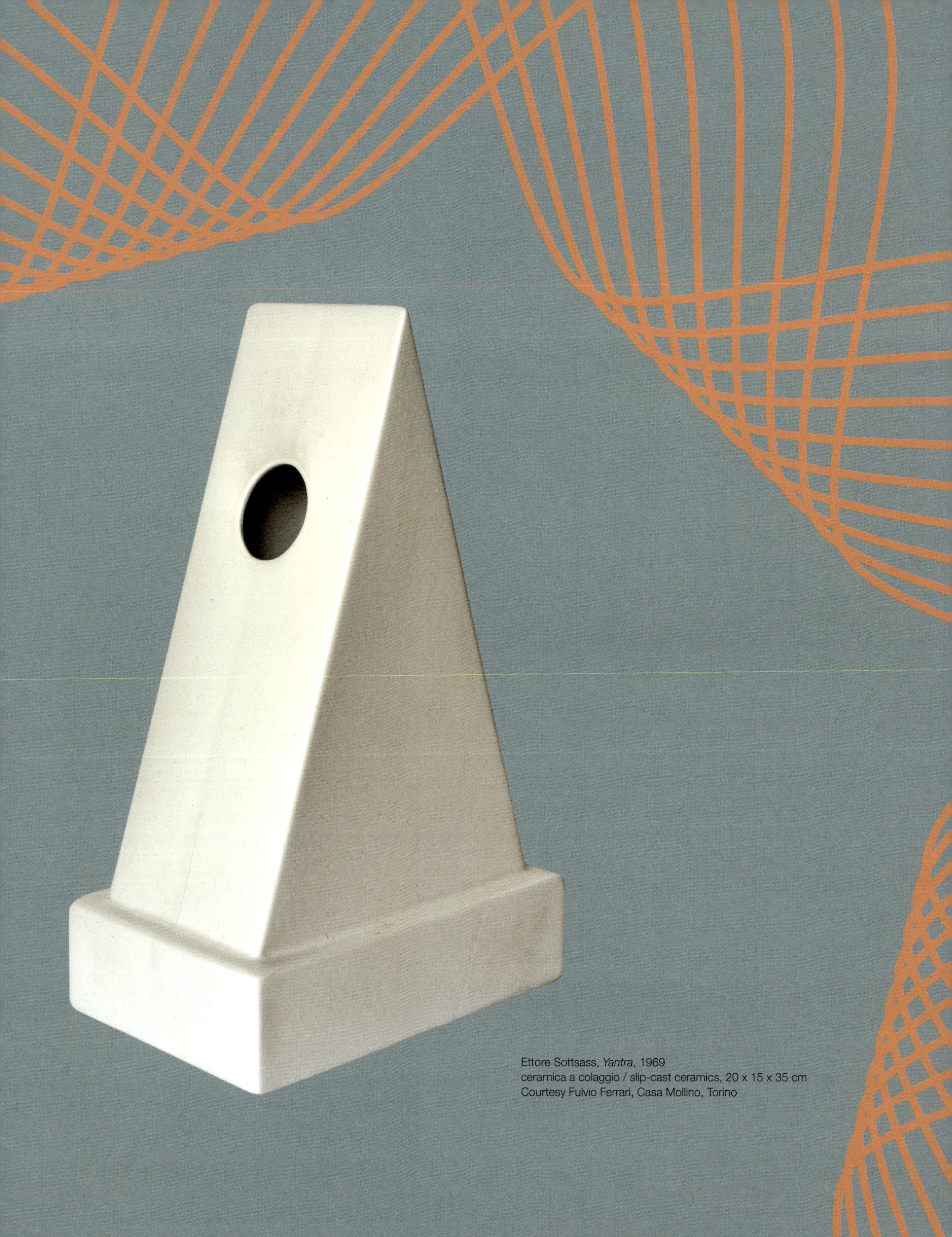

Ettore Sottsass, *Yantra*, 1969
ceramica a colaggio / slip-cast ceramics, 20 x 15 x 35 cm
Courtesy Fulvio Ferrari, Casa Mollino, Torino

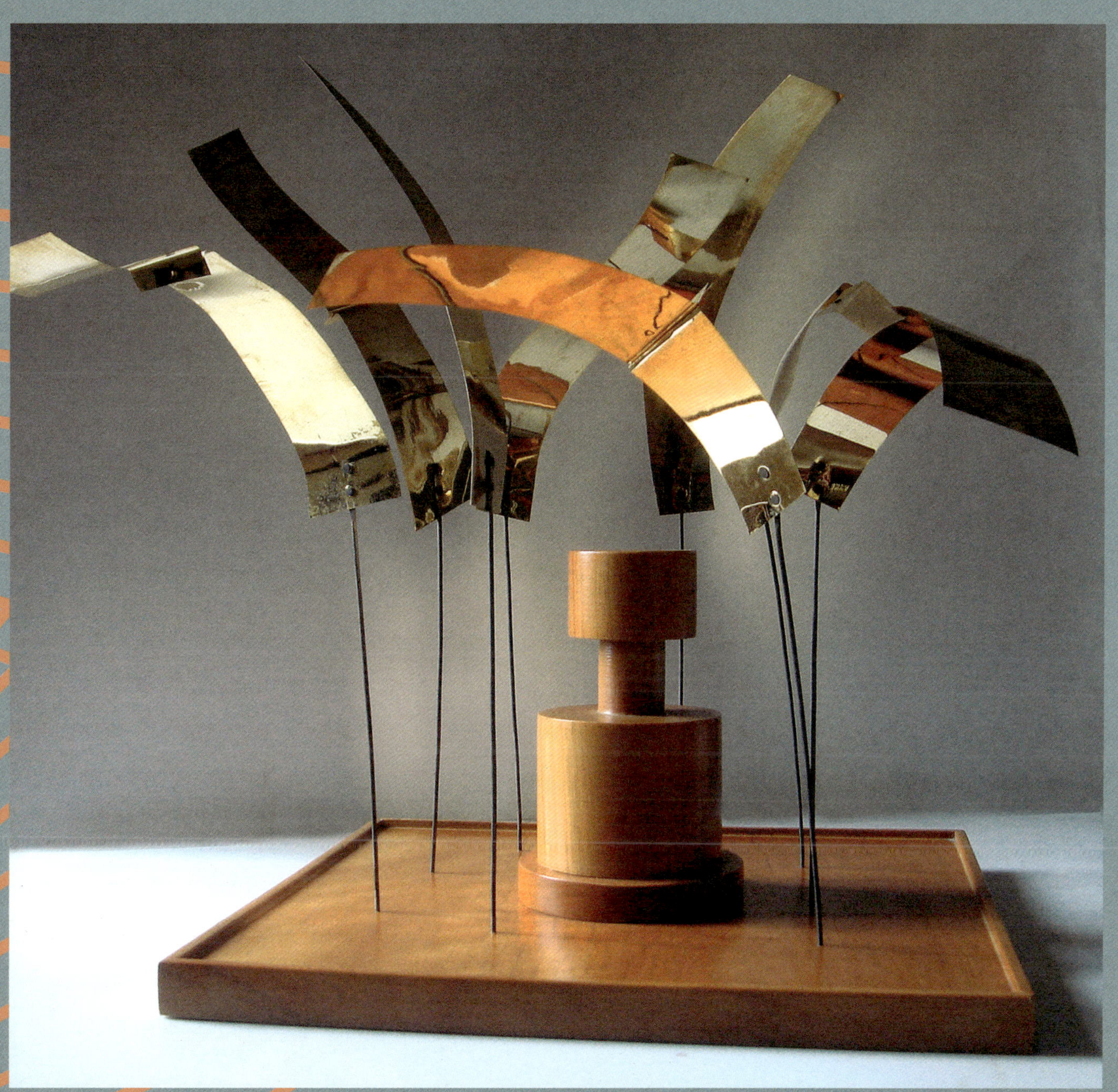

Ettore Sottsass, *Brucia incenso*, 1994
legno e lamina dorata / wood and gold foil, circa 35 x 35 x 35 cm
Courtesy Fulvio Ferrari, Casa Mollino, Torino

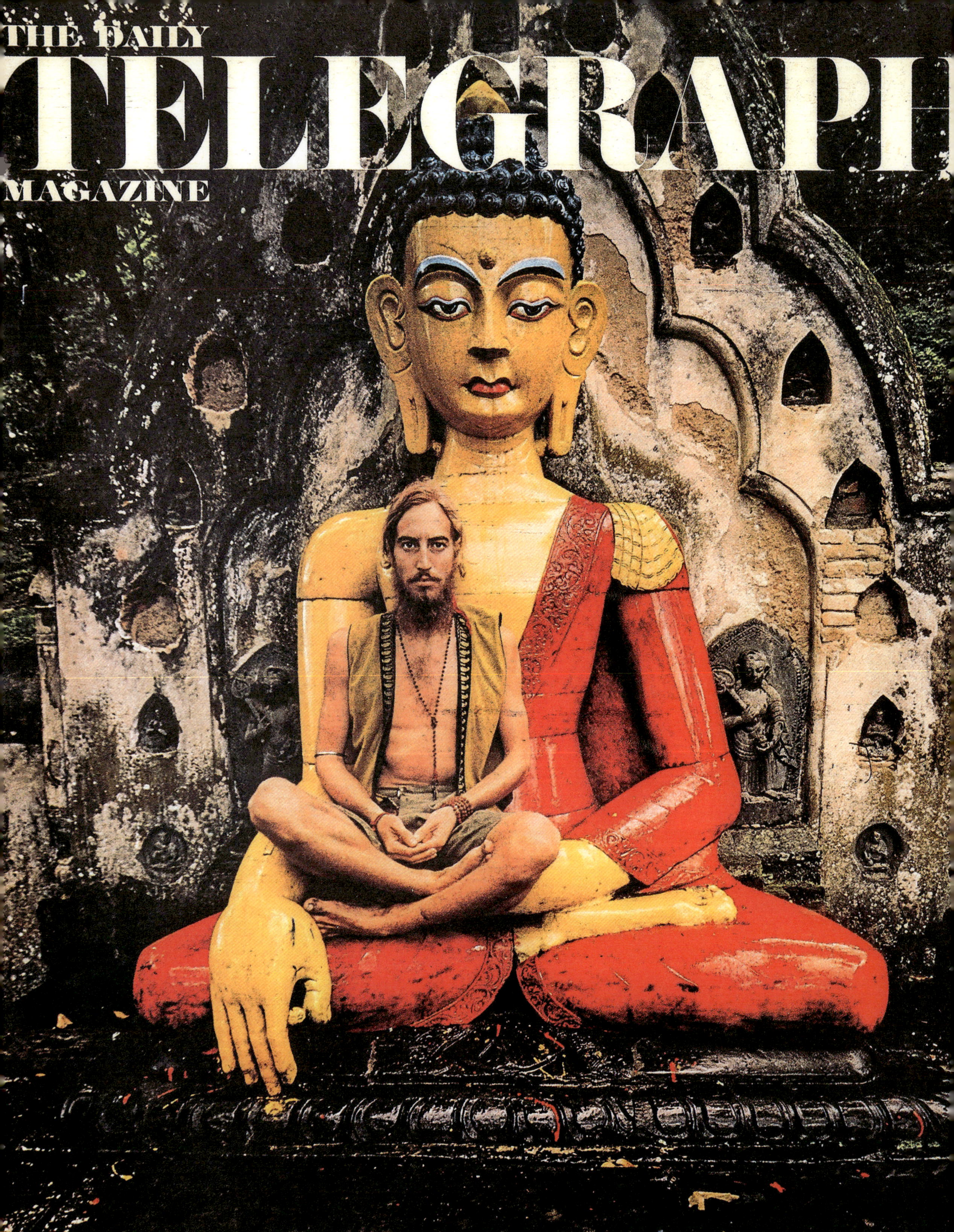

THE DAILY
TELEGRAPH
MAGAZINE

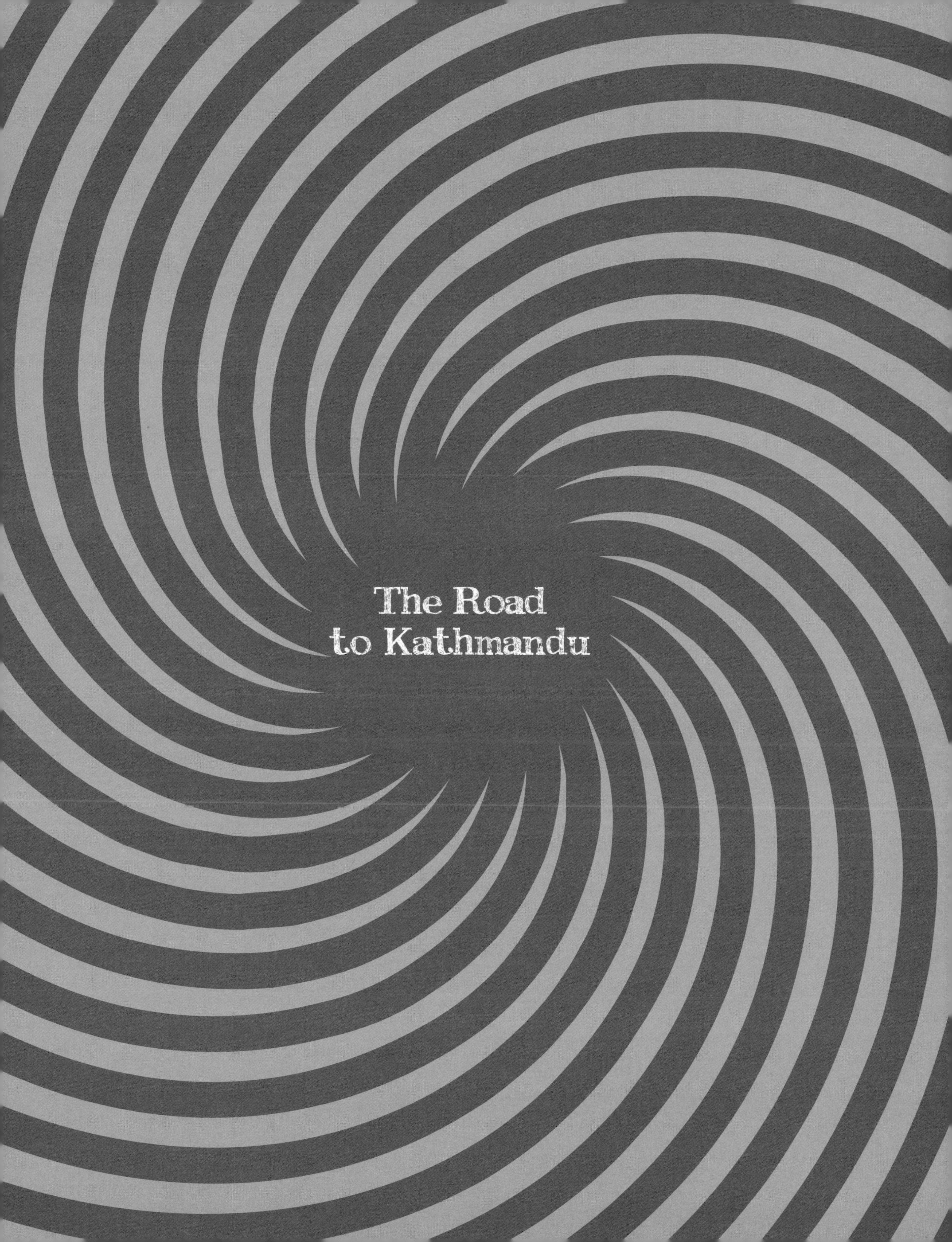
The Road
to Kathmandu

MATTEO GUARNACCIA

Un viaggio
tra la Via Lattea
e la Via della Seta

NEL MAGGIO DEL 1963 SI CONCLUDE IL VIAGGIO in India del poeta beat americano Allen Ginsberg. Era arrivato sei mesi prima via nave dal Kenya, relegato in una torrida cabina di terza classe, con il compagno Peter Orlovsky e il proposito di raggiungere l'illuminazione o quantomeno diventare una specie di santo.

Il suo pellegrinaggio indiano low budget otterrà gli onori della cronaca grazie a un intrigante reportage pubblicato dalla rivista letteraria "Esquire". Ginsberg appare ritratto sulle rive del Gange, sorridente e a suo agio, con barba e capelli lunghi adornati da fiori, vestito come un indigeno con un elegante kurta azzurro di mussola ricamato e larghi pantaloni di cotone bianco, in compagnia di Sadhu, bufali e cianfrusaglie esotiche. Durante il suo volontario esilio dagli Stati Uniti, oltre a sfidare il karma spiaccicando le zanzare che lo tormentavano, meditare a fianco dei cadaveri cremati sulle pire funerarie, studiare frettolosamente induismo e buddhismo tibetano, fumare oppio e cannabis, contrarre fastidiose malattie, ha scoperto un mantra che porterà con sé al ritorno in patria e che sarà destinato a trasformarsi in un fortunato refrain pop, *Hare Krishna*. Il suo tentativo onesto, aperto, ridicolo e folle lo farà diventare il testimonial più accreditato di un revival neo-orientalista che, negli anni a seguire, influenzerà le scelte esistenziali di un vasto segmento della cultura giovanile, e non solo.

Certo, la fascinazione per l'Oriente non rappresentava una novità, era stata una presenza costante nella nostra storia sin dai tempi delle guerre greco-persiane. Dal XIX secolo agli anni sessanta del Novecento, al di là degli interessi strettamente coloniali e commerciali, aveva acceso la fantasia di esteti decadenti e intossicati come i maudits francesi, esaltati teosofi russi, languidi romantici e seguaci della Lebensreform germanici, scrittori come Kipling e Flaubert, dandies britannici in Paisley, inquietanti occultisti hitleriani, Emilio Salgari e Annemarie Schwarzenbach, grandi stilisti come Poiret ed Erté, eruditi come Giuseppe Tucci e Sir John Woodroffe, arditi legionari di Fiume e la cricca impavida de Le Grand Jeu, figure stravaganti come Mata Hari e Lobsang Rampa, ma anche impavidi sperimentatori come John Cage e John Coltrane, che portano nella musica moderna fusioni e silenzi imprevisti… Ma è il particolare intreccio che si era venuto a creare nei Sixties, tra rock and roll e misticismo, protesta sociale e liberazione sessuale, a rendere questa versione così originale rispetto alle altre forme sviluppatesi nel passato.

L'esempio di Ginsberg viene accolto a braccia aperte dalla nascente controcultura hippie, dalle cui file emerge una folla di individui disponibili a replicarne la scomoda esperienza in prima persona. Come recita l'etnologo Frazer nel suo *Ramo d'oro*, quando la norma e la scienza appaiono malati e perversi, la soluzione più impiegata per riacquistare il bene e la salute è quella di fare ricorso al pericolo, all'inconscio e all'anormalità. Nel 1964 esce negli Stati Uniti *The Psychedelic Experience*, il famigerato testo-guida alla gestione del viaggio sotto gli effetti dell'Lsd, scritto da Timothy Leary, Ralph Metzner e Richard Alpert, che trae ispirazione dall'oscuro *Bardo Thodol*, il libro tibetano dei morti, un poetico manuale della tradizione buddhista, stilato per aiutare l'anima dei defunti a uscire dal corpo e a seguire un percorso di reincarnazione o di abbandono definitivo del karma (altra parola simbolo del nuovo orientalismo fai da te). Parte del testo verrà usato dai Beatles per il brano sperimentale lisergico *Tomorrow Never Knows*, nel 1967.

Le forme, i suoni e l'estetica del continente indo-hima-

p. 94: "The Daily Telegraph Magazine", n. 212, 25 ottobre / October 1968, copertina / cover layano si adattano perfettamente a una visione della vita che dileggiava la modernità e l'industrializzazione, e lo faceva in maniera esuberante, colorata, spirituale, panteista, dilatata, non violenta, allucinata e fantasiosa. Le smanie e i capricci di Breton e soci, il loro sistematico scrutinare nelle forme artistiche minori relegate nella categoria dell'insolito e del bizzarro – dall'illustrazione per l'infanzia all'arte etnica – avevano preparato il terreno. Il risultato sarà, come già era accaduto in passato, un misto tra operetta e melodramma, tra ridicolaggini insulse e allargamenti di coscienza, ampliamento dello spettro cromatico e sensoriale. In ogni caso si tratta di un esempio di meticciato culturale assai fecondo per gli artisti, che si dimenticano dell'Action Painting e del concettuale e si mettono a studiare con passione le tangkas tibetane, le miniature mogul, la statuaria del Gandhara, i mandala, la calligrafia persiana, ma anche le brillanti etichette delle scatole di fiammiferi indiani o le fastose decorazioni dei camion afghani.

I giovani che si stavano ribellando a ogni simbolo di autorità nell'affrontare la faccenda "Oriente" non avevano remore di sorta, dando prova di una sana leggerezza e ironia. La loro India reale e immaginata profumava di gioco e gioia, di sensualità e colori, di sfide e proiezioni edeniche: era insomma una spericolata Woodstock dilatata nel tempo e nello spazio. Non a caso, una delle immagini più amate dell'epoca era la copertina dell'album *Axis: Bold As Love* della Jimi Hendrix Experience, dove i volti dei tre componenti del gruppo rock sostituivano quelli degli avatar di Vishnu, in un'immagine votiva induista ritoccata ad arte da Roger Law (nel 2014 la Malaysia ha vietato la vendita dell'album perché ritenuto offensivo nei confronti degli induisti, la permalosità religiosa post Rushdie impedirebbe oggi la circolazione di molte delle opere creative realizzate allora).

Il loro atteggiamento anticonformista li distingueva dagli austeri e rigidi cultori dell'orientalismo che li avevano preceduti e che, purtroppo, li avrebbero sostituiti con le loro idee di campi di concentramento mistici, rigidi collegi segregati, cieca obbedienza ai leader spirituali, mutui per accedere al nirvana.

L'Oriente filtra ovunque, diventando uno degli ingredienti fondamentali della coeva cultura pop. Arriva nella musica e nella grafica underground, nell'arte e nell'abbigliamento, nel design e nel linguaggio. Nei grandi magazzini si vendono deliziose immaginette religiose che non sfigurano accanto ai poster psichedelici e ai paginoni centrali di "Playboy", campanelle originariamente destinate agli addobbi degli elefanti da legarsi al collo, kaftani (visti addosso persino a quei ragazzacci dei Rolling Stones!), sciarpine con mantra stampate in sanscrito, pellicciotti olezzanti, camiciole ricamate, incensi fragranti, patchouli e kajal.

Tutto questo avviene, giova rammentarlo, mentre l'Occidente consumista sta vivendo – prima che si manifestino dubbi e crisi – il suo momento più eccitante e spensierato, sbandierando al mondo un primato che, oltre a essere tecnologico, militare e politico, sembra non avere rivali nel proporre modelli seduttivi all'immaginario del pianeta, da James Bond alla Coca-Cola®.

Molti ragazzi, in numero preoccupante, cullati nella promessa di un mondo migliore, più clean e meglio accessoriato di quelli che lo hanno preceduto, lo rinnegano e vanno a cercare conforto nelle scalcagnate contrade del Terzo Mondo, ancora fresche di decolonizzazione. Non vanno a caccia di pittoresco e di esotismo, ma di qualcosa che possa assomigliare a loro stessi.

Oltre a voler emulare l'amato poeta barbuto, la molla che li spinge è forse il suono stregato di un sitar captato in qualche pop song, un vezzo inaugurato da George Harrison – diventato allievo del maestro indiano Ravi Shankar con *Norwegian Wood* nel 1965, e l'anno dopo elaborato da Brian Jones in *Paint It Black* o da Shawn Phillips in *Sunshine Superman*. Di sicuro c'entrano i Beatles che, armi e bagagli, sono diventati seguaci di un improbabile guru indiano, si vestono con collane di fiori e giacconi afghani e piazzano citazioni mistiche nei loro album. Nella copertina di *Sgt. Pepper's Lonely Heart Club Band* appaiono ben quattro guru indù, tra cui Yogananda (a fianco di Bob Dylan), il suo maestro Sri Yukteswar (sopra Aubrey Beardsley), Lahiri (accanto a Lewis Carroll) e Babaji (vicino a William Burroughs). Altre responsabilità del contagio possono essere addebitate alla lettura, fuori tempo massimo, di libri come *Siddharta* di Hermann Hesse edito nel 1922, di *The Road to Oxiana* di Robert Byron del 1937 e, perché no, forse sono state le squisite vignette dell'album a fumetti *Tin Tin en Tibet* del 1960.

Ma la scelta può anche esser stata dettata, più semplicemente, dal desiderio infantile di tuffarsi nelle *Mille e una notte*, trovare la propria Shangri-La tra dee-bambine e djinn prodigiosi.

L'avventura si prospetta disagevole, ma non impossibile: verso la metà degli anni sessanta, i russi hanno completato il collegamento tra le piste sassose del regno di Afghanistan, asfaltate con parsimonia, e il sistema viario iraniano, in contemporanea il misterioso Nepal ha appena aperto le sue frontiere agli stranieri. Da quel momento è teoricamente possibile spostarsi dall'Europa all'Asia centrale con una semplice autovettura. L'idea è favorire il traffico delle merci, con una visione strategica dettata dalla Guerra Fredda, ma la faccenda avrà degli sviluppi inattesi. Tra il 1966, l'anno della vertigine optical, dello scatenato Yéyé, e il 1979, quello dell'intervento sovietico in Afghanistan, dell'arrivo degli ayatollah in Iran, quel tratto di strada che ricalca, più o meno, la mitica Via della Seta battuta da Marco Polo torna ad animarsi sotto i piedi di una nuova tribù di nomadi. Vittime di un'incontenibile irrequietezza psicogeografica, vanno a Est in cerca di avventura, bellezza, pace. Inoltre, cosa non trascurabile, in quelle lande la vita non costa nulla, le droghe sono ottime e a buon mercato, il confine tra legale e illegale è molto fluido. Hanno colto al volo una rara coincidenza storica: per la prima volta, da secoli, è possibile andare, via terra, dall'Europa all'Asia, dalla Jugoslavia al Libano, dall'Iran all'Afghanistan, senza imbattersi in guerre, sommosse, disastri naturali. È un viaggio democratico, non più riservato ai soliti viaggiatori privilegiati con servitù al seguito. La nuova diaspora colorata ricalca le mappe della geografia del desiderio stilate dalle generazioni precedenti. L'Altrove battuto dai poeti maledetti, dai gay decadenti e dagli artisti temerari si rivela praticabile e promettente: uno spazio ignoto per sperimentare vertigini, mettere in atto attività radicali, lontani dal controllo e dalla riprovazione sociale.

Gli indigeni sono perplessi, è la prima volta che hanno a che fare con dei bianchi che non corrispondono alle classiche categorie esportate dall'Occidente: commercianti, missionari, militari o turisti. Chi vive nei Paesi allora benignamente definiti "in via di sviluppo" aspira solo alla modernizzazione, a uno stile di vita modellato sui film hollywoodiani, e non sa capacitarsi del fatto che dei ragazzi provenienti dal mondo industrializzato, consumista e felice, pieno di pin-up in bikini, vogliano rinunciare all'aria condizionata per gettarsi a capofitto nel Medioevo e prendere in prestito le loro divinità. Si domandano quale orrendo crimine abbiano commesso per essere stati costretti all'esilio, accettando standard igienici infernali e la totale assenza della televisione. Nel parlamento indiano si fanno interpellanze per scoprire se dietro quell'invasione di matti lungocriniti (un astuto travestimento adottato da spie di potenze straniere) esista in realtà un piano per destabilizzare il Paese.

I viaggiatori sono sognatori, furfantelli, idealisti che interpretano il vecchio copione del picarismo ed esteriormente non si discostano molto dai membri di una delle tante confraternite itineranti locali. Anche loro hanno una predilezione per un abbigliamento eccentrico, vivono con poco, amano l'estasi della danza, della musica e della meditazione. Proprio come i Sufi, i Kalendhar, i Sadhu o i Bauls, questi ultimi compariranno incongruamente sulla cover dell'album *John Wesley Harding* di Bob Dylan, su suggerimento del solito Ginsberg. Viaggiano per mesi a piedi, in autostop, su scalcagnati mezzi locali o a bordo dei leggendari magic bus, una flotta arcobaleno di vecchi pullman riadattati, che si muovono dalla Swinging London alla fiabesca Katmandu. Sono previste deviazioni verso le dolci Baleari, il peccaminoso Nordafrica, il fumoso Libano, le isole greche già amate dai poeti romantici, il Laos buddhista o la languida Bali. C'è chi non regge agli strapazzi del pellegrinaggio pop, strappa il passaporto, scompare nella giungla o implode in qualche pulciosa camera di hotel, va a vivere in grotte senza servizi sull'Himalaya. Altri si immaginano protagonisti di un romanzo di Kipling, vivono come satrapi orientali stonati, sfruttando il cambio favorevole. Fondano enclaves tribali, vere Mompracem psichedeliche, dalle spiagge di Goa, in India, a quelle di Essaouira, in Marocco. È una festa mobile in cui si mischiano scappati di casa alla Huckleberry Finn, contrabbandieri, ereditiere scapestrate, mistici bricoleur, celebrities della controcultura e della scena hip internazionale. A Kabul si possono incontrare Alighiero Boetti in veste di albergatore o Timothy Leary in fuga dalla Cia. Cat Stevens dedica una canzone a Katmandu e il chitarrista degli Who, Pete Townshend, a Goa, secondo la leggenda locale, regala ai freaks spiaggiati un impianto stereo da cui prenderà le mosse uno dei più lunghi party balneari della storia. Terry Riley, La Monte Young e Marian Zazeela studiano diligenti la musica classica indiana a New Delhi. Alexandra David-Néel, una delle più celebri avventuriere del Novecento, prova grande ammirazione per gli hippies, è affascinata dalla loro "risolutezza priva di banale eroismo". Un altro grande viaggiatore li detesta cordialmente: Bruce Chatwin, da perfetto snob britannico li accusa di aver rovinato l'Afghanistan, spingendolo tra le braccia dei marxisti. Il marxista Pier Paolo Pasolini li incolpa addirittura di aver portato la moda delle acconciature beat sulle teste dei giovani locali.

I viaggiatori dell'Hippie Trail si vestono di stoffe multicolori prese nei bazar, giustappongono accessori e costumi etnici, diventando molto più esotici di qualsiasi popolazione indigena incontrata nei loro spostamenti. Al loro ritorno in Occidente verranno studiati e imitati, gettando le basi per lo stile folk che imperverserà sulle passerelle per molti anni a venire. Sono ancora i Beatles a fomentare il trend, supportando un gruppo creativo anglo-olandese, i Fool, nei loro pasticci fiabesco-sartoriali, aprendo per loro la mitica, e sfortunata, boutique londinese Apple. Sono gli stessi Fool che hanno illustrato uno degli esperimenti più sorprendenti e amabili della sintonizzazione tra nuova coscienza e arcaiche sonorità coccolate dall'onda mantrica orientale, *The 5000 Spirits*, del gruppo scozzese Incredible String Band.

Ironicamente, le derive hippie faranno da battistrada a nuove mode, a ruota arriveranno Dior e Yves Saint Laurent, il Club Méditerranée, le palestre certificate Yoga, le diete prodotte dalla fame trasformate in diete salute… i cicli si susseguono, le stagioni si arricchiscono di nuovi sguardi, i serpenti si sbarazzano delle vecchie pelli.

Il "nostro" Oriente resterà sempre più credibile e consolatorio, un grande specchio disponibile per osservare, ingranditi e distorti, le nostre paure e i nostri sogni. Del resto, non si diceva "buscar el levante por el ponente"?

MATTEO GUARNACCIA

A Journey between the Milky Way and the Silk Road

The American Beat Generation poet Allen Ginsberg concluded his trip to India in May 1963. He had arrived six months earlier by ship from Kenya, confined to a sweltering third-class cabin with his partner Peter Orlovsky and the intention of reaching enlightenment or at least becoming a kind of saint.

His low-budget Indian pilgrimage hit newspaper headlines thanks to an intriguing report published by the *Esquire* literary magazine. Ginsberg was photographed on the banks of the Ganges, smiling and at ease, with his beard and flowing hair decorated with flowers, dressed like a local in an elegant embroidered blue muslin kurta and white cotton elephant pants, in the company of Sadhus, buffalo and exotic paraphernalia. During his voluntary exile from the United States (in addition to challenging karma by squashing the mosquitoes that tormented him, meditating alongside corpses cremated on funeral pyres, hastily studying Hinduism and Tibetan Buddhism, smoking opium and cannabis, contracting irritating diseases), he discovered a mantra that he would bring back home and one that was bound to become a successful pop-music refrain: Hare Krishna. His honest, open, ridiculous and mad attempt would turn him into the most credible testimonial of a neo-orientalist revival that, over the following years, would have influenced the existential choices of a large segment of young generations – and not only.

Of course that certain enthrallment with the East was nothing new – it was a constant presence in our history since the times of the Greek-Persian wars. From the nineteenth century to the 1960s, beyond strictly colonial and trade interests, it had kindled the imagination of decadent and intoxicated aesthetes such as the French *maudit*, exalted Russian Theosophists, languid Romantics and followers of the Germanic *Lebensreform*, writers such as Kipling and Flaubert, British dandies wearing paisley, disturbing Hitlerian occultists, Emilio Salgari and Annemarie Schwarzenbach, great designers such as Poiret and Erté, scholars like Giuseppe Tucci and Sir John Woodroffe, daring legionaries from Fiume (Rijeka) and the fearless gang of Le Grand Jeu, extravagant figures such as Mata Hari and Lobsang Rampa, but even daring experimenters like John Cage and John Coltrane, who brought unexpected fusions and silences into modern music… But it was that particular blend created in the 1960s, between rock'n'roll and mysticism, social protests and sexual liberation that made this version so original compared to other forms that were developed in the past.

Ginsberg's example was welcomed with open arms by the rising hippie counterculture, whose ranks produced a mass of individuals ready to repeat its uncomfortable experience in the first person. According to the ethnologist Frazer in his *The Golden Bough*, when the norm and science appear to be sick and perverted, the most employed solution for regaining good and health is that of resorting to danger, to the subconscious and abnormality. *The Psychedelic Experience* was published in 1964 in the United States; it is an infamous text-guidebook for managing one's travels while under the effect of Lsd, written by Timothy Leary, Ralph Metzner and Richard Alpert; it was inspired by *Bardo Thodol*, the *Tibetan Book of the Dead*, a poetic manual of Buddhist tradition that was written to help the souls of the dead to emerge from their bodies and follow a path of reincarnation or definitive abandonment of the karma (another key word in the new do-it-yourself kind of orientalism). In 1967 The Beatles used part of its text for their lysergic experimental song called *Tomorrow Never Knows*.

The forms, sounds, aesthetics of the Hindu-Himalayan continent were perfectly suited to a life vision that jeered modernity and industrialization – doing so in an exuberant, colourful, spiritual, pantheistic, dilated, non-violent, hallucinated and imaginative way. The woes and whims of Breton and his associates, their systematic scrutinizing minor artistic forms, segregated to the category of the unusual and the bizarre – had paved the way. The results were, as had already occurred in the past, a blend of *operetta* and *melodrama*, amidst inane absurdities and broadening of the conscience, expansion of the chromatic and sensorial spectrum. In any case, it was a very productive example of cultural hybridisation for artists, who forgot about Action Painting and the conceptual and concentrated on passionately studying Tibetan tangkas, Mogul miniatures, Gandhara statues, mandalas, Persian calligraphy, but even the bright labels on Indian matchboxes or the lavish decorations on Afghan trucks.

Young generations protesting against any symbol of authority did not have qualms whatsoever in dealing with the "Orient", demonstrating a healthy kind of lightness and irony. Their real and imaginary India smelled of play and joy, sensuality and colours, Edenic challenges and projections: in other words, it was a reckless Woodstock Festival diluted in time and space. Not surprisingly, one of the most beloved images of the time was the cover of the *Axis* album: *Bold As Love* by the Jimi Hendrix Experience, where the features of the three members of the rock group substituted those of Vishnu avatars, in a votive Hinduist icon artfully retouched by Roger Law (in 2014 Malaysia banned sales of the album as it was considered offensive to Hindus; today post-Rushdie religious touchiness would prevent the circulation of many of the creative works produced back then).

Their non-conformist attitude distinguished them from the austere and rigid scholars of Orientalism who had preceded them, who unfortunately would have substituted them with their ideas of mystic concentration camps, strict segregated colleges, blind obedience to spiritual leaders and mortgages for gaining access to nirvana.

The Orient filtered everywhere, becoming one of the fundamental ingredients in contemporary pop culture. It landed in music and in underground graphics, art and clothing, design and language. Department stores sold lovely religious images that did not cut a poor figure alongside psychedelic posters and *Playboy* centrefolds, bells originally intended for decorating elephants that could be worn around the neck, kaftans (even worn by those bad boys The Rolling Stones!), scarves with Sanskrit mantra print, smelly sheepskins, embroidered blouses, fragrant incense, patchouli and kajal.

It would be worthwhile recalling that all of this took place while the consumer West was experiencing (before the onset of doubts and crises), its most exciting and light-hearted moment, flaunting to the world a record that (in addition to being technological, military and political) seemed to have no rivals in proposing enticing models to the world, from James Bond to Coca-Cola®.

An alarming number of youngsters lulled in the promise of a better world, a cleaner and better accessorised one than its forerunners, rebuked it and went looking for comfort in downtrodden Third World areas that were still fresh out of colonialisation. They were not seeking the picturesque or the exotic, but something that might have resembled them.

Besides wanting to imitate their beloved bearded poet, the decision was perhaps triggered by the enchanting sound of a sitar overheard in some pop song, a trend inaugurated by George Harrison – who was a pupil of the Indian musician Ravi Shankar with *Norwegian Wood* in 1965; and the following year, with elaborations by Brian Jones in *Paint It Black* or by Shawn Phillips in *Sunshine Superman*. The Beatles certainly had something to do with it since they became the followers of an unlikely Indian guru – lock, stock and barrel; they dressed up with flower garlands around their necks and guru jackets, arranging mystical references in their albums. Four Hindu gurus are illustrated on the cover of *Sgt. Pepper's Lonely Heart Club Band*, including Yogananda (next to Bob Dylan), his teacher Sri Yukteswar (above Aubrey Beardsley), Lahiri (alongside Lewis Carroll) and Babaji (close to William Burroughs). Other responsibilities for this trend may be attributed to reading (beyond the time limit) of books such as Herman Hesse's *Siddhartha* published in 1922, *The Road to Oxiana* by Robert Byron dated 1937 and (why not?) perhaps some "blame" may be given to those exquisite cartoons called *Tin Tin en Tibet* from 1960.

But the choice may have also been simply dictated by the childish desire of diving into *The Arabian Nights*, finding one's own Shangri-La amidst child-goddesses and phenomenal genies.

The adventures promised to be uncomfortable, yet not impossible: towards the mid-1960s, Russians completed connections between the rocky trails of the kingdom of Afghanistan (paved parsimoniously) and the Iranian road system while the mysterious Nepal had just opened up its borders to foreigners. From that moment on it was theoretically possible to travel from Europe to Central Asia simply by car. The idea was to foster trade, with a strategic vision dictated by the Cold War, but the matter would have some unexpected developments. Between 1966 (the year of the optical craze, unbridled "yeah, yeah, yeah") and 1979 (the year of the Soviet invasion of Afghanistan, of the arrival of the Ayatollah in Iran) the stretch of road that more or less traced back the footsteps of Marco Polo on that legendary Silk Road, once again came to life under the feet of a new tribe of nomads. The victims of uncontrollable psychogeographic restlessness, heading east in search of adventure, beauty and peace. And moreover (last but not least) the cost of living was next-to-nothing in those lands, drugs were excellent and came cheap, the line between legal and illegal was very thin. They seized a rare historical coincidence: for the first time in centuries, it was possible to travel by land from Europe to Asia, from Yugoslavia to Lebanon, from Iran to Afghanistan, without coming to grips with wars, upheavals or natural calamities. It was a democratic kind of travel, no longer reserved to the usual privileged travellers with servants in tow. The new colourful Diaspora followed the routes belonging to a sort of geography of desire that had been drawn by previous generations. The "Elsewhere" trodden by accursed poets, decadent homosexuals and by daring artists proved to be feasible and promising: an unknown space for experimenting vertigo, implementing radical activities, far from the control and disapproval of society.

The locals were bewildered since this was the first time they had to do with white people who did not belong to the usual categories exported from the West: merchants, missionaries, soldiers or tourists. Those who used to live in countries that were then benevolently termed as "developing" only aimed at modernization, at a lifestyle similar to that in Hollywood films, could not deal with the fact that the youngsters living in the industrial world, a happy and consumer society, full of bikini-clad pin-ups, could give up their air-conditioning just to dive into the Middle Ages and borrow their deities. They wondered what kind of horrible crimes they must have committed to be forced into exile, accepting hellish hygiene standards and the total lack of television. The Indian Parliament faced parliamentary questions to discover whether that invasion of long-haired madmen (a shrewd disguise adopted by foreign spies) actually concealed a plan to destabilize the country.

Travellers were dreamers, rascals, idealists, who interpreted the old picaresque script and on the outside were not much different from those belonging to one of the many local travelling confraternities. They also had a penchant for eccentric attire, lived on little, loved the ecstasy of dance, music and meditation. Just like the Sufis, Qalandars, Sadhus or Bauls, they would incongruously appear on the cover of Bob Dylan's album *John Wesley*

Harding suggested by the usual Ginsberg. They travelled for months on foot, hitch-hiking, riding on shabby local transportation or on board the legendary Magic Bus (a rainbow-coloured fleet of old customized buses) that shuttled between Swinging London and fairy-tale Kathmandu. Deviations were also envisaged towards the mild Balearic Islands, sinful North Africa, smoky Lebanon, the Greek islands that romantic poets were so fond of, Buddhist Laos or languid Bali. There were those who could not endure the hardships of this pop pilgrimage, ripped up their passports, disappeared into the jungle, imploded in some seedy hotel room, or went to live in the caves up in the Himalayas – without a restroom in sight. Others imagined themselves as the heroes in one of Kipling's novels, living like oriental satrap misfits who exploited favourable currency exchange rates. They founded tribal enclaves, actual psychedelic Mompracems, from the beaches in Goa (India), to those in Essaouira (Morocco). It was an itinerant party that hosted an array of runaways in the style of Huckleberry Finn, smugglers, unconventional heiresses, mystic DIY fanatics, celebrities belonging to counterculture or to the international hip scene. In Kabul one could meet Alighiero Boetti in the guise of a hotel manager or Timothy Leary on the run from the CIA. Cat Stevens dedicated a song to Kathmandu and, according to a local legend, while in Goa the Who's lead guitarist Pete Townshend gave some washed-up freaks a stereo system that sparked one of the longest beach parties in history. Terry Riley, La Monte Young and Mariaan Zazeela diligently studied classical Indian music in New Delhi. Alexandra David-Néel, one of the most famous twentieth-century adventuresses, was one who greatly admired hippies and was fascinated by their *resoluteness without any trivial heroism*. Another great

traveller warmly despised them: Bruce Chatwin, as the perfect British snob, accused them of having ruined Afghanistan, pushing the country into the arms of Marxists. Even the Marxist Pier Paolo Pasolini blamed them for having brought the fashion of beat hairstyles to the heads of young locals.

Travellers on the Hippie Trail dressed up in multi-coloured fabrics purchased in bazaars, juxtaposing ethnic accessories and costumes, becoming much more exotic than any other indigenous population encountered during their journeys. They were studied and imitated upon their return to the West, laying down the groundwork for the folk style that would be the rave of catwalks for many years to come. Once again, The Beatles stirred up the trend, supporting a creative Anglo-Dutch group called The Fool in their fairyland-tailoring bungles and inaugurating the legendary (and unprofitable) Apple Boutique in London for them. The same Fool illustrated one of the most surprising and lovable experiments in synchronization amidst new awareness and archaic sounds lulled by an oriental mantric wave, *The 5000 Spirits* – an album by the Scottish group called The Incredible String Band.

Ironically, hippie tendencies would be the pace-setters for new fashions; closely behind came Dior and Yves Saint Laurent, Club Méditerranée, Yoga-certified gyms, diets produced by hunger became healthy diets… the cycles came one after the other, each season was enriched with new looks and snakes shed their old skins.

"Our" East would always remain more credible and comforting, a great mirror available for observing the enlarged and distorted images of our fears and dreams. After all, didn't someone once say: "buscar el levante por el poniente" (epitaph over the tomb of Christopher Columbus meaning "to seek the East by way of the West")?

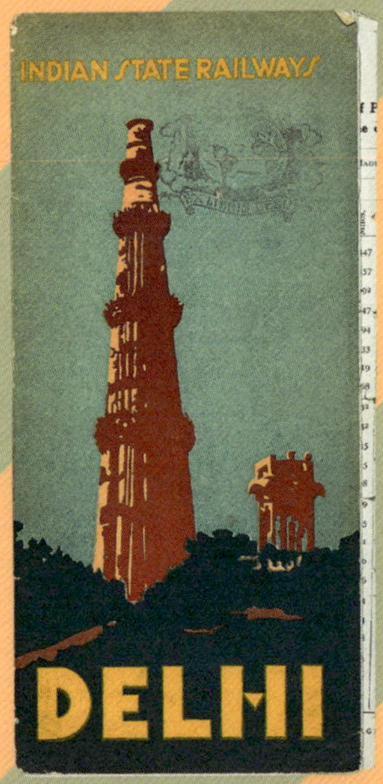

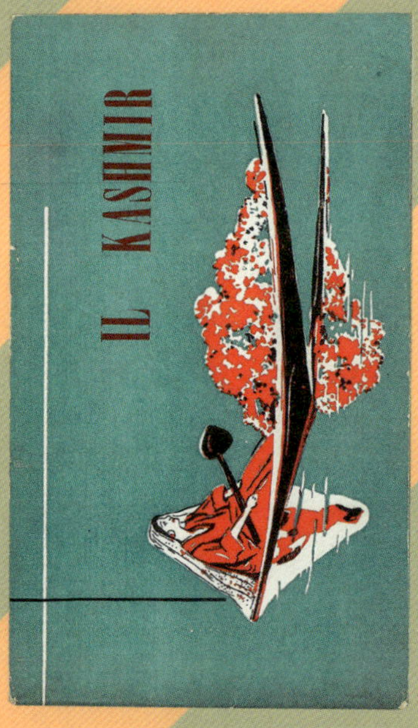

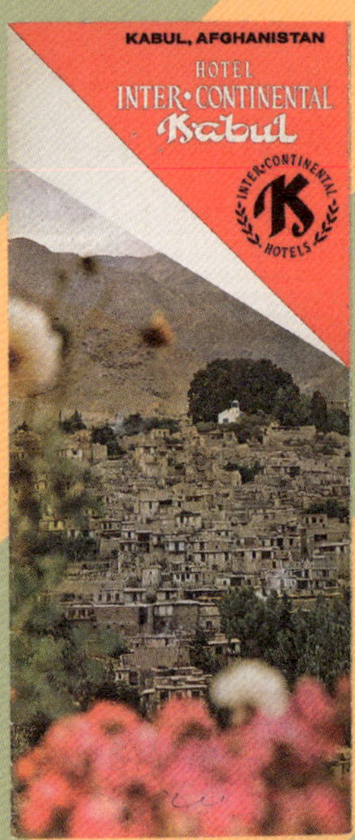

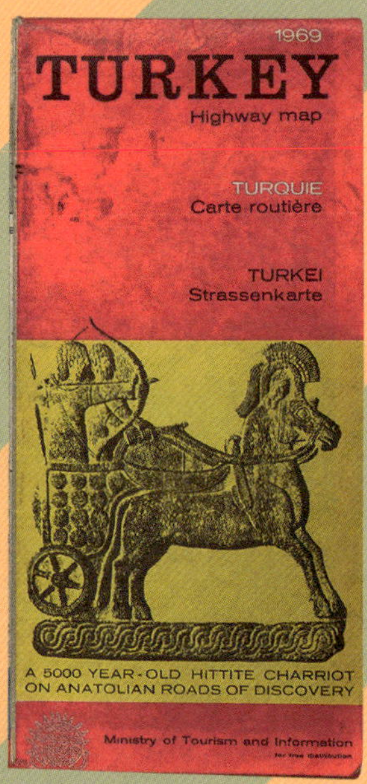

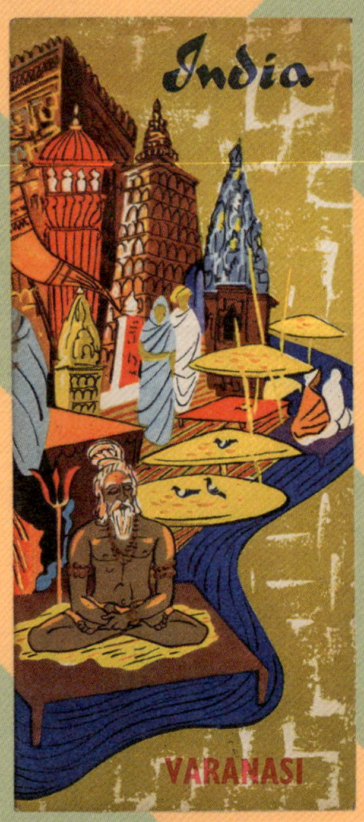

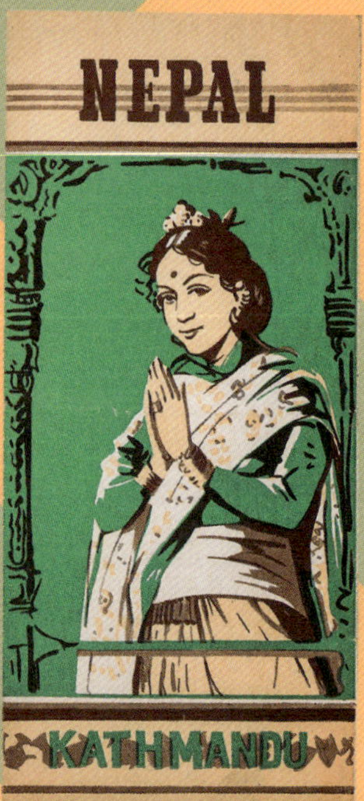

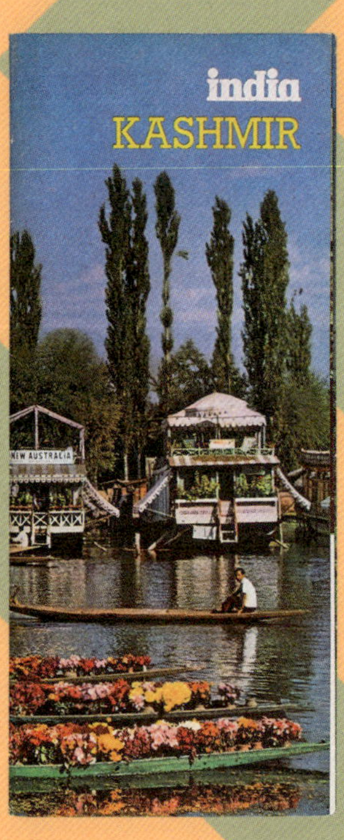

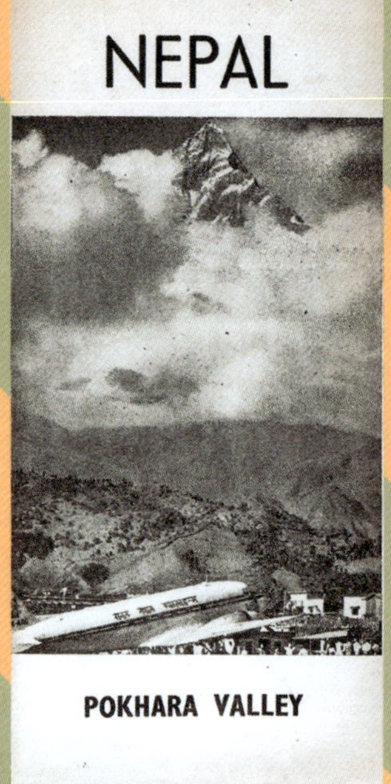

India - Delhi; *Il Kashmir*; *Afghanistan - Kabul*; *Turkey*; *India - Varanasi*; *Nepal - Kathmandu*;
India - Kashmir; *Nepal - Pokhara Valley*, anni sessanta e settanta / 1960s and 1970s
cartine di viaggio e mappe originali / travel maps and original maps

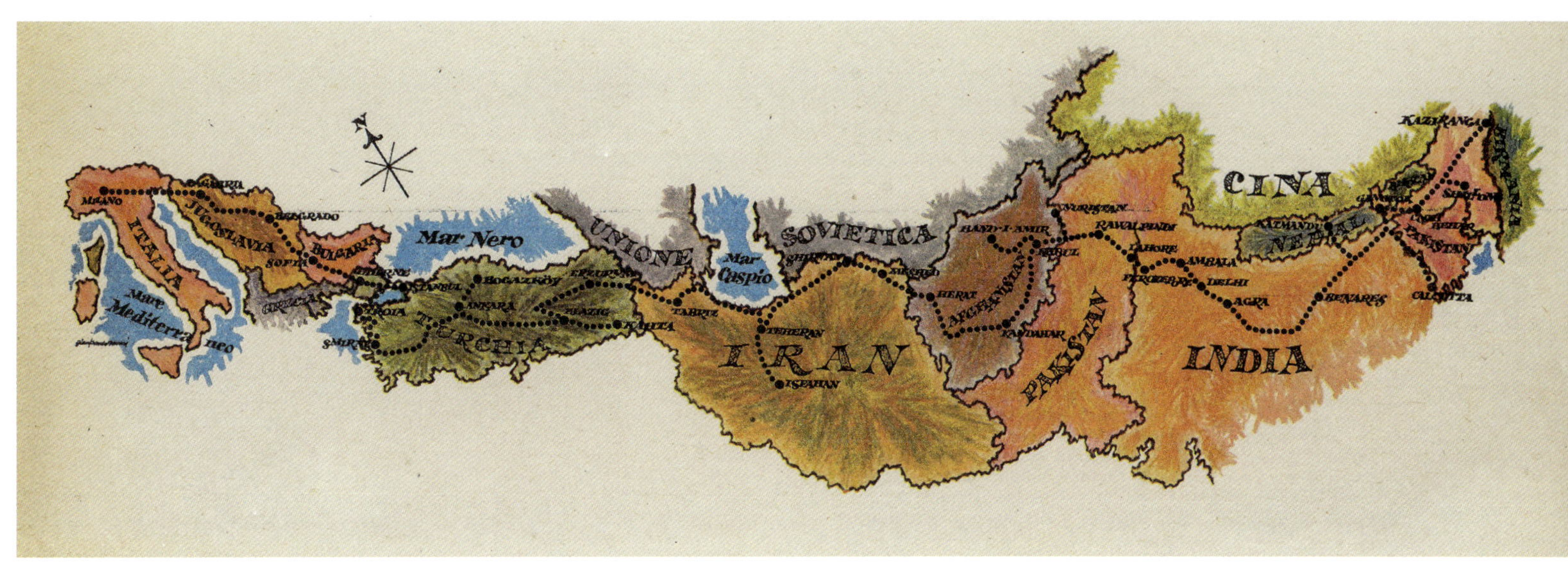

Hippie Trail, circa 1970
la strada per Katmandu, dettaglio mappa da "La Domenica del Corriere"
road to Kathmandu, detail of the map from *La Domenica del Corriere*

Davide Benati, *Taccuini di Katmandu*, 1977-1984
acquerello su carta / watercolour on paper, 28 x 21 cm ciascuno / each

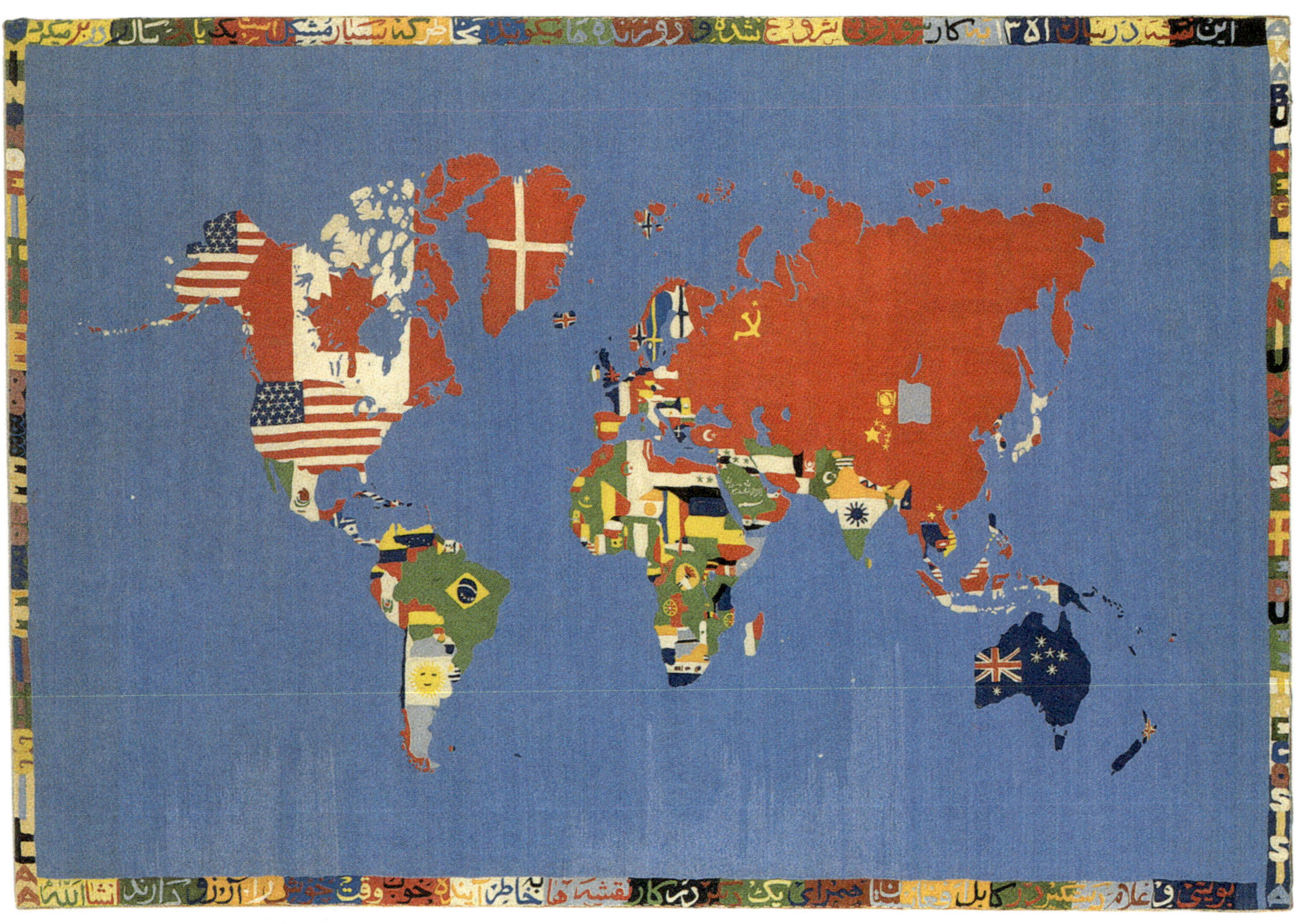

Alighiero Boetti, *Mappa*, 1972-1973
ricamo su tessuto / embroidery on fabric, 150 x 200 cm
Courtesy Marco e Franca Brignone, Torino

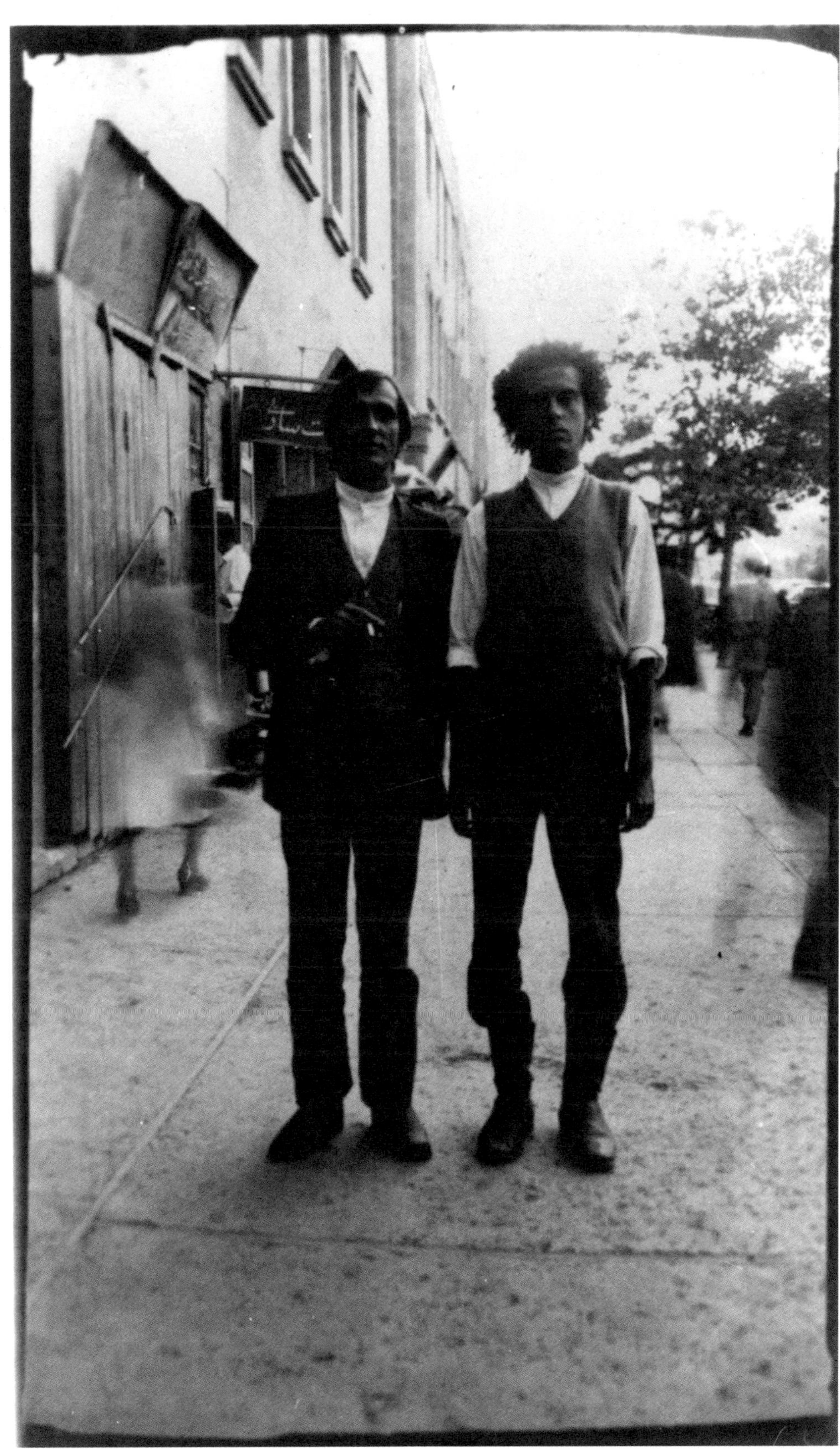

Alighiero Boetti e Francesco Clemente,
Kabul, Afghanistan
1974 - anni ottanta / 1980s
stampa fotografica su carta
photographic print on paper
15 x 8,88 cm
Courtesy Fondazione Alighiero
e Boetti, Roma

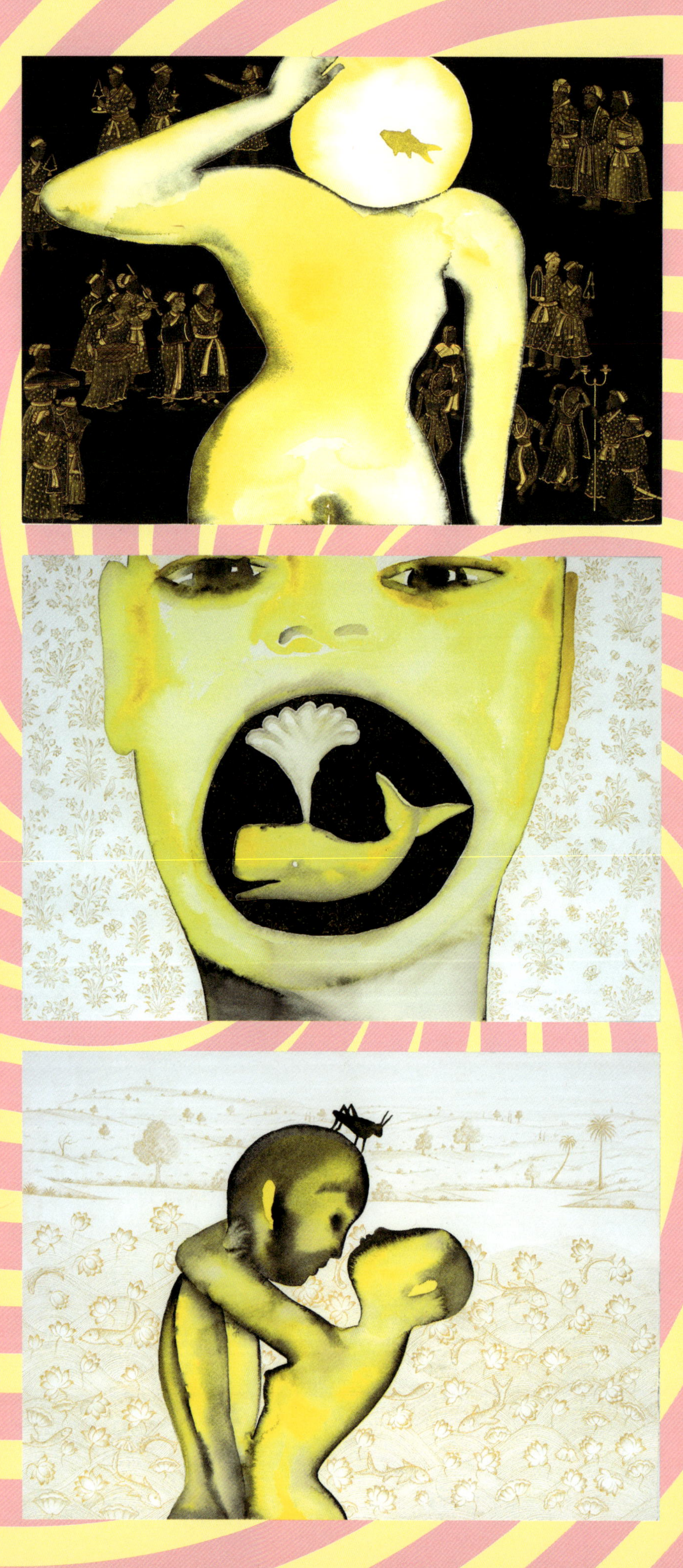

Francesco Clemente, *Taste of Knowing*, 2014
tecnica mista su carta / mixed media on paper
35 x 50 cm
Courtesy Studio d'Arte Raffaelli, Trento

Francesco Clemente, *Desire*, 2014
tecnica mista su carta / mixed media on paper
35 x 50 cm
Courtesy Studio d'Arte Raffaelli, Trento

Francesco Clemente, *Fire and Water*, 2014
tecnica mista su carta / mixed media on paper
35 x 50 cm
Courtesy Studio d'Arte Raffaelli, Trento

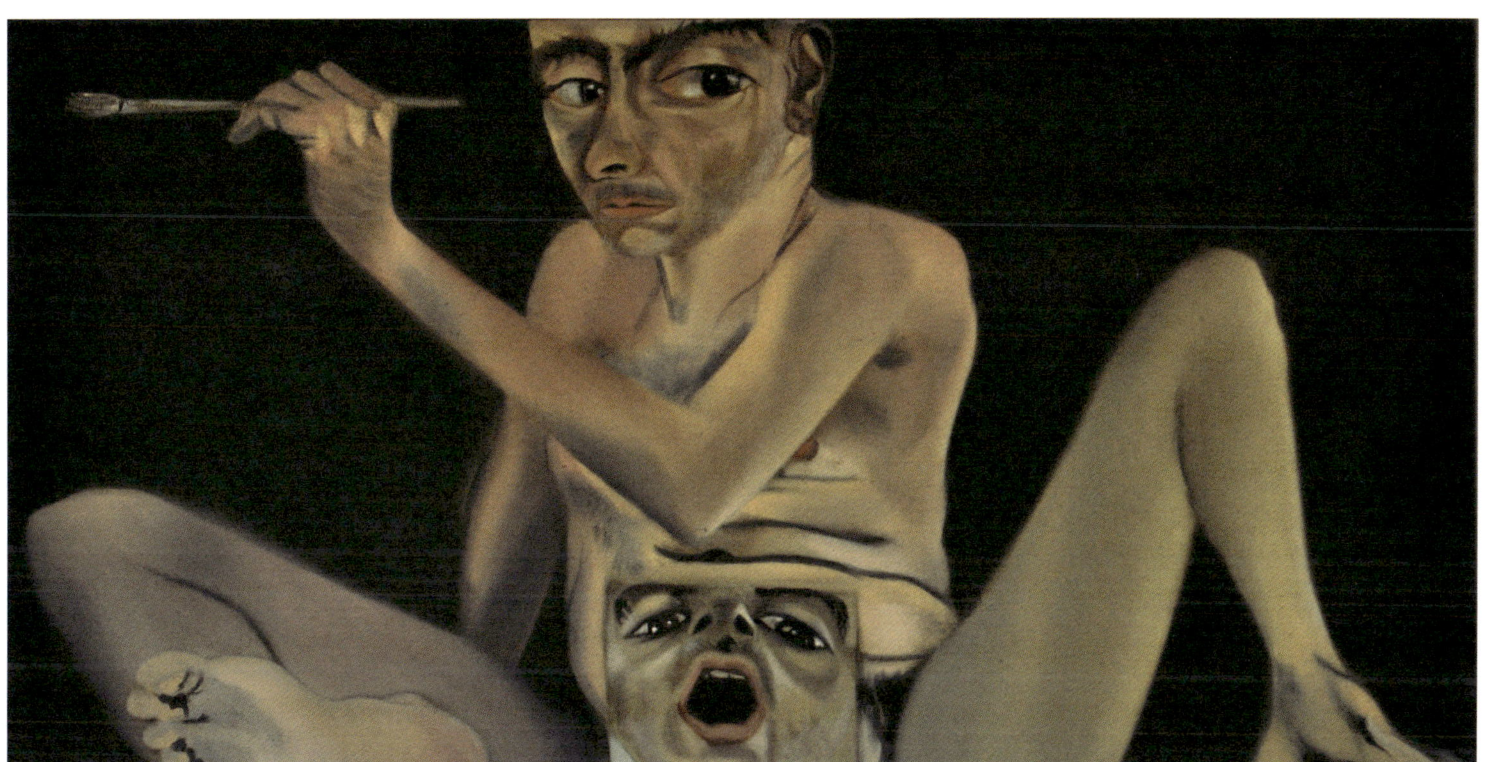

Francesco Clemente, *Self-Portrait with Open Mouth* (*Autoritratto con bocca aperta*), 2002
olio su tela / oil on canvas, 77 x 153 cm
Lucca, collezione privata / private collection

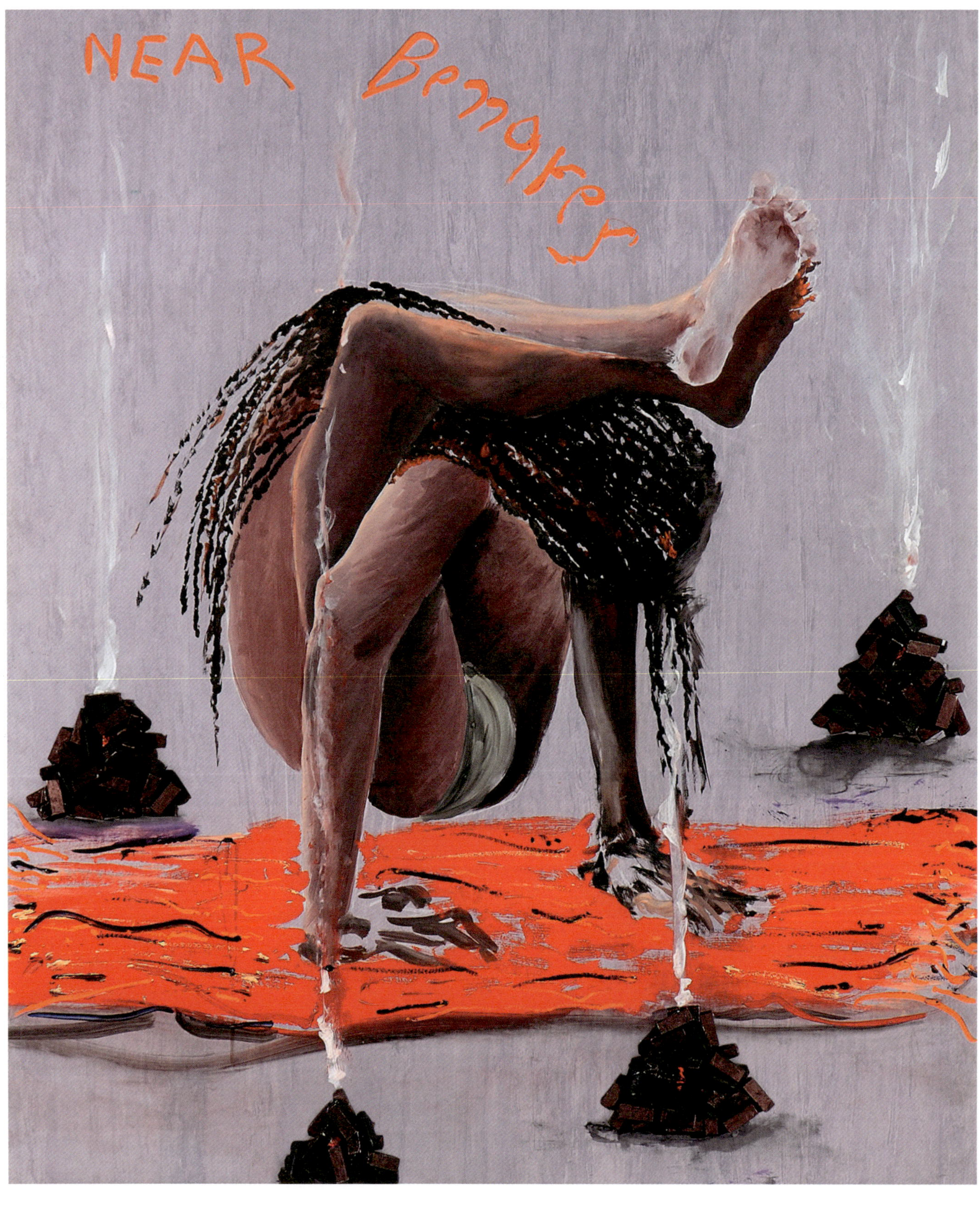
NEAR Benares

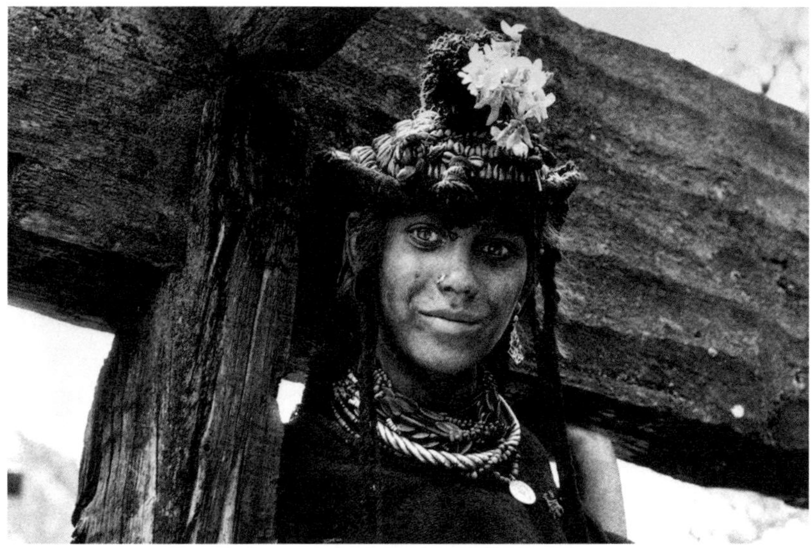
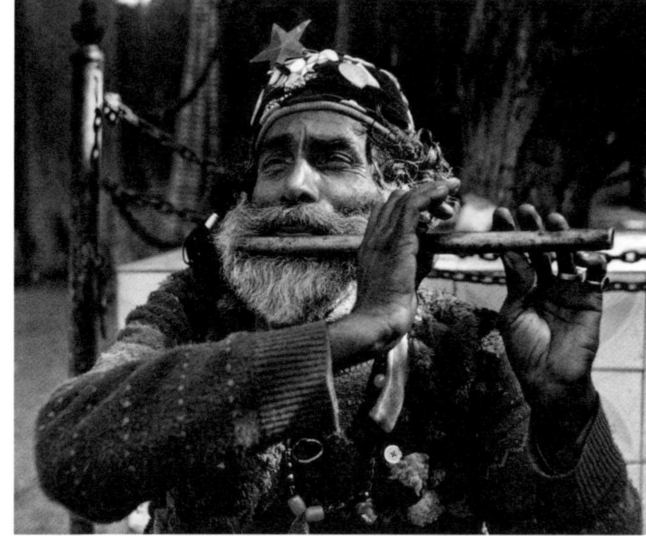
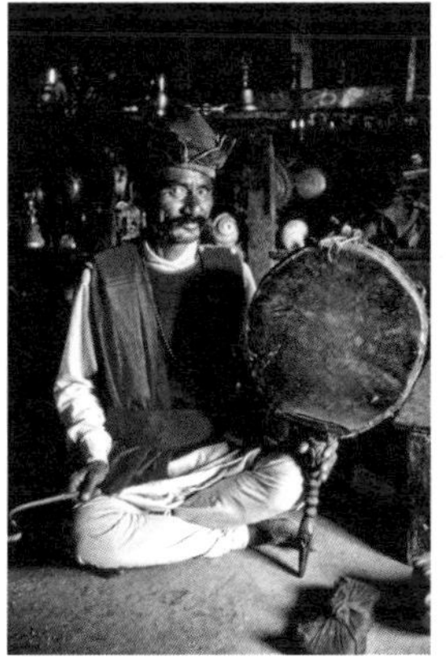
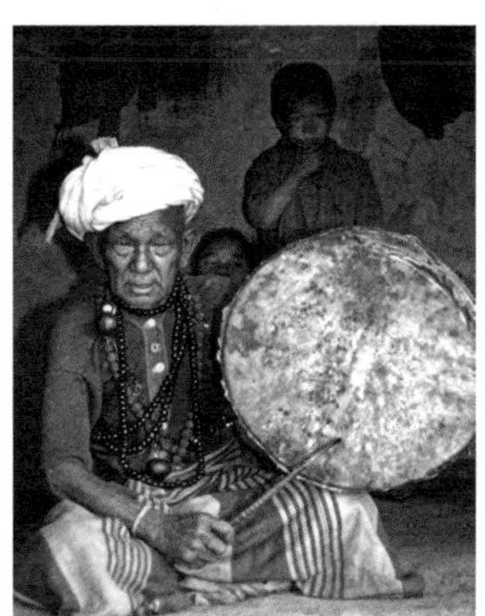
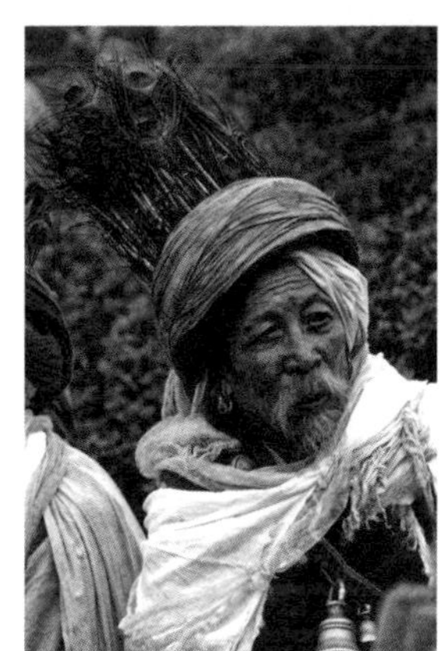
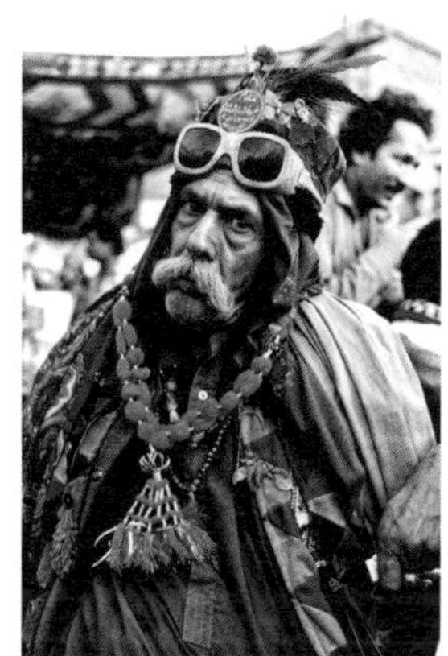
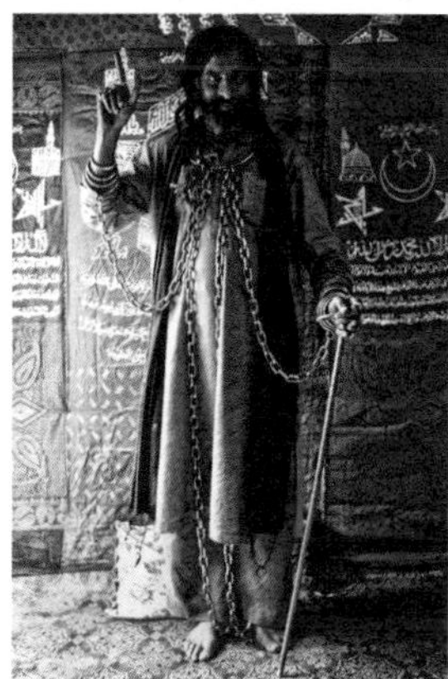

Aldo Mondino, *Near Benares*, 2001
olio su linoleum / oil on linoleum, 140 x 120 cm
Courtesy Galleria Enrico Astuni, Bologna

Italo Bertolasi
Viaggio a Oriente, primi anni settanta / early seventies
(*Regina dei Kafiri*, 30 x 19,63 cm; *Qalandar, gli sciamani
di Allah, Pakistan*, 20,8 x 30 cm; *Jhangri, sciamano
dell'etnia Tamang*, 20,8 x 30 cm; *Sciamano Pande
dell'etnia Chepang*, 23,57 x 30 cm; *Pellegrinaggio
a Gosaikunda, Nepal*, 20,16 x 30 cm; *Qalandar,
gli sciamani di Allah, Pakistan*, 20,8 x 30 cm;
Il mio maestro, 20,8 x 30 cm)
Courtesy Italo Bertolasi, Milano

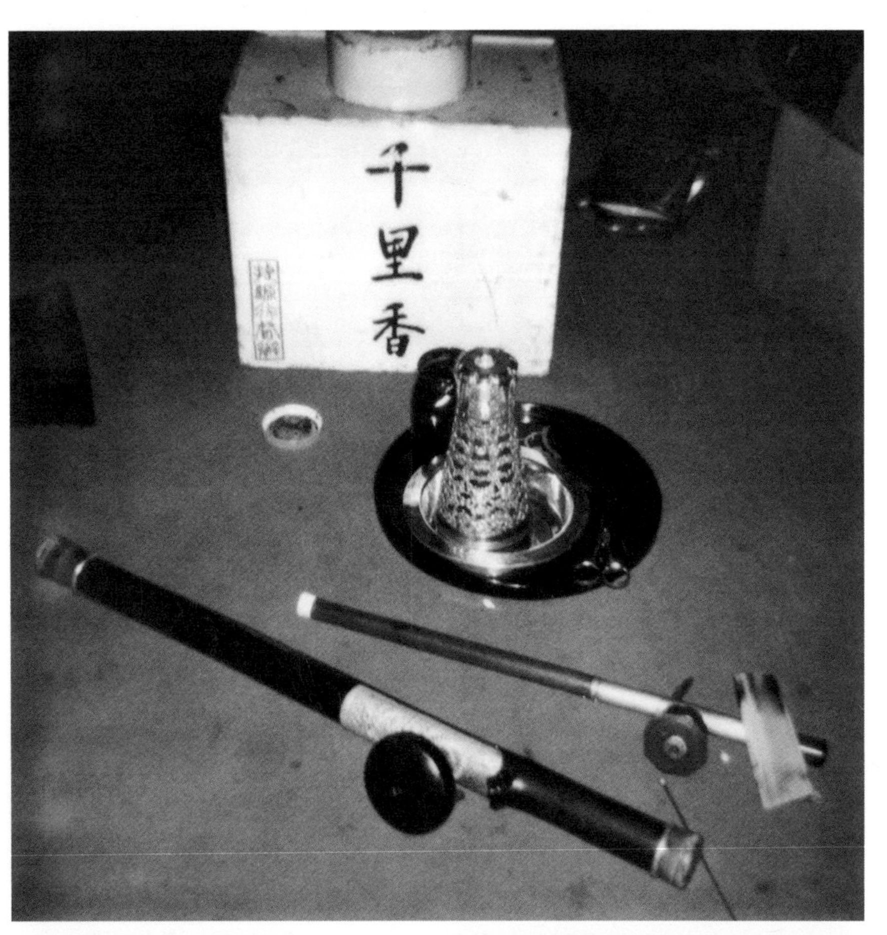
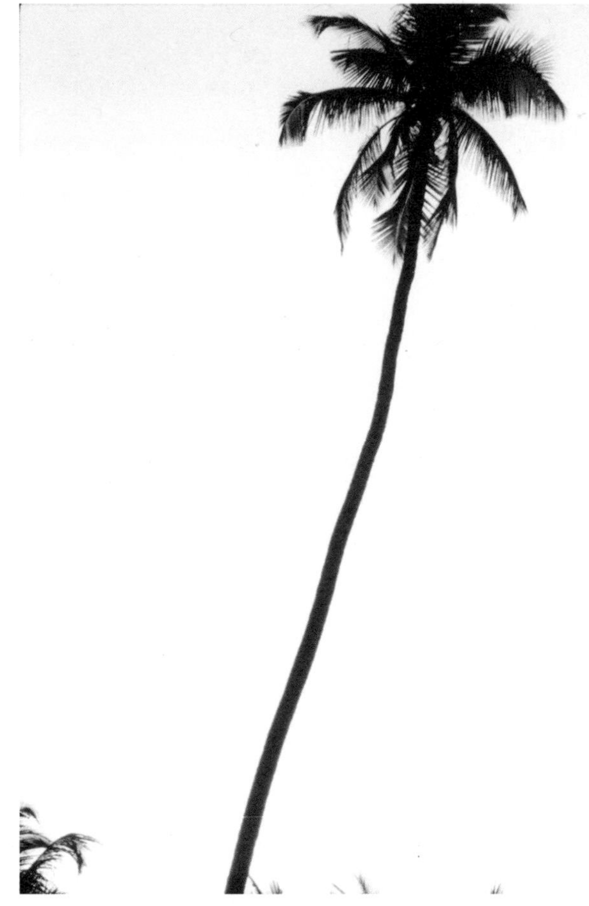
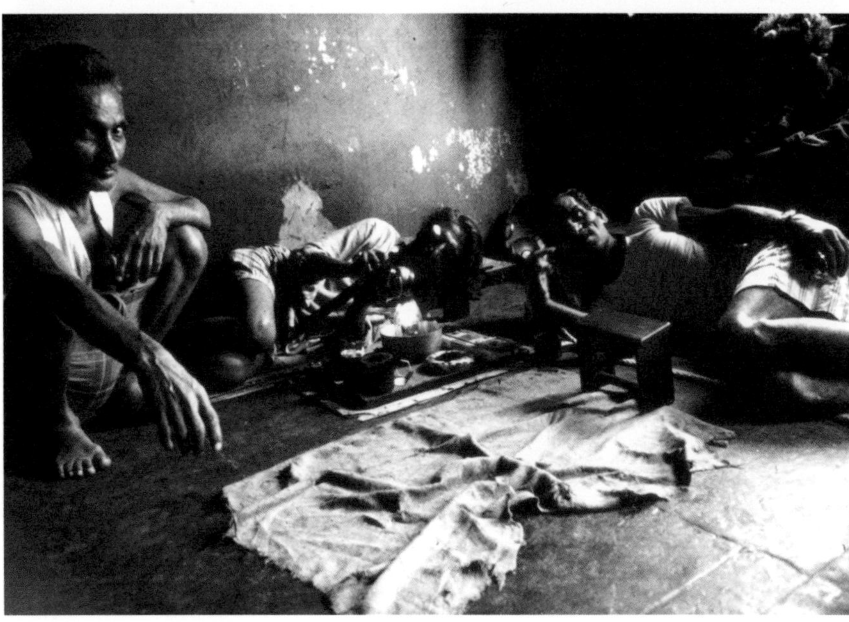
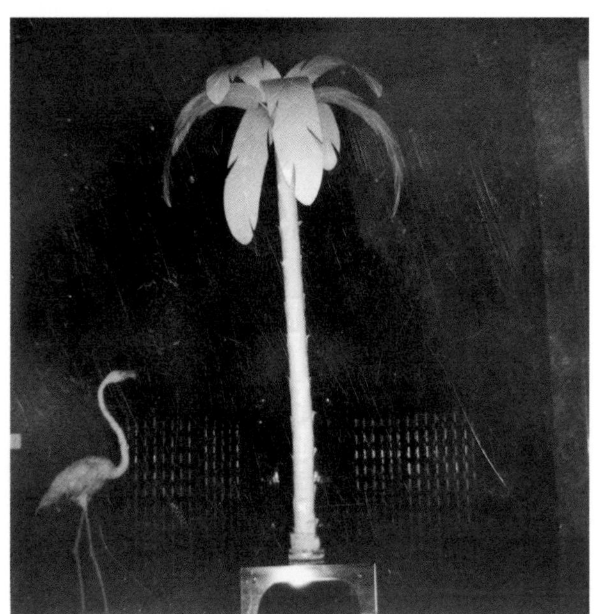

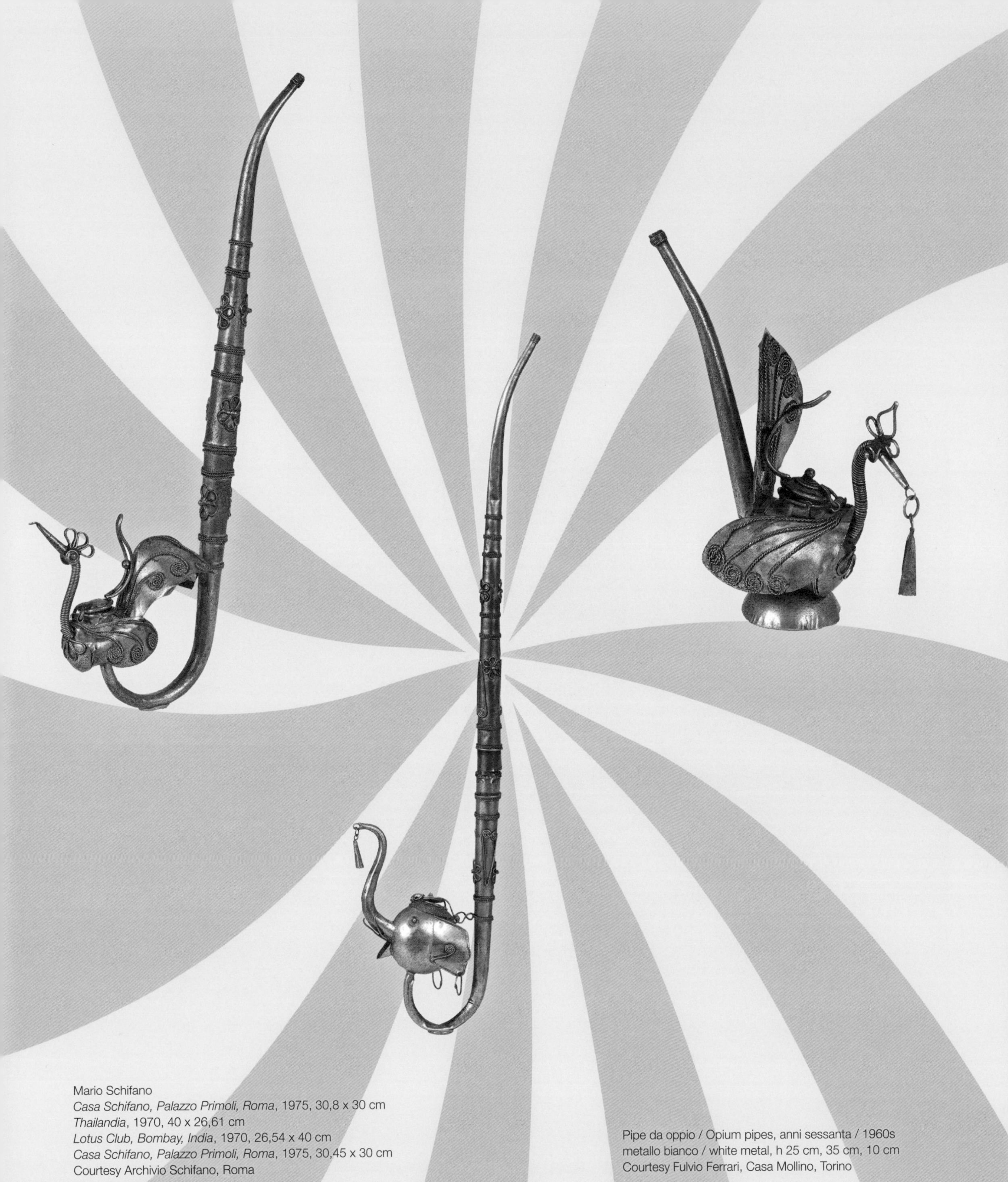

Mario Schifano
Casa Schifano, Palazzo Primoli, Roma, 1975, 30,8 x 30 cm
Thailandia, 1970, 40 x 26,61 cm
Lotus Club, Bombay, India, 1970, 26,54 x 40 cm
Casa Schifano, Palazzo Primoli, Roma, 1975, 30,45 x 30 cm
Courtesy Archivio Schifano, Roma

Pipe da oppio / Opium pipes, anni sessanta / 1960s
metallo bianco / white metal, h 25 cm, 35 cm, 10 cm
Courtesy Fulvio Ferrari, Casa Mollino, Torino

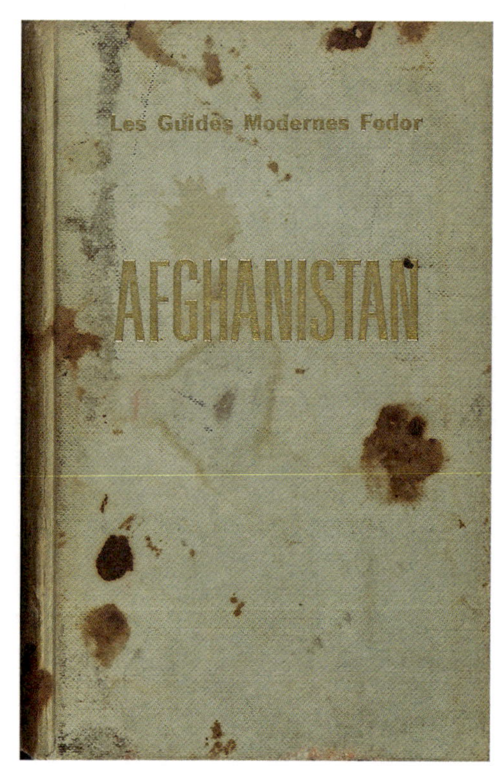

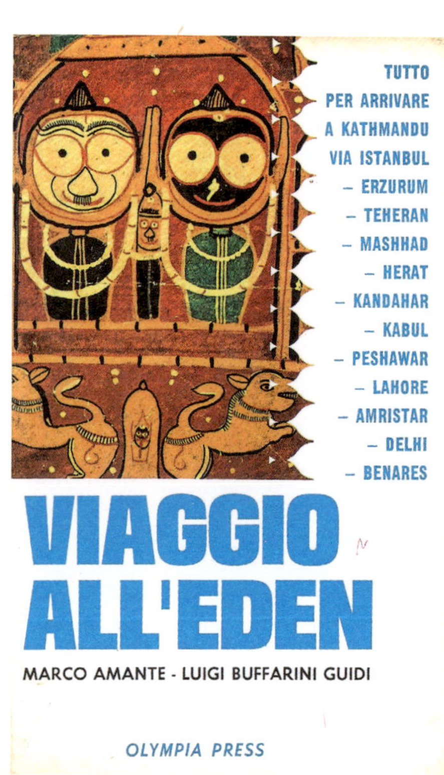

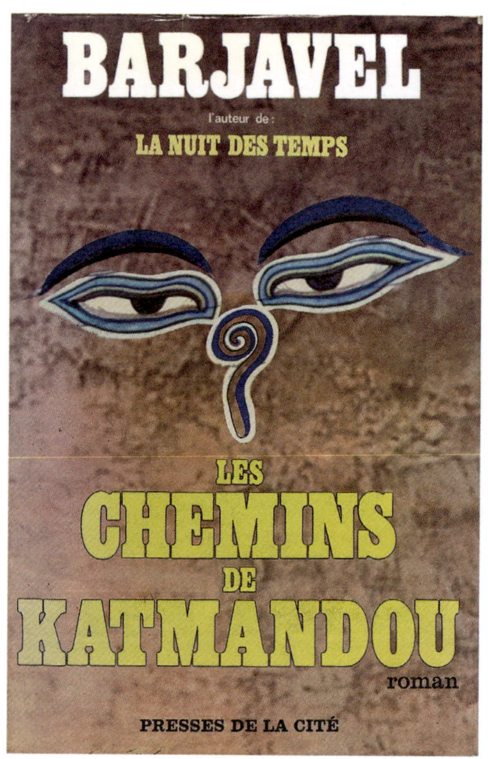

Afghanistan. Les Guides Modernes Fodor, Vilo, Paris 1973, copertina / cover

Marco Amante, Luigi Buffarini Guidi, *Viaggio all'Eden*, Olympia Press, Paris 1973, copertina / cover

René Barjavel, *Les Chemins de Katmandou*, Presses de la Cité, Paris 1969, copertina / cover

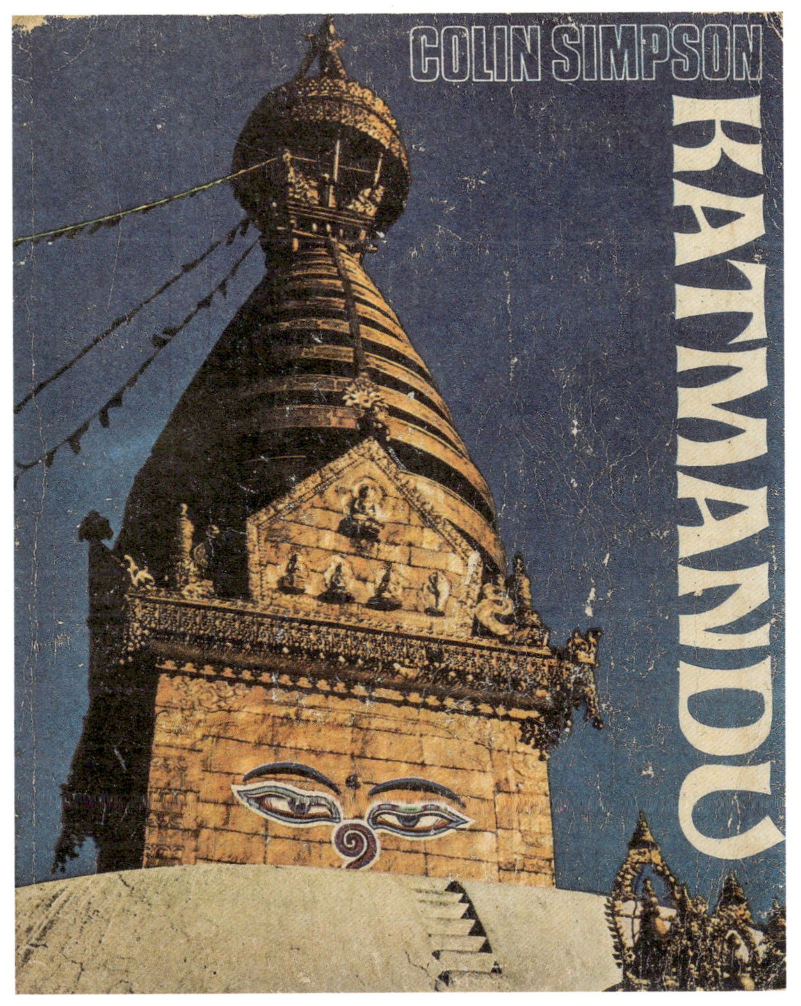

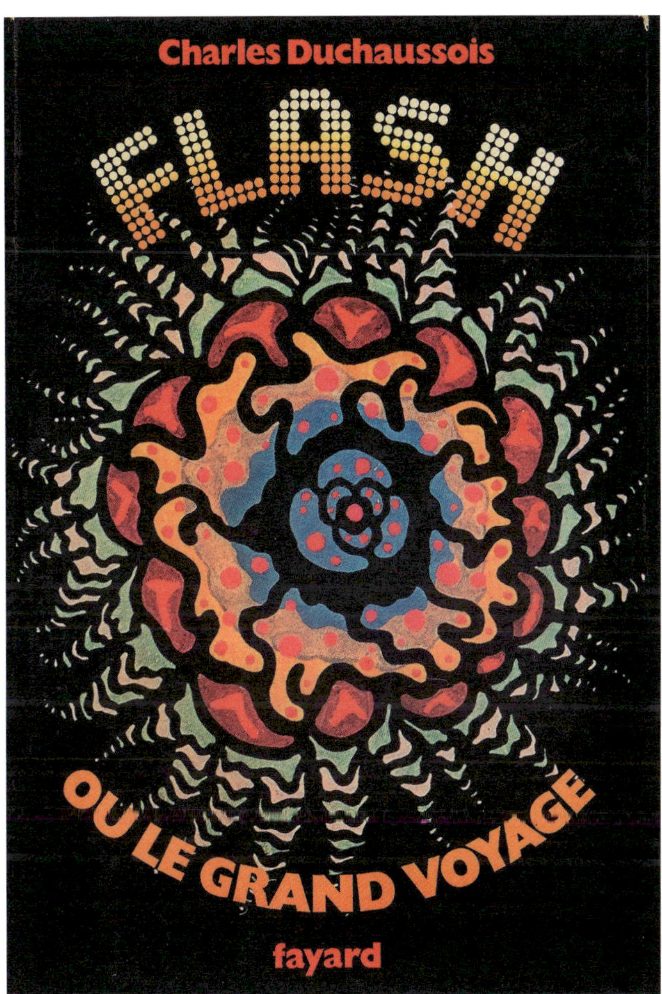

Colin Simpson, *Katmandu*, Vikas, New Delhi 1967, copertina / cover

Charles Duchaussois, *Flash ou le grand voyage*, Fayard, Paris 1971, copertina / cover

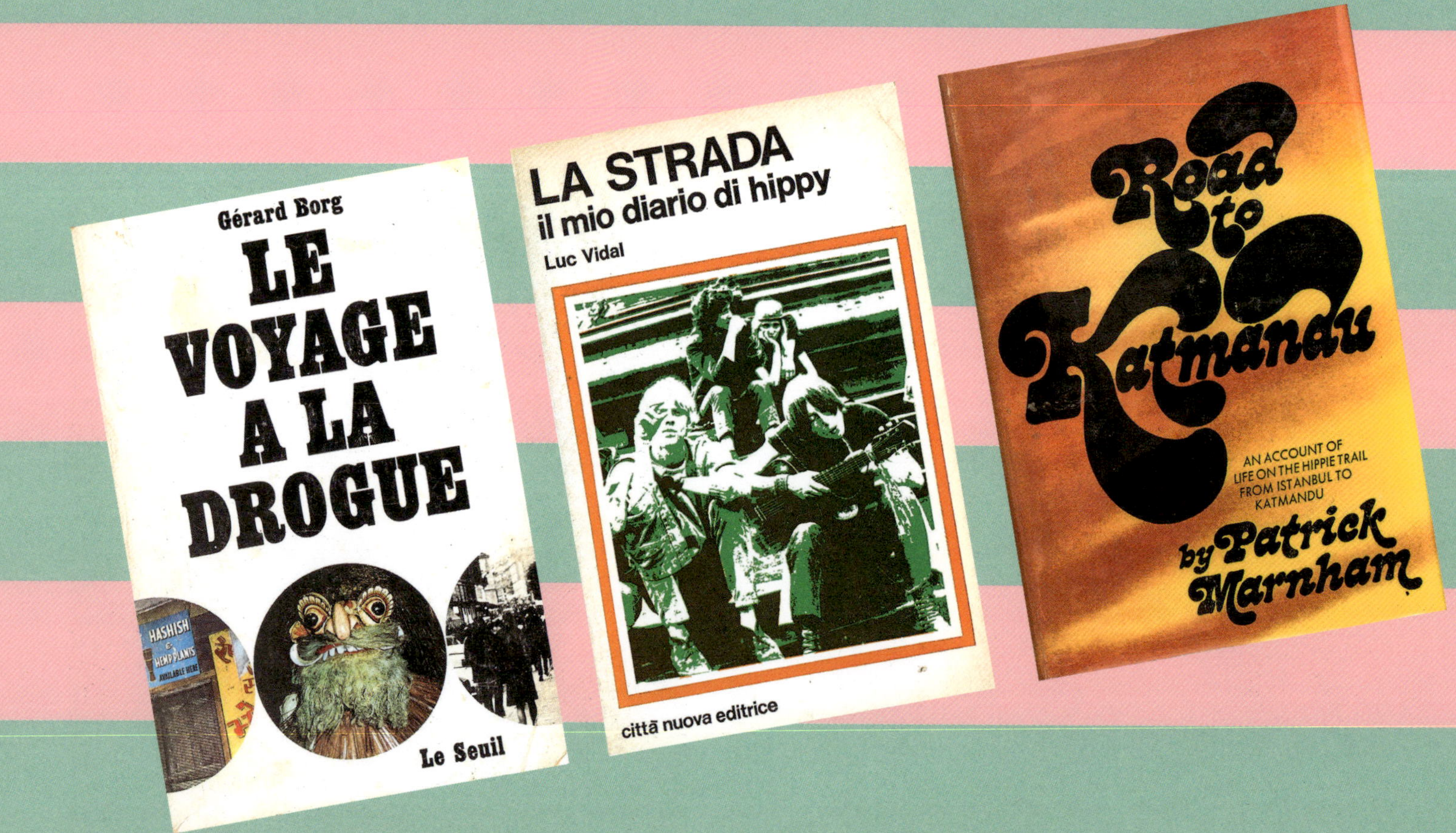

Gérard Borg, *Le Voyage à la drogue*, Le Seuil, Paris 1970, copertina / cover

Luc Vidal, *La strada. Il mio diario di hippy*, Città Nuova Editrice, Roma 1979, copertina / cover

Patrick Marnham, *Road to Katmandu*, Putnam's Sons, New York 1971, copertina / cover

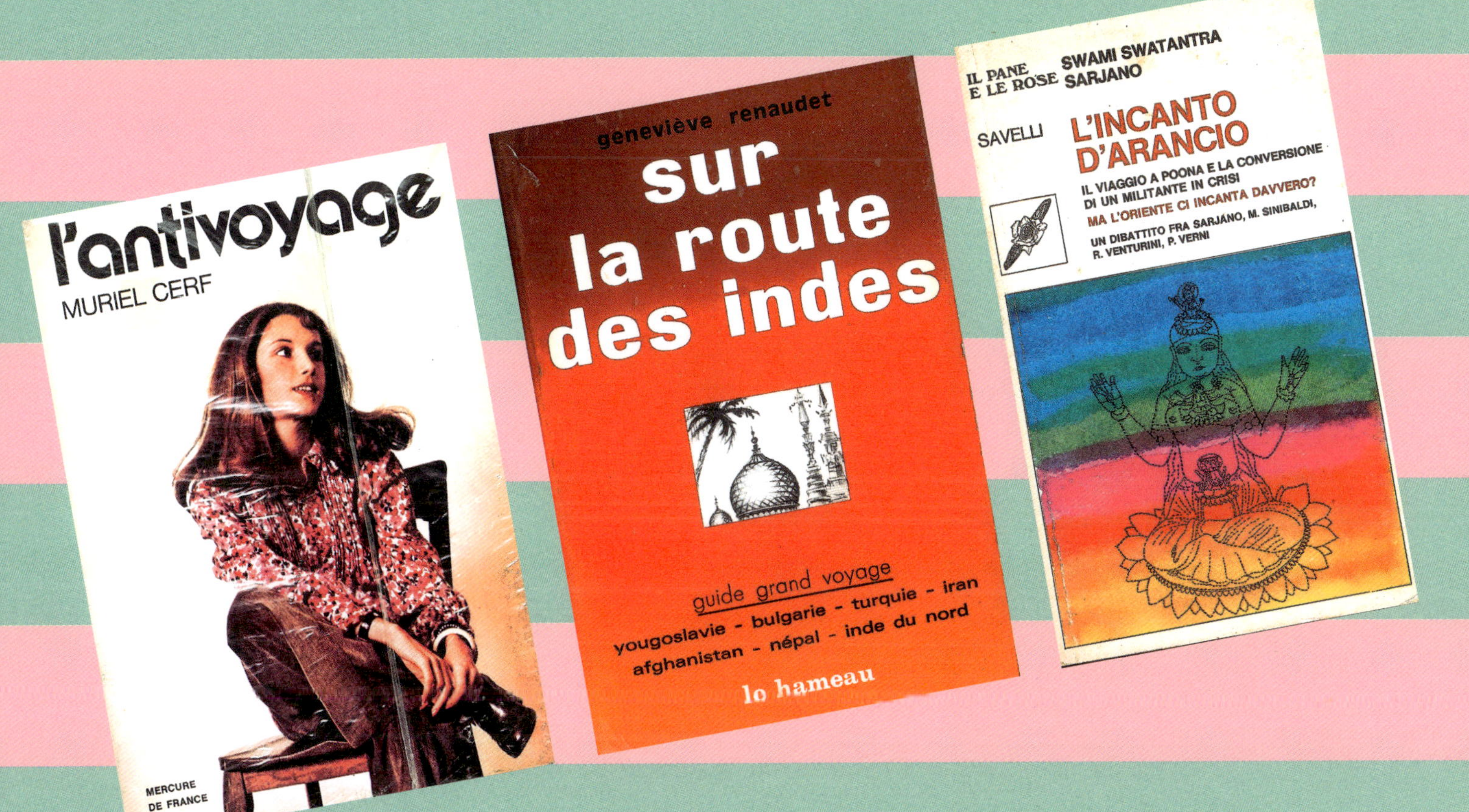

Muriel Cerf, *L'antivoyage*, Mercure de France, Paris 1974, copertina / cover

Geneviève Renaudet, *Sur la route des Indes*, Le Hameau, Laval 1974, copertina / cover

Swami Swatantra Sarjano, *L'incanto d'arancio*, Savelli, Roma 1979, copertina / cover

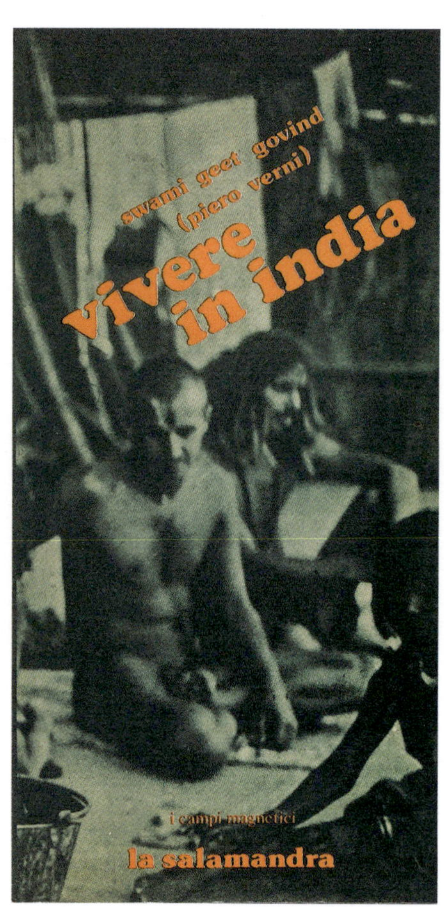

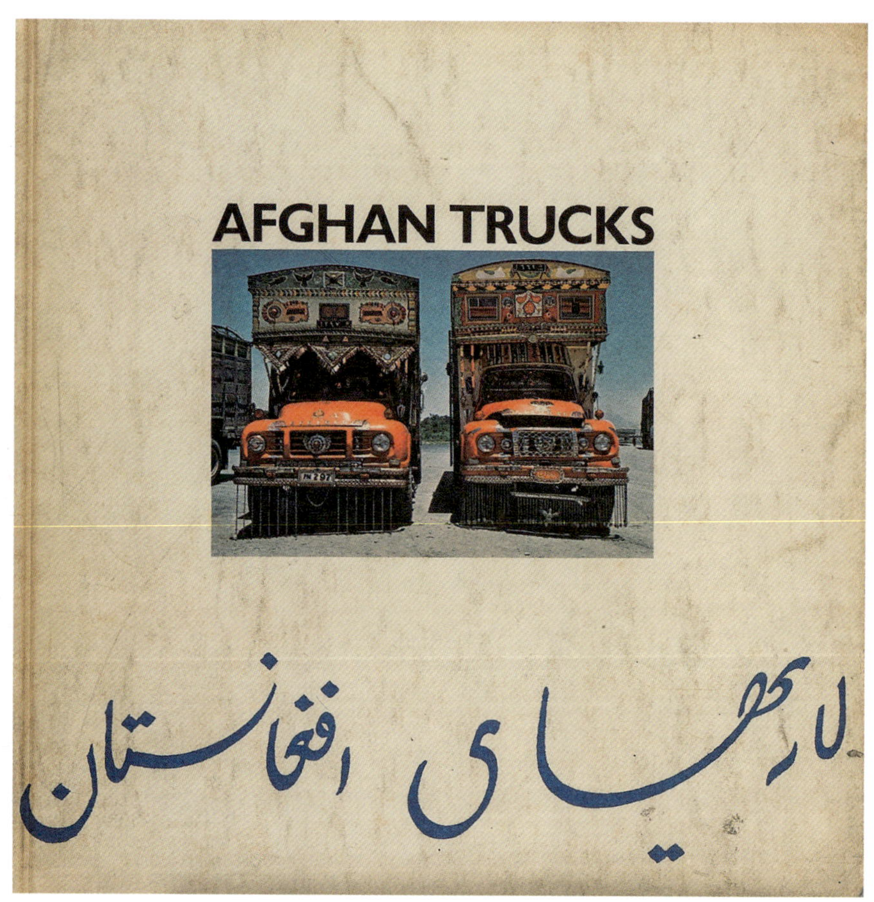

Swami Geet Govind (Piero Verni), *Vivere in India*, La Salamandra, Milano 1977, copertina / cover

Jean-Charles Blanc, *Afghan Trucks*, Matthews Miller Dunbar, London 1976, copertina / cover

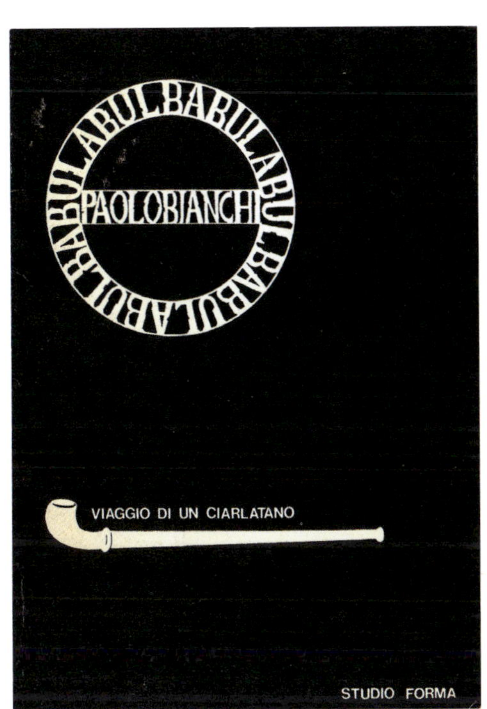

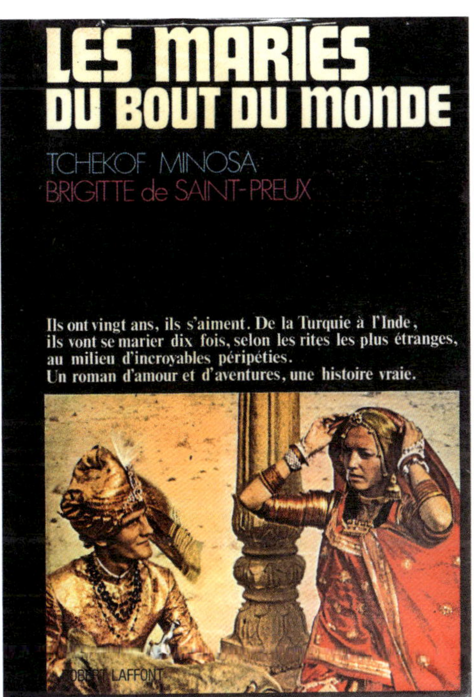

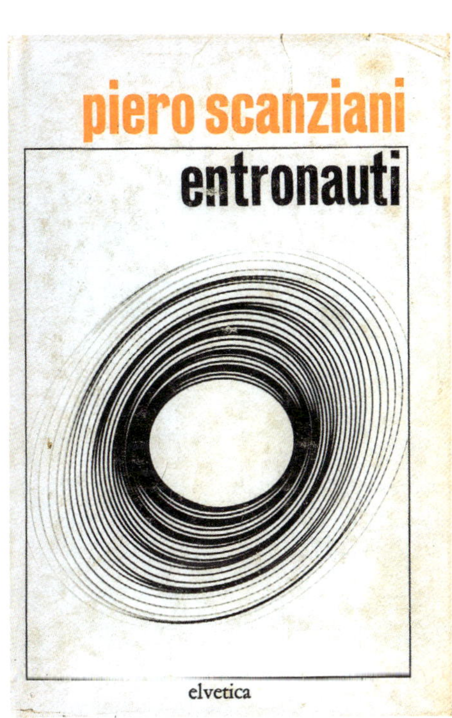

Paolo Bianchi, *Viaggio di un ciarlatano*, Studio Forma, Torino 1979, copertina / cover

Tchekof Minosa, Brigitte de Saint-Preux, *Les Maries du bout du monde*, Robert Laffont, Paris 1971, copertina / cover

Piero Scanziani, *Entronauti*, Elvetica, Chiasso 1969, copertina / cover

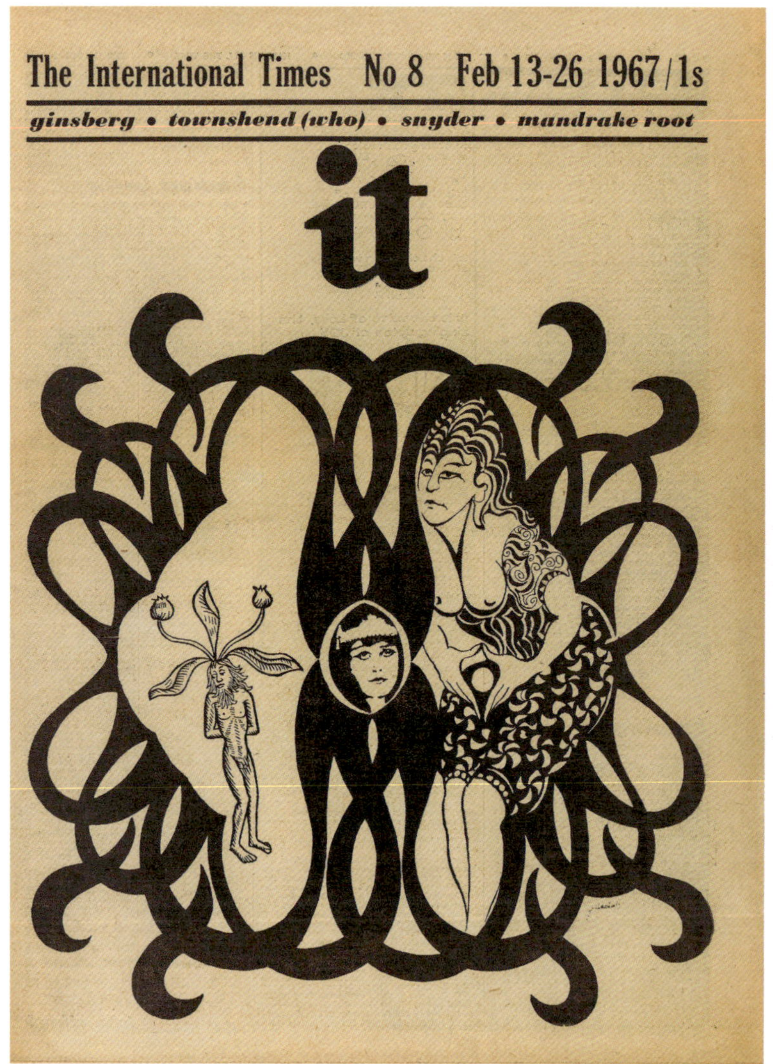

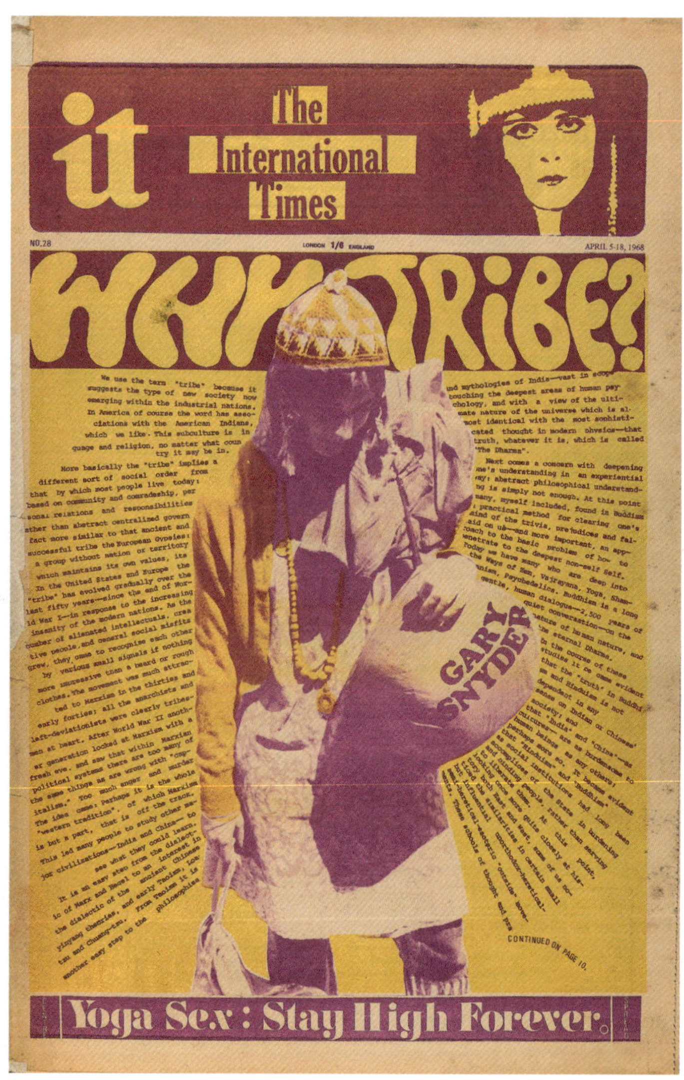

"The International Times", n. 8, 13-26 febbraio / February 1967/1s, copertina / cover

"The International Times", n. 28, 5-18 aprile / April 1968, copertina / cover

"Observer", 29 agosto / August 1971, copertina / cover

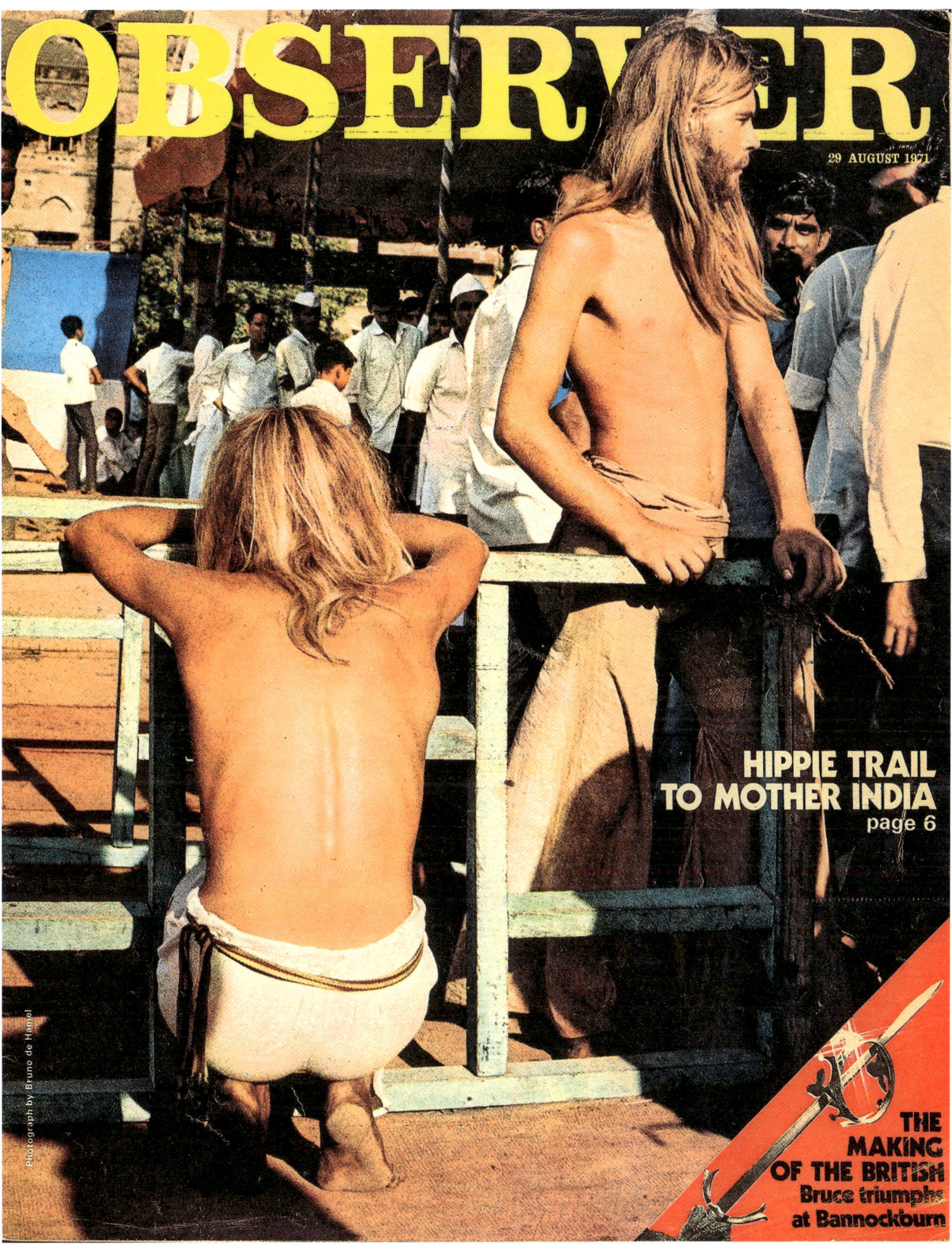

OBSERVER
29 AUGUST 1971
Photograph by Bruno de Hamel
HIPPIE TRAIL
TO MOTHER INDIA
page 6
THE
MAKING
OF THE BRITISH
Bruce triumphs
at Bannockburn

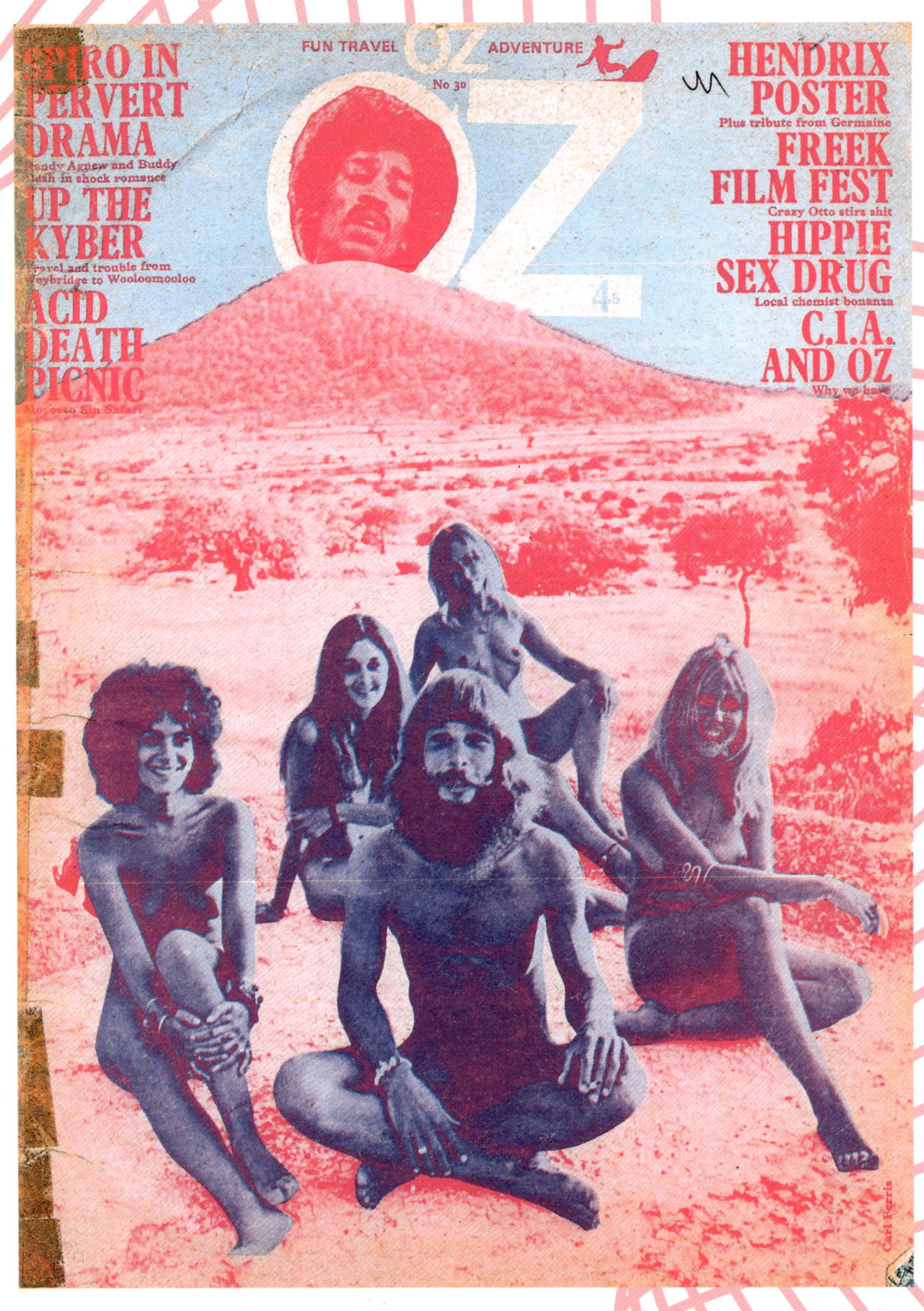

"OZ. Fun Travel Adventure", n. 30,
ottobre / October 1970, copertina / cover

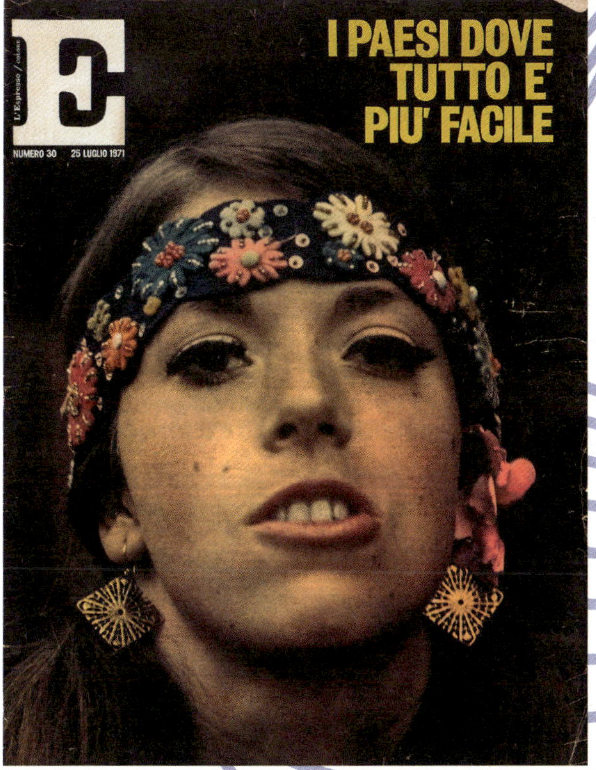

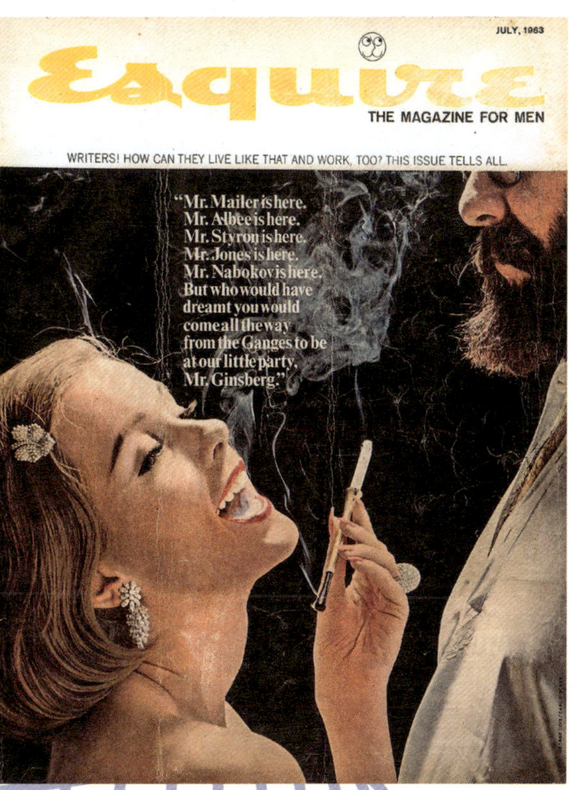

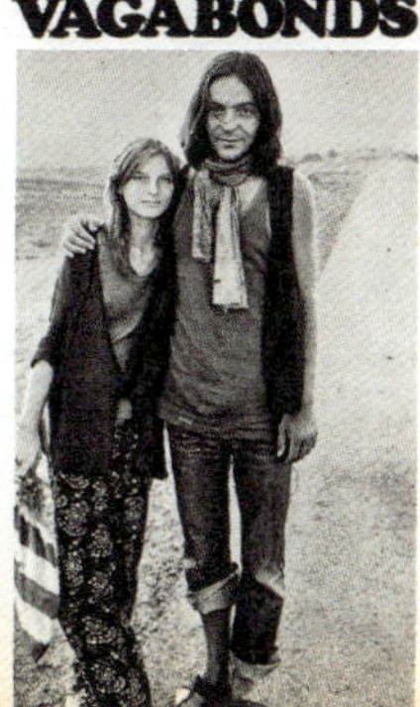

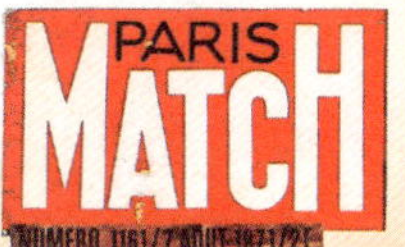

"l'Espresso", n. 30, 25 luglio / July 1971
copertina / cover

"Esquire, The Magazine for Men", luglio / July 1963
copertina / cover

"Paris Match", n. 1161/21, 7 agosto / August 1971
copertina / cover

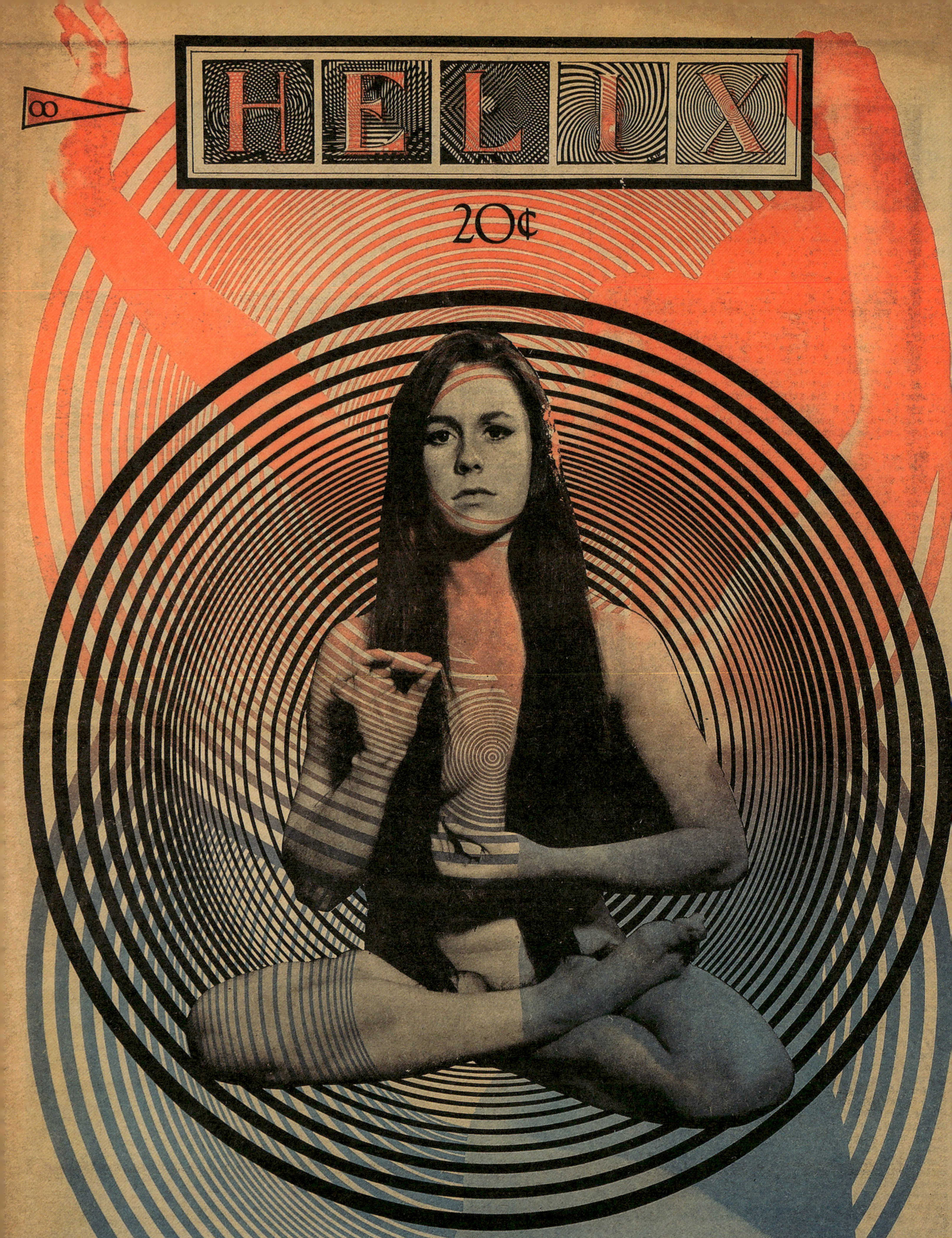
HELIX
20¢
8

Between
Sacred and
Profane,
from Divine
to Pop

GABRIELE FERRARIS

Per qualche
sitar in più

AGOSTO 1971. AL MADISON SQUARE GARDEN di New York c'è il gotha del rock mondiale, convocato da George Harrison per il memorabile concerto a sostegno del Bangladesh, desolato da una feroce carestia. Sale sul palco Ravi Shankar. Il maestro indiano imbraccia il suo sitar. I primi suoni planano sulla folla assiepata. Pochi secondi, poi la musica si ferma. Il pubblico esplode in un'ovazione. Ravi Shankar ringrazia: "Se vi è tanto piaciuta l'accordatura, immagino che amerete ancora di più il concerto".

Quella frase è il suggello, la definitiva chiave di lettura di uno dei più caratteristici innamoramenti – e in fondo dei più curiosi equivoci – della controcultura degli anni sessanta e settanta. Secondo i canoni della musica classica indiana, infatti, lo spettacolo comincia tradizionalmente con l'accordatura degli strumenti. Ma il pubblico del Madison Square Garden questo *non lo sapeva*.

Ciò che sapeva era che quel suono veniva dall'India. E quindi era molto fico.

Quella granitica convinzione del pubblico newyorkese, nell'estate del 1971, aveva origini lontane. E, presumo, motivazioni in genere diverse dall'apprezzamento – men che meno la comprensione – della musica classica indiana. Alla fine dei cinquanta, molto tempo prima che i Beatles arrivassero a Rishikesh a farsi infinocchiare dal guru, e che Jerry Garcia dei Grateful Dead andasse in cerca d'ispirazione a Varanasi, il passaggio dell'Occidente alternativo autoridotto fuori dall'ottica del sistema verso l'India misteriosa – un'India principalmente immaginata e immaginaria – fu aperto dai packers bus, sciroccati cer-

catori del divino, hippies, freaks, giramondo o studentelli fuggiaschi dai licei che viaggiavano da Londra o Amsterdam fino ad Amritsar a bordo dei "magic bus". Vecchi fuoristrada, scassatissimi pullmini Volkswagen e autobus londinesi a due piani ridipinti con i colori dell'arcobaleno coprivano in circa due mesi l'infinito tragitto via terra dalle spiagge del Mare del Nord al subcontinente indiano. Nessuno è in grado di dire se in quei viaggi si consumasse più gasolio o più Lsd: ma certo era una bella lotta.

Con il determinante apporto dei due carburanti, per vent'anni i magic bus attraversarono l'Europa e mezza Asia riversando nel Paese dei *Veda* decine di migliaia di proto-turisti con le gambe arrossate e le teste piene di suggestioni acide ed esotiche. Quasi tutti avevano compulsato i testi sacri della Beat Generation, e alcuni audaci persino il *Siddartha* di Hesse. Non risulta invece che molti avessero dimestichezza con *Verso la cuna del mondo* di Guido Gozzano: eppure quei giovanotti – in gran parte figli di un'Inghilterra che nei suoi piccoli riti e miti non era poi tanto diversa dalla Torino dei primi del Novecento – erano insospettabili fratelli del nostro malinconico poeta. Anche Gozzano nel 1912 cercava in India un'improbabile salute fisica e mentale; e aveva già capito tutto quando scriveva che da quelle parti "gli inglesi ci vanno solo per due cose: mangiare e fare l'amore". Gli hippies si limitavano a modificare lievemente il progetto dei loro nonni colonialisti, sostituendo il mangiare con l'assunzione di sostanze meno nutritive ma più divertenti.

Sui magic bus – immortalati dall'omonima canzone degli Who – viaggiava l'immaginazione di una gioventù occidentale sull'orlo della modernità e in tumulto d'idee e ormoni. E quando il rock divenne il linguaggio comune di quella generazione, parve naturale che l'India ci entrasse di riffa o di raffa. Nel senso che – con le dovute eccezioni – la musica del periodo si farcì di tante indianerie, ma di pochissima India. Prendiamo come esempio l'episodio centrale – il più noto e chiacchierato – di quell'infatuazione: l'incontro dei Beatles e di svariate altre celebrities del periodo con Maharishi Mahesh Yogi, e il loro soggiorno a Rishikesh, nella tana del guru. I tabloid dell'epoca ci andarono a nozze; ma anche i critici musicali s'interrogarono – e ancora s'interrogano pensosi – a proposito dell'influenza della musica indiana sull'opera dei quattro di Liverpool. La storia non si scrive con i se: e non è pertanto accertabile se i Beatles sarebbero rimasti i più grandi qualora non avessero mai scoperto l'esistenza del sitar. Tuttavia, quell'episodio non fu di secondaria importanza, quantomeno sotto l'aspetto del costume. E, soprattutto, era già scritto, e non poteva non essere. Quando ci andarono, per i Beatles l'India non fu una scelta bensì una tappa necessaria. Lo imponeva lo spirito dei tempi.

La scoperta dell'India da parte dei quattro di Liverpool, per quanto vogliate considerarla importante nelle conseguenze, non fu un evento pionieristico. Neppure dal punto di vista strettamente musicale. L'incontro fra le musiche dell'Oriente e dell'Occidente era cominciato ben prima dell'era dei Beatles. I jazzisti del secondo dopoguerra avevano aperto la strada a un intreccio che avrebbe avuto un peso significativo con l'avvento del free. Basterebbe ricordare le esplorazioni in ambito modale di John Coltrane per riconoscere una consapevolezza artistica che va ben oltre la semplice curiosità folcloristica: *A Love Supreme* – che già nella ripetizione ossessiva di un'unica frase si rifà all'idea del mantra – non è soltanto un disco fondamentale nel Novecento, ma un possibile percorso verso l'equilibrio mistico attraverso l'hard bop e il modal jazz. Insomma, Coltrane nel 1964 era già arrivato all'illuminazione. Fin dal 1961 aveva abbracciato la meditazione yoga e l'aspetto religioso e meditativo è ben presente nei suoi ultimi lavori, dopo *A Love Supreme* e fino alla morte nel 1967: *Om*, *Ascension*, *Meditations* sono titoli che non lasciano adito a dubbi. Ma in quegli interessanti e confusi anni sessanta fu Ravi Shankar, negli Stati Uniti, a creare un serio clima di collaborazione fra musicisti di generi diversi, che ben presto portò a esiti importanti anche nel rock, e anche per i Beatles.

In prospettiva, con il senno di poi, l'influenza indiana mi sembra sia stata più determinante per il jazz che per il rock. Anche se in entrambi gli ambiti ha segnato in maniera profonda l'evoluzione artistica dei massimi giganti dell'epoca a cavallo fra i sessanta e i settanta.

Certo, per i Beatles l'India fu un elemento imprescindibile nel periodo cruciale della rivoluzione stilistica, che ha il suo punto focale in *Sgt. Pepper's* (1967). Ma poco dopo quella data seminale, Miles Davis affrontò la sua affascinante svolta elettrica inserendo sitar, tambura e tabla nelle session di fine 1969, che nel 1974 furono pubblicate in *Big Fun*.

L'allievo prediletto di Davis, John McLaughlin, prese la cosa molto sul serio: adepto della spiritualità indiana, quando nel 1971 si mise in proprio non poté che battezzare la sua band Mahavishnu Orchestra; per quindi aprire la strada alla world music, come oggi la conosciamo con il progetto *Shakti*. L'album acustico *My Goals Beyond* di McLaughlin, del 1971, resta un modello perfetto dell'intreccio East-West in atto in quegli anni. Ma attenzione a non confondere le scelte spirituali di un artista con quelle musicali. McLaughlin resta sempre ben ancorato alla sua estrazione jazzistica davissiana. Ed è sintomatico l'episodio del suo incontro con Carlos Santana, quando pure il chitarrista di *Abraxas* approda alla "scelta meditativa". John e Carlos sono "fratelli di guru", allievi di un altro "santone delle celebrities", il ben noto Sri Chinmoy, che tra i suoi seguaci ha anche la cantante Roberta Flack e il sassofonista di Springsteen, Clarence Clemons. McLaughlin segue Sri Chinmoy dal 1970, e nel 1972 lo presenta a Carlos, che ne rimane abbagliato, iniziando un "percorso" destinato a interrompersi bruscamente solo nel 1981, non senza recriminazioni.

Ma intanto, in quella prima metà dei settanta, John e Carlos sono animati dall'entusiasmo dei neofiti. Il guru ha rifilato loro due nomi nuovi di zecca, rispettivamente Mahavishnu e Devadip, e firmano insieme, nel 1972, *Love Devotion Surrender*: un album fondamentale per la storia della fusion (o del jazz rock, come si chiamava allora), ma anche paradigmatico dei tic e delle ossessioni del periodo. Il titolo stesso del disco si rifà ai punti essenziali dell'insegnamento di Sri Chinmoy (amore, devozione, abbandono) e i due adepti si fanno fotografare in copertina insieme con il guru, vestiti di bianco e con l'aria molto meditativa. La musica, però, è per l'appunto un jazz rock d'alta scuola, raffinato, se volete anche "meditativo"; ma c'entra ben poco con l'India, e quel poco deriva da Coltrane, al quale l'album è largamente ispirato.

L'influenza della musica indiana, semmai, è reale nel lavoro di altri fuoriclasse del periodo: penso ad esempio a Ralph Towner in certi suoi momenti con gli Oregon, senza dimenticare – restando agli Oregon – lo straordinario apporto di Collin Walcott, allievo di Ravi Shankar e Vasant Rai, profeta occidentale del sitar e della tabla. E via discendendo per li rami fino all'oggi: dal Don Cherry di *Relativity Suite* (1973) agli esperimenti trasversali del percussionista indiano Trilok Gurtu. Quest'ultimo è un altro personaggio interessante. Nativo di Mumbai, approda in Europa negli anni settanta e fa le sue prime esperienze con gli Aktuala, band italiana che incentrava la sua musica proprio sulle sonorità afro e orientali; da allora in poi intreccia la sua carriera indifferentemente con artisti rock e pop (da Andy Summers a Ivano Fossati), ma soprattutto jazz e fusion. In particolare John McLaughlin, di cui diventa il più fidato collaboratore. Così il cerchio si chiude. Ed è un cerchio jazzistico.

Se confrontati con i vertici espressivi raggiunti dai maestri del jazz nella contaminazione con le strutture musicali indiane, e in genere orientali, possono sembrare piuttosto superficiali (e modesti) molti dei risultati in ambito rock e pop. Sulla spinta della moda del momento, infatti, nel periodo a cavallo fra i sessanta e i settanta, la produzione della popular music riprendeva dall'India più che altro il clima di fondo, oltre a un esteso uso e abuso di certi strumenti tradizionali: il sitar in primis. Sicché il raga risulta essere l'incolpevole responsabile delle infinite nenie che in quel periodo hanno dominato la scena prima che arrivasse il punk a fare piazza pulita di parecchie cialtronate e – purtroppo – anche di qualche capolavoro.

Ma qui sarebbe fuorviante metterla sul puro piano musicale. Conviene piuttosto tornare su uno degli autobus magici che nei sessanta e settanta portavano in India la confusa gioventù d'Europa. Come i Beatles – buoni ultimi e con mezzi di trasporto meno disagevoli – quelle migliaia di sballoni perseguivano, ovviamente on the road, la magnifica ossessione di spalancare le porte della coscienza. Di raggiungere finalmente la "consapevolezza", qualunque cosa essa fosse.

Siamo di fronte all'eredità ideologica della Beat Generation, e prima ancora di quanti, nel Novecento fino ad allora attraversato, avevano immaginato un Oriente non-materialista, la cui spiritualità (meglio: ciò che l'Occidente materialista si raccontava della spiritualità orientale) appariva come una possibile via di fuga dalla sorda e cieca banalità piccoloborghese. Se non ci sei riuscito fumandoti tutto il fumabile e calandoti tutto il calabile e iniettandoti tutto l'iniettabile, vai sulla spiaggia di Goa e vivi nudo in meditazione. Qualcosa succederà.

La differenza rispetto ai *Vagabondi del Dharma* di Kerouac, i beatniks dei tardi anni cinquanta che cercavano l'illuminazione sballandosi in qualche slum di New York, sta nel fatto che gli hippies dei sessanta e settanta godevano di offerte di viaggio più economiche per raggiungere quella che Gozzano, mezzo secolo prima, definiva "la cuna del mondo".

Il viaggio in India si configura così, per la controcultura di quei due decenni, come un viaggio lisergico con altri mezzi. E la sovrapposizione/commistione fra allucinogeni e trascendenza, fra meditazione indiana e "summer of love" californiana, fra Buddha e Ken Kesey, diventa il DNA della psichedelia.

Già. La psichedelia. È lì che tutto si tiene.

Gli hippies avvolti in sari svolazzanti, che danzano immemori a Woodstock, evocano nella mente dell'osservatore di oggi lo stesso esotismo di maniera che le nonne dei "figli dei fiori" interpretavano servendo il tè in tazzine decorate con geishe giapponesi e improbabili paesaggi cinesi. Però, rispetto alle nonne con le loro tazzine, il popolo di Woodstock era convinto che il mondo stesse davvero cambiando – *the times they are a-changing* – e di essere il motore di quel cambiamento. Come d'altronde autorevolmente testimoniavano i Rokes di Shel Shapiro nel fondamentale testo *È la pioggia che va*.

Ne discende che le "indianerie" diventano parte fondante dell'iconografia psichedelica, proprio come cineserie e giapponeserie lo furono per la Weltanschauung tardovittoriana (e gozzaniana). Il paravento con i samurai, di cui certo Nonna Speranza disponeva, ha dunque lo stesso significato – la stessa valenza culturale – delle divinità indiane che affollano la kitschissima copertina di *Axis: Bold as Love* di Jimi Hendrix. È moda, bellezza: e dunque Vishnu coabita felicemente con *Fritz the Cat* nei disegni di Robert Crumb e nel pantheon di Haight-Ashbury e negli acid test dei Merry Pranksters raccontati da Tom Wolfe.

La cultura psichedelica – la musica in particolare – è figlia di questo cortocircuito Est-Ovest. Provare per credere: fate una rapida ricerca su internet e ascoltatevi un raga indiano, uno qualsiasi, o più banalmente *Bangla Dhun*, il brano che Ravi Shankar suonò al Madison Square Garden una volta che ebbe finalmente accordato il sitar.

Poi cercate una delle interminabili suites che affollano gli album – specie quelli westcoastiani – tra la seconda metà dei sessanta e la prima dei settanta. Sapete, quei brani avvolgenti che ripetono e riprendono ad libitum una frase musicale, e che i critici dell'epoca amavano definire "ipnotici", per non dire, apertis verbis, che qualcuno rischiava d'addormentarsi. Almeno in certi casi. *Mona* dei Quicksilver Messenger Service andrà benissimo. Ma io vi consiglio *Somebody to Love* e *White Rabbit*, meglio se nella versione di Grace Slick con i Great Society, che ancora oggi funzionano a meraviglia e non vi faranno addormen-

tare. O ancora, se preferite qualcosa di già pre-metallico, l'irrinunciabile *In-A-Gadda-Da-Vida* degli Iron Butterfly. Un altro ascolto illuminante – e direi il più consigliabile – è *All Tomorrow's Parties* dei Velvet Underground.

Sentito? L'idea (se non la struttura: non pretendiamo esibizioni di filologia musicale…) è quella. Il raga. Non si scappa. Resto però convinto che, nella maggior parte dei casi, per comporre quei brani i nostri eroi non si siano dedicati a studi approfonditi sulla musica classica indiana, limitandosi ad ascolti casuali ancorché appassionati; ma soprattutto calandosi una quantità imprecisata e imprecisabile di Lsd e altri generi di conforto.

Non è un caso se stiamo parlando soprattutto di musicisti della West Coast. Verso la metà degli anni sessanta è lì che l'India diventa protagonista della controcultura giovanile, attirando l'interesse di molti dei musicisti che gravitano tra San Francisco e Los Angeles. Ed è sempre lì che si hanno i primi sentori di quello che la critica dell'epoca definisce "raga rock", per sottolinearne i debiti con la musica indiana, spesso – ma non sempre – certificati e garantiti dall'introduzione del tradizionale sitar: strumento che talora, in assenza dell'originale, veniva sbrigativamente simulato con la chitarra elettrica. Sotto l'etichetta "raga rock" sono stati classificati esperimenti di varia natura, da alcune canzoni dei Beatles fino a *Govinda* dei Kula Shaker, che ha addirittura il testo in sanscrito. Tra i primi praticanti del raga rock c'erano i Byrds, che infarcirono di quelle sonorità gli album *Fifth Dimension* del 1966 e *The Notorious Byrds Brothers* del 1968. Furono loro a influenzare i Beatles, i quali fecero per la prima volta un massiccio uso del sitar in *Revolver*, del 1966, dopo che l'anno precedente, con *Norwegian Wood* (sull'album *Rubber Soul*, uscito in Inghilterra nel dicembre del 1965) avevano stabilito quello che, garantiscono gli espertoni, resta uno dei loro tanti record: la prima apparizione in assoluto del sitar in una canzone occidentale. L'autore di *Norwegian Wood* è John Lennon, e sul disco il sitar lo suonava George Harrison. Guarda caso, nell'estate del 1965 John e George avevano trascorso un'interessante giornata di viaggi lisergici in una villa di Los Angeles ascoltando musica indiana in compagnia di David Crosby e Roger McGuinn dei Byrds. John fino ad allora non ne sapeva nulla di quella roba – intendo la musica indiana, perché quanto a Lsd non si era fatto mancare nulla. Mentre pare che George qualcosa sul sitar avesse già orecchiato fin dai tempi di *Help!*.

Sta di fatto che in quel cruciale 1966 il sitar prende in potere: mentre i Beatles ci costruiscono attorno *Revolver*, i Rolling Stones lo utilizzano, affidato alle sapienti mani di Brian Jones, per dare a *Paint It Black* una coloritura per la verità più arabeggiante che indiana. Ma Harrison, ormai intrippatissimo, in *Revolver* si mette alla prova addirittura con le ritmiche e le melodie indiane realizzando, in pratica senza i tre soci ma affiancato da Anil Bhagwat ai tabla e da altri musicisti del subcontinente, *Love You To*. È però interessante notare che nella contemporanea *Rain*, uscita come lato B di *Paperback Writer* nel giugno del 1966, Lennon suggerisce sì l'idea di raggiungere la trascendenza – lui in quel periodo ci riusciva piuttosto bene, con l'Lsd più che con la meditazione – ma l'atmosfera sospesa e sognante del brano è il risultato degli artifici tecnici in sala di registrazione (che all'epoca incuriosivano molto la band) e non di una presunta ispirazione orientaleggiante.

Proprio in quel periodo entra in scena Ravi Shankar, che Lennon e Harrison avevano scoperto grazie a David Crosby. George decide di andare a lezione di sitar da lui durante il suo primo viaggio indiano: viaggio che anticipa di oltre un anno la gita dei Beatles alla corte dello Yogi Maharishi, e che Harrison affronta con l'intento di imparare davvero qualcosa sulla musica del subcontinente.

Chi trae il maggior frutto da quel viaggio d'istruzione fu però Ravi Shankar, beneficiato da inattesa celebrità planetaria quando i giornali pubblicano le foto che lo ritraggono con il suo allievo "Beatle"; sicché, nel 1967,

l'album *West Meets East*, dove Shankar duetta con il violinista angloamericano Yehudi Menuhin, diventa – alquanto inaspettatamente – un bestseller internazionale. Anche George fa comunque buon uso degli insegnamenti del maestro: e l'occasione gliela fornisce il disco definitivo della storia dei Beatles, *Sgt. Pepper's*, che esce nel giugno del 1967. Lì, in apertura della seconda facciata, Harrison piazza *Within You Without You*, la canzone che corona il sogno indiano del chitarrista dei Beatles, e che forse segna l'atto di nascita della world music. Di sicuro certifica il definitivo contagio indiano del rock anglosassone, celebrato pochi mesi dopo dalla migrazione di un'orda di celebrities verso l'ashram di Maharishi Mahesh. La storia è nota: a parte il convertitissimo Harrison, l'unico a trarre un concreto giovamento dalla trasferta fu Lennon, che in quell'occasione apprese da Donovan, anch'egli temporaneo seguace del guru, i segreti delle accordature aperte. Ma per quello avrebbero anche potuto vedersi a Londra, risparmiandosi tanta strada e tanti disagi.

Intanto, alla periferia dell'impero, nell'Italietta che aveva frettolosamente riverniciato l'eterna melodia di *Grazie dei fiori* con gli orecchiamenti beat, l'infatuazione indiana produceva tante banali imitazioni e alcune curiose declinazioni. Mentre Sergio Leone inventava lo spaghetti-western, Alan Sorrenti, con la complicità della trasmissione radiofonica *Per voi giovani*, assillava le adolescenti orecchie italiane con la spaghetti-India di *Aria* (1972) e *Come un vecchio incensiere all'alba di un villaggio deserto* (1973): ma il famigerato verso "vorrei incontrarti lungo le strade che portano in India" resta il manifesto di un vasto e ambizioso programma mai realizzato, perché poco dopo Alan preferì andare in California per tornarne figlio delle stelle.

Né poteva sottrarsi a certe suggestioni il cripto-gozzaniano Francesco Guccini. Beh, neanche tanto cripto, visto che la sua canzone *L'isola non trovata* rielabora un testo di Gozzano: e nello stesso album, nel 1970, il maestrone di Pavana si esibiva in *Asia*, un brano che oggi appare decisamente stravagante, ma ben rifletteva il sentire del momento. Ricordate?: "S'arriva dai santuari, fin sopra l'alta plancia, il fumo della gangia e dell'incenso"… Va be'.

E in chiusura torniamo ancora una volta a bordo del nostro magic bus, sulla strada che porta in India. Quella strada s'interruppe bruscamente alla fine degli anni settanta, con gli sconvolgimenti politici che cambiarono la faccia del Medio Oriente e resero insicura la rotta terrestre da Istanbul all'India. Ma anche all'Ovest c'era qualcosa di nuovo. I figli dei fiori si avviavano a diventare i lupi di Wall Street; le droghe lisergiche che promettono l'allargamento delle coscienze erano state scacciate dall'eroina, che le coscienze le cancella; e le rudezze del punk avevano spazzato via le sognanti atmosfere psichedeliche.

Sulle spiagge di Goa, come naufraghi, rimangono gli irriducibili di quell'infatuazione generazionale: qualche stagionato hippie e qualche musicista. E la musica non finisce. Si evolve, continuando nell'intreccio fra sonorità, yoga e droghe. Già nel 1974 *The Cosmic Jokers*, una collaborazione fra Ash Ra Tempel e Klaus Schulze, lascia intravvedere ciò che un giorno si chiamerà Goa Trance: lo strano incontro fra il rock psichedelico, il folk indiano e – in un secondo tempo – la techno. Un incontro i cui frutti fin dagli anni novanta colonizzano i rave party dell'Occidente. Ma questa è un'altra storia.

GABRIELE FERRARIS

For a Few Sitars More

AUGUST 1971. THE GOTHA OF INTERNATIONAL ROCK was on the stage of Madison Square Garden, summoned by George Harrison for the memorable concert in support of Bangladesh that was wasting away due to a terrible famine. Ravi Shankar took the stage. The Indian musician picked up his sitar. The first notes glided over the thronging crowds. Just a few seconds and then the music stopped. The audience exploded in an ovation. Ravi Shankar thanked them: "If you like our tuning so much, I hope you will enjoy the playing even more".

That sentence was the seal, the definite interpretation of one of the most characteristic infatuations – and basically one of the most curious misunderstandings – of counter-culture during the 1960s and 1970s. In fact, according to the standards of classical Indian music, concerts traditionally begin with the tuning of the instruments. But this was unknown to the audiences at Madison Square Garden.

All they knew was that those sounds came from India. And therefore they were very cool.

That steadfast conviction of the New York public, during the summer of 1971, had distant origins. And, I presume, motivations generally different from the appreciation (let alone the understanding) of classical Indian music. At the close of the 1950s, long before The Beatles arrived in Rishikesh and were deceived by the guru and that Jerry Garcia from The Grateful Dead went looking for inspiration in Varanasi, the passage of the alternative self-reduced beyond the boundaries of the western system towards mysterious India (an India principally imagined and imaginary) was inaugurated by bus-packers, spacey seekers of the divine, hippies, freaks, globe-trotters or young high school dropouts who travelled from London or Amsterdam all the way to Amritsar on board a "magic bus". Old jeeps, broken-down Volkswagen vans and London double-deckers painted with the colours of the rainbow covered the infinite route from the shores of the North Sea to the Indian subcontinent in two months' time. No one can say whether more petrol or more Lsd was used on those trips – quite a toss up!

With the decisive contribution of the two fuels, magic buses crossed Europe and half of Asia for twenty years. They spilled into the country of the Vedas thousands of proto-tourists with reddened legs and minds full of acid and exotic sensations. Nearly all of them had pored over the sacred writings of the Beat Generation, and a few daring individuals even went on to read Hesse's *Siddhartha.* But it did not seem that many were acquainted with Guido Gozzano's *Journey towards the Cradle of Mankind:* yet those youngsters – mostly the offspring of a kind of England, with its little rituals and myths, which was not much different from Turin during the early twentieth century – were the unsuspecting brothers of our melancholic poet. Even Gozzano in 1912 was looking for improbable physical and mental health in India; and he already understood everything when he wrote that *the English only went there for two reasons: eating and making love.* Hippies only slightly modified the project of their colonialist grandfathers, replacing food with less nutritional but more entertaining substances.

The magic buses – immortalized by the song with the same name performed by The Who – transported the imagination of western youth on the brink of modernity, with tumultuous ideas and hormones. And when rock music became the common language of that generation, it seemed natural for India to become part of it by hook or by crook. In the sense that – with all due exceptions –

music from that period was seeped with Indian flair, but with very little India. Let's take the central episode of that infatuation (the most well-known and talked about one) as an example: when The Beatles and various other celebrities of that period met with Maharishi Mahesh Yogi and their stay in Rishikesh, in the guru's den. Tabloids of the time wallowed in the news; but even musical critics wondered (and still do) about the influence that Indian music had on the songs of the four boys from Liverpool. History is not written with ifs, ands or buts: hence it cannot be ascertained whether The Beatles would have still been the greatest had they not discovered the sitar. Nevertheless, that episode was not of secondary importance, at least under the aspect of customs. And, especially, it was already written in the stars and could not have been any different. When The Beatles went to India, it was not a choice but rather a necessary step that had to be taken. It was imposed by the spirit of the times.

The discovery of India by the Fab Four from Liverpool, should one wish to consider it important because of its consequences, was not a ground-breaking event. Even from a strictly musical standpoint. The encounter between music from the east and music from the west had begun much earlier than the era of The Beatles. Jazz musicians from the post-war period opened up the way to a blend that would have had a significant impact with the advent of free. Suffice it to recall John Coltrane's explorations in modal jazz in order to recognize an artistic awareness that goes well beyond mere folk curiosity: *A Love Supreme* (with its obsessive repetition of one sentence brings to mind the idea of mantra) was not only a fundamental recording from the twentieth century, but a possible path towards mystic equilibrium through hard bop and modal jazz. In other words, in 1964 Coltrane had already reached enlightenment. As of 1961 he had embraced yoga meditation and the religious and meditative aspect is blatant in his last works, following *A Love Supreme* and all the way to his death in 1967: *Om, Ascension, Meditations* are titles that leave no room for doubt. But Ravi Shankar, during those interesting and confused 1960s in the United States, was the one who established a serious setting of collaboration between musicians of different genres; this soon led to important results even in rock, and even for The Beatles.

In perspective, and with the benefit of hindsight, I believe that the Indian influence was more determining for jazz than for rock music. Although both genres have left a deep impression on the artistic evolution of the most important names in the era astraddle the 1960s and the 1970s.

For The Beatles, India was certainly an essential element in the crucial stylistic revolution that had its focal point in *Sgt. Pepper's* (1967). But shortly after that seminal date, Miles Davis faced his fascinating electric turnaround by inserting the sitar, tambura and tabla in a late-1969 session, which was published in *Big Fun* in 1974.

Davis had his favourite pupil in John McLaughlin and took the whole thing very seriously: he was an adept of Indian spirituality when, in 1971, he began working independently and could not help but name his band the Mahavishnu Orchestra; and therefore opened up the way to world music as we know it, thanks to the Shakti project. McLaughlin's 1971 acoustic album entitled *My Goals Beyond* is still a perfect model of the East-West twist from those years. But careful in not confusing the spiritual choices of an artist with the musical ones. McLaughlin always remained firmly anchored to his Davis-style jazz extraction. A clear example of this was the episode of his encounter with Carlos Santana, when the Abraxas guitarist landed in the "meditative choice". John and Carlos were "guru brothers", pupils of another "guru to the stars", the well-known Sri Chinmoy, who counted amongst his followers even the singer Roberta Flack and Springsteen's saxophonist, Clarence Clemons. McLaughlin began following Sri Chinmoy in 1970; in 1972 presented him to Carlos, who was amazed, beginning a "path" that was destined to be suddenly interrupted only in 1981 – not without any recriminations. But meanwhile, during the first half of the 1970s, John and Carlos were animated by the enthusiasm of neophytes. The guru dumped two brand new names on him; respectively Nahavishnu and Devadip; together they wrote *Love Devotion Surrender* in 1972: it was a fundamental album for the history of fusion (or jazz rock, as it used to be call then), but also paradigmatic of tics and obsessions of the period. The title itself of the LP resorted to the essential points of Sri Chinmoy's teachings (love, devotion, surrender) and the two adepts allowed themselves to be photographed for the cover together with the guru, all dressed in white and with a very meditative air about them. But the music was, however, precisely a sort of higher jazz rock, refined, and (if you will) even "meditative"; but it had little to do with India, and that little derived from Coltrane, whom the album was largely inspired by.

If anything, the influence of Indian music was real in the work of other outstanding names of the period: we should consider, for example, Ralph Towner in some of his moments with the Oregon without forgetting (again referring to the Oregon) the extraordinary contribution of Collin Walcott, pupil of Ravi Shankar and Vasant Rai, the western prophet of the sitar and the tabla. And so on and so forth until the present: beginning with Don Cherry and *Relativity Suite* (1973), to the transversal experiments of the Indian percussionist Trilok Gurtu. The latter was another interesting figure. A native of Mumbai, he came to Europe during the 1970s and his first experiences were with the Aktuala, an Italian band that concentrated its music on Afro and oriental sounds; from then on his career was indifferently interwoven with rock and pop artists (from Andy Summers to Ivano Fossati), but especially with the jazz and fusion genres. In particular he became the most trusted collaborator of John McLaughlin. Hence it came to a full circle. And it was a jazz circle.

When compared to the creative heights reached by jazz masters in their being influenced by Indian (and in general oriental) musical schemes, many of the results in the field of rock and pop may seem rather superficial (and modest). In fact, driven by the fashion of the time (during the period astraddle the 1960s and 1970s), the production of popular music was mostly influenced by India's underlying setting, in addition to an extended use and abuse of certain traditional instruments: the sitar, first and foremost. Since raga apparently was the innocent one responsible for the endless chanting that dominated the scene back then, before punk music hit the scene and made a clean sweep of several bungles and (unfortunately) also of a few masterpieces.

But it would be misleading to put this on a purely musical level. We should rather return to one of those magic buses that, during the 1960s and 1970s, brought a confused generation of youngsters from Europe to India. Just like The Beatles – a good final example but using less uncomfortable means of transportation – those thousands of potheads pursued (obviously on the road) that magnificent obsession of throwing open the doors of consciousness; of finally attaining "awareness", whatever that was. We were in front of the ideological legacy of the Beat Generation; and before that of those who, from the twentieth century until then, had imagined a non-materialistic East; whose spirituality (or better yet what the materialistic West thought was oriental spirituality) seemed like a possible escape route from deaf and blind middle-class triteness. If you didn't succeed by smoking everything you could get your hands on, getting high on whatever you could get high on, shooting up all you could shoot up, then you headed for the beaches of Goa and lived your life naked and in meditation. Something was bound to happen.

The difference compared to Kerouac's *Dharma Bums*, beatniks of the late-1950s who searched for Enlightenment by getting high in some New York slum, was that hippies from the sixties and seventies enjoyed lower travel rates for reaching what Gozzano half a century earlier defined as "the cradle of mankind".

The journey to India was configured as such, for the counterculture of those two decades, namely a lysergic trip using other means. And the superimposition/mingling of hallucinogens and transcendence, between Indian meditation and "summer of love" in California, between Buddha and Ken Kesey became the DNA of psychedelia. That's right. Psychedelia, that's where everything happened.

Hippies wrapped in fluttering saris, dancing obliviously in Woodstock, bring to the minds of contemporary observers the same exotic manners that the grandmothers of those "flower children" used when serving tea in cups decorated with Japanese geishas and unlikely Chinese landscapes. But, compared to grandmothers and their teacups, the Woodstock population was convinced that the world was truly changing – *the times they are a-changing* – and that they were the engine of that change. As indeed was authoritatively testified by Shel Shapiro and the Rokes in their fundamental lyrics *è la pioggia che va* (original version by Bob Lind, and the lyrics that went … *so remember the rain*).

Consequently "Indian paraphernalia" became a basic part of the psychedelic iconography, just like chinoiserie and Japanese objects were for the late-Victorian (and Gozzano's) Weltanschauung (worldview). The screen decorated with samurai that Grandma owned had the same meaning (and the same cultural significance) of Indian divinities that crowded Jimi Hendrix's kitsch *Axis: Bold as Love* record sleeve. It was fashion, beauty: and therefore Vishnu happily cohabited with Fritz the Cat in Robert Crumb's cartoons, in the Haight-Ashbury pantheon and in Tom Wolfe's chronicles of the Merry Pranksters' escapades in *Acid Test*.

Psychedelic culture, and music in particular, was the offspring of this east-west short-circuit. Seeing is believing: go for a quick Internet search and listen to an Indian raga, anyone, or more simply *Bangla Dhun* – the piece that Ravi Shankar played at Madison Square Garden once he finally tuned up his sitar.

Then search for one of the infinite suites that crowded recordings (especially West Coast ones) between the late-1960s and the early-1970s. You know, those enveloping pieces that repeat and resume a musical lyric *ad libitum*, and that critics of the time loved to define as "hypnotic" rather than openly saying that some risked falling asleep. At least in certain cases. *Mona* by the Quicksilver Messenger Service fits the bill. But I suggest *Somebody to Love* and *White Rabbit*, preferably in the version performed by Grace Slick and the Great Society, that still work quite well and will not lull you to sleep. Or yet again, should you prefer something already pre-heavy metal, then we have the fundamental *In-A-Gadda-Da-Vida* by Iron Butterfly. Another enlightening piece – and I would say the most recommended – is *All Tomorrow's Parties* by The Velvet Underground.

Hear what I'm saying? That's exactly the idea (if not the structure: let's not be musical philology show-offs…). Raga. There's no escaping it. But I'm still convinced that, in most cases, our heroes did not go through extenuating studies of classical Indian music before composing those songs, but merely limited themselves to some random (albeit impassioned) listening; while especially getting high on an unknown and indeterminable amount of Lsd and other means of comfort.

It is not by coincidence that we're especially talking about West Coast musicians. It was towards the mid-1960s that India truly became the protagonist of the counterculture generation, attracting the interest of many of the musicians who buzzed around San Francisco and Los Angeles. Again, that's where the first hints of what critics of the time termed "raga rock" arose, underlining how much it owed to Indian music; this was often, but not always, certified and guaranteed by the introduction played by the traditional sitar: an instrument that at times, in absence of the original, was hastily simulated by the electric guitar. Under "raga rock" came experiments of various nature, including some of the songs by The Beatles and all the way to *Govinda* performed by Kula Shaker (whose lyrics are in Sanskrit). The Byrds were among the first who performed raga rock, filling their 1966 LP entitled *Fifth Dimension* and the 1968 album called *The Notorious Byrds Brothers* with that sound. They were the ones who influenced The Beatles, who first made a massive use of the sitar in the 1966 album *Revolver;* this was subsequent to the fact that *Norwegian Wood* (a track on their *Rubber Soul* album that was released in England in December 1965) had established what expert hot-shots guarantee to be one of their many record-breaking achievements: the absolute first appearance of the sitar in a western song. John Lennon was the one who composed *Norwegian Wood* and George Harrison played the sitar in the song. As it so happens, during the summer of 1965 both John and George had spent an interesting day of lysergic trips inside a Los Angeles villa, while listening to Indian music in the company of David Crosby and Roger McGuinn from The Byrds. John had no idea of the subject until then – I mean Indian music because he could not be beaten on the subject of Lsd. While it seems that George had already overheard something on the sitar since the times of *Help!*

But the fact is that the sitar rose to power in that crucial 1966: while The Beatles built *Revolver* around the instrument, the Rolling Stones used it (entrusted to the talented hands of Brian Jones) to give *Paint It Black* a kind of flair that was more Arabian than Indian in style. But Harrison, completely flipped, tested himself in *Revolver* with Indian rhythms and melodies; to the point of composing *Love You To* without the help of his three partners, but flanked by Anil Bhagwat at the tabla and by other musicians from the subcontinent. Yet it is interesting to note that in the contemporary *Rain*, released on side-B of *Paperback*

Writer in June 1966, Lennon did suggest the idea of attaining transcendence (he managed to do so quite well during that period, but using Lsd rather than meditation): but the suspended and dreamy atmosphere of the song was the result of artificial devices employed in the recording studio (which aroused the band's curiosity back then) and not of supposed oriental inspiration.

During that period Ravi Shankar, who was discovered by Lennon and Harrison thanks to David Crosby, came onto the scene. George decided to take sitar lessons from him during his first trip to India: a trip that anticipated by more than a year The Beatles' visit to the court of Yogi Maharishi, which Harrison embarked upon with the intention of truly learning something about subcontinent music. But the one who gained the most from that learning trip was Ravi Shankar, who was blessed with some unexpected international fame when newspapers published his picture with his "Beatle" student; subsequently in 1967 the album entitled *West Meets East*, where Shankar played in a duet alongside Anglo-American violinist Yehudi Menuhin, was (rather unexpectedly) an international hit. In any case, even George turned into account the teachings of the *maestro:* the occasion was represented by the definite recording in the history of The Beatles, namely *Sgt. Pepper's*, which was released in June 1967. At the beginning of side- B, Harrison inserted his *Within You Without You* – the song that fulfilled the Indian dream of The Beatles' guitarist and that perhaps marked the birth of world music. It certainly certified a definite Indian influence on Anglo-Saxon rock, which was celebrated a few months following the mass migration of celebrities towards Maharishi Mahesh's ashram. The story is well-known: besides the firmly converted Harrison, the only one who gained some concrete benefits from the trip was Lennon as in that occasion Donovan (who was in turn one of the guru's temporary followers) taught him the secrets of open string tuning. But to do that they could have even met in

London, without travelling through such a distance and undergoing many hardships.

In the meanwhile, on the outskirts of the Empire, in the land of Italy that had hastily revamped the eternal melody *Grazie dei fiori* with the sounds of beat music, that infatuation with India produced so many trite imitations and some curious variations. While Sergio Leone invented spaghetti-westerns, with the complicity of the radio programme called *Per voi giovani*, Alan Sorrenti obsessed the ears of Italian teenagers with his spaghetti-India songs entitled *Aria* (1972) and *Come un vecchio incensiere all'alba di un villaggio deserto* (1973): but the famous lyric "vorrei incontrarti lungo le strade che portano in India" (I wish I could meet you along the roads leading to India) remains the Manifesto of a vast and ambitious project that was never fulfilled since Alan shortly decided to head for California and then back as a *figlio delle stelle* (star child).

The crypto-Gozzano artist named Francesco Guccini could not escape certain influences. Well, not all that cryptic considering the fact that his song *L'isola non trovata* is a revised version of one of Gozzano's writings: and in that same album, in 1970, the *maestrone* from Pavana performed *Asia*, a song that today seems truly extravagant, but perfectly mirrored the setting of the time. Do you remember?: "S'arriva dai santuari, fin so-pra l'alta plancia, il fumo della gangia e dell'incenso"… (The smoke from the ganja and incense climbs all the way up, towards the high plank, reaching the shrines). Oh, well.

And, finally, once again let's go back on board our magic bus travelling on the road to India. This road was abruptly interrupted at the end of the 1970s, with the political upheavals that changed the face of the Middle East and turned the land route going from Istanbul to India a dangerous one. But there was something new even in the West. Flower children were about to become the wolves of Wall Street; lysergic drugs that promised reawakening of the mind were banished by heroin, which caused numbing of the mind; and the crudeness of punk music swept away all dreamy psychedelic atmospheres.

On the beaches of Goa, like castaways, remained the indomitable bastions of that generational infatuation: the odd aging hippie and a few musicians. And music never ends. It evolves, continuing with the interweaving of sounds, yoga and drugs. Already in 1974 The Cosmic Jokers, a collaboration between Ash Ra Tempel and Klaus Schulze, gave a glimpse of what one day would be called Goa Trance: the strange encounter between psychedelic rock, Indian folk and (at a later date) techno music. An encounter whose results, until the 1990s, colonized rave parties in the West. But that's another story.

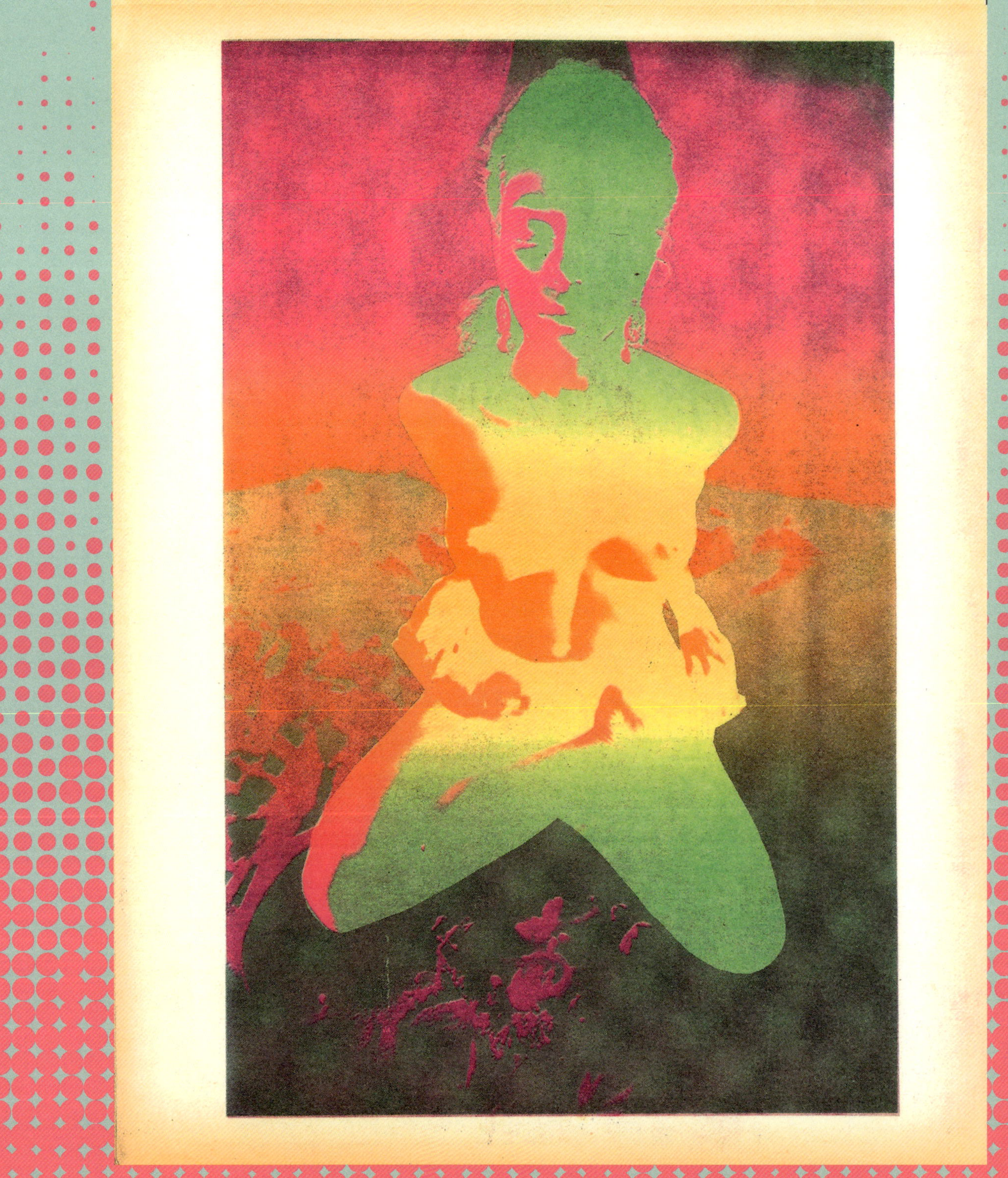

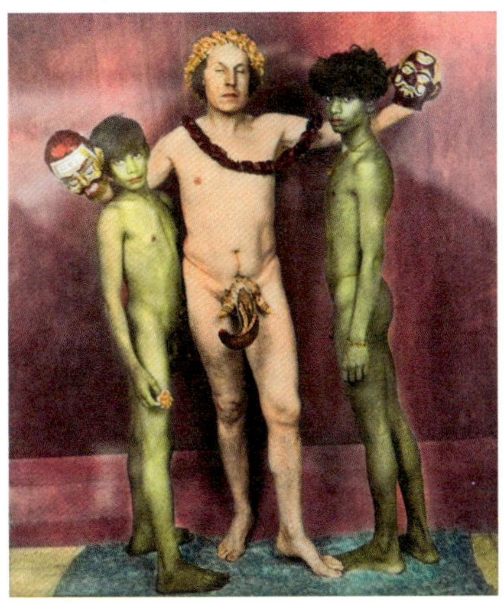

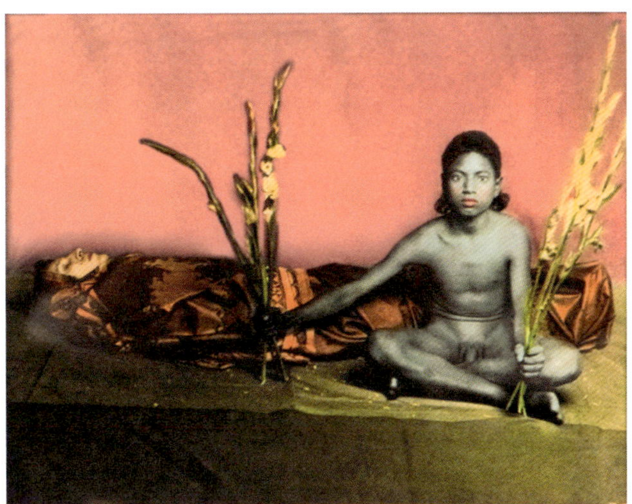

Luigi Ontani, *Tre Grace's Kalt after effectes snake Kiss*
anni ottanta-novanta / 1980s-1990s
fotografia acquerellata / watercoloured photograph, 29 x 25 cm
Varese, collezione privata / private collection

Luigi Ontani, *I Doli Gladioli Idilli*, 1993
fotografia acquerellata / watercoloured photograph, 21 x 27 cm
Varese, collezione privata / private collection

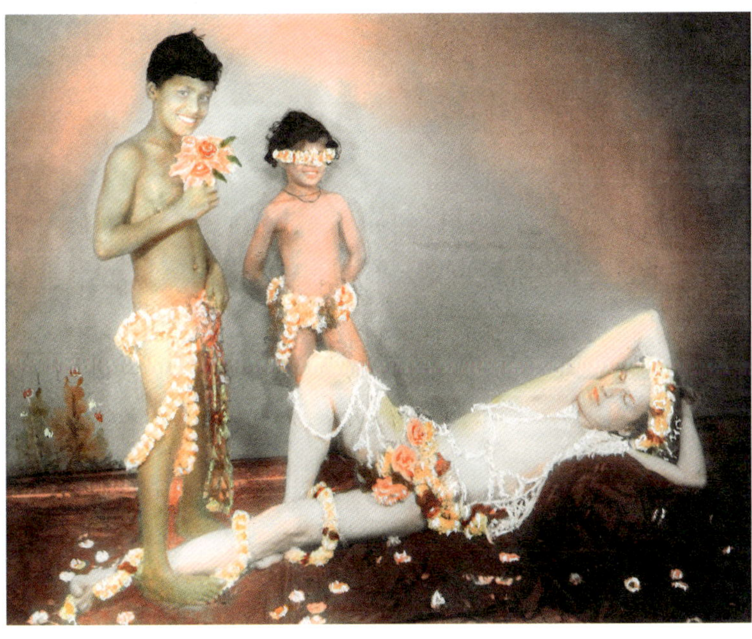

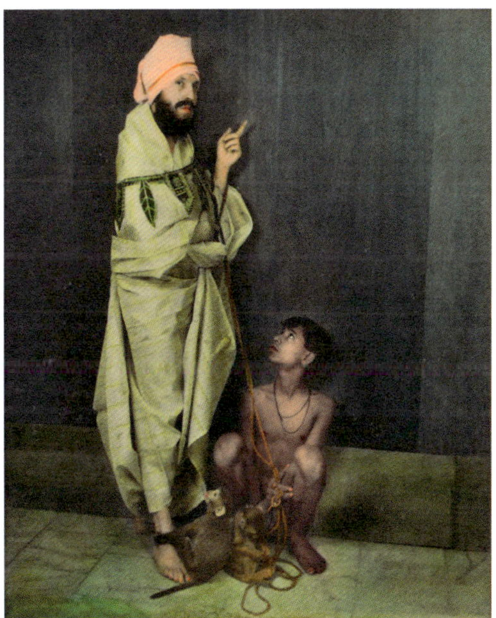

Luigi Ontani, *Amor sacro, Amor profanny*, 1993
stampa ai sali d'argento colorata a mano
handcoloured gelatin silver print, 31 x 39 cm
Courtesy Claudio Poleschi, Lucca

Luigi Ontani, *Sonal Annunciazione*, 1996
fotografia acquerellata / watercoloured photograph, 31 x 26 cm
Courtesy Claudio Poleschi, Lucca

nella pagina accanto / on the opposite page
"South California Oracle", n. 8, 1968

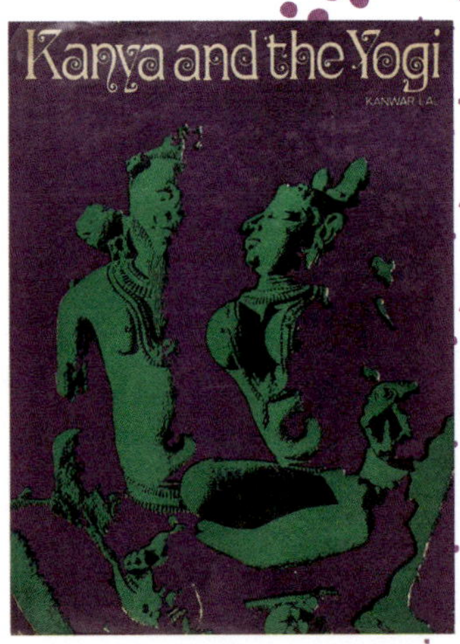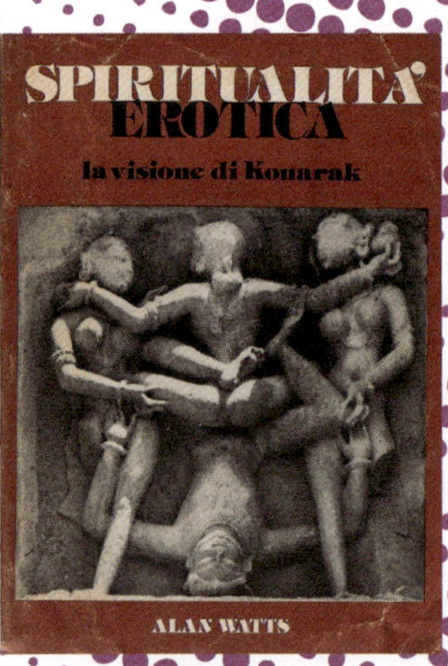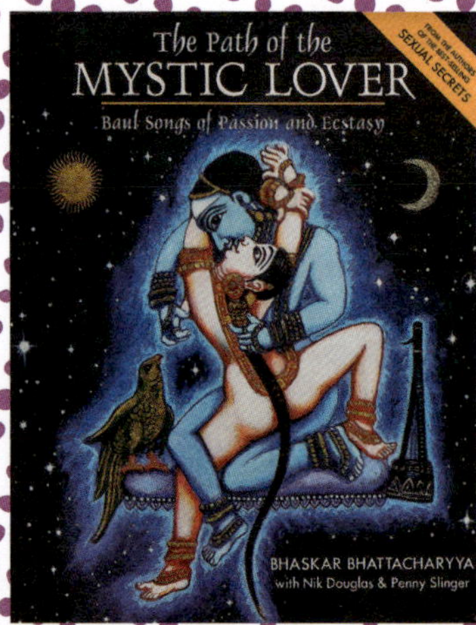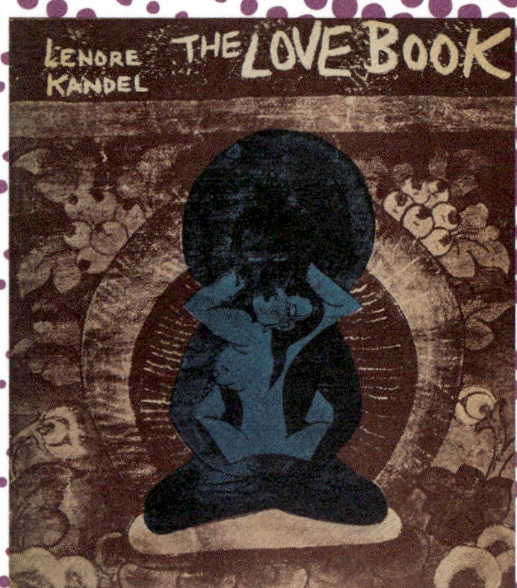

Kanwar Lal, *Kanya and the Yogi*, Dehli: Arts & Letters,
Delhi 1970, copertina / cover

Alan Watts, *Spiritualità erotica. La visione di Konarak*,
con fotografie di / with photos by Eliot Elisofo,
Stampa Alternativa, Viterbo 1971, copertina / cover

Bhaskar Bhattacharyya, con / with Nik Douglas & Penny Slinger,
The Path of the Mystic Lover. Baul Songs of Passion and Ecstasy,
Inner Traditions, Bear & Company, Rochester, Vermont 1993
copertina / cover

Lenore Kandel, *The Love Book*,
Stolen Paper Review, San Francisco 1966
copertina / cover

Julian Schnabel, *Eddie Stern* (*Shiva*), 2007
stampa inkjet, olio, resina, gesso su poliestere
inkjet print, oil, resin, gesso on polyester, 271,8 x 195,6 cm
Courtesy Gian Enzo Sperone, Sent

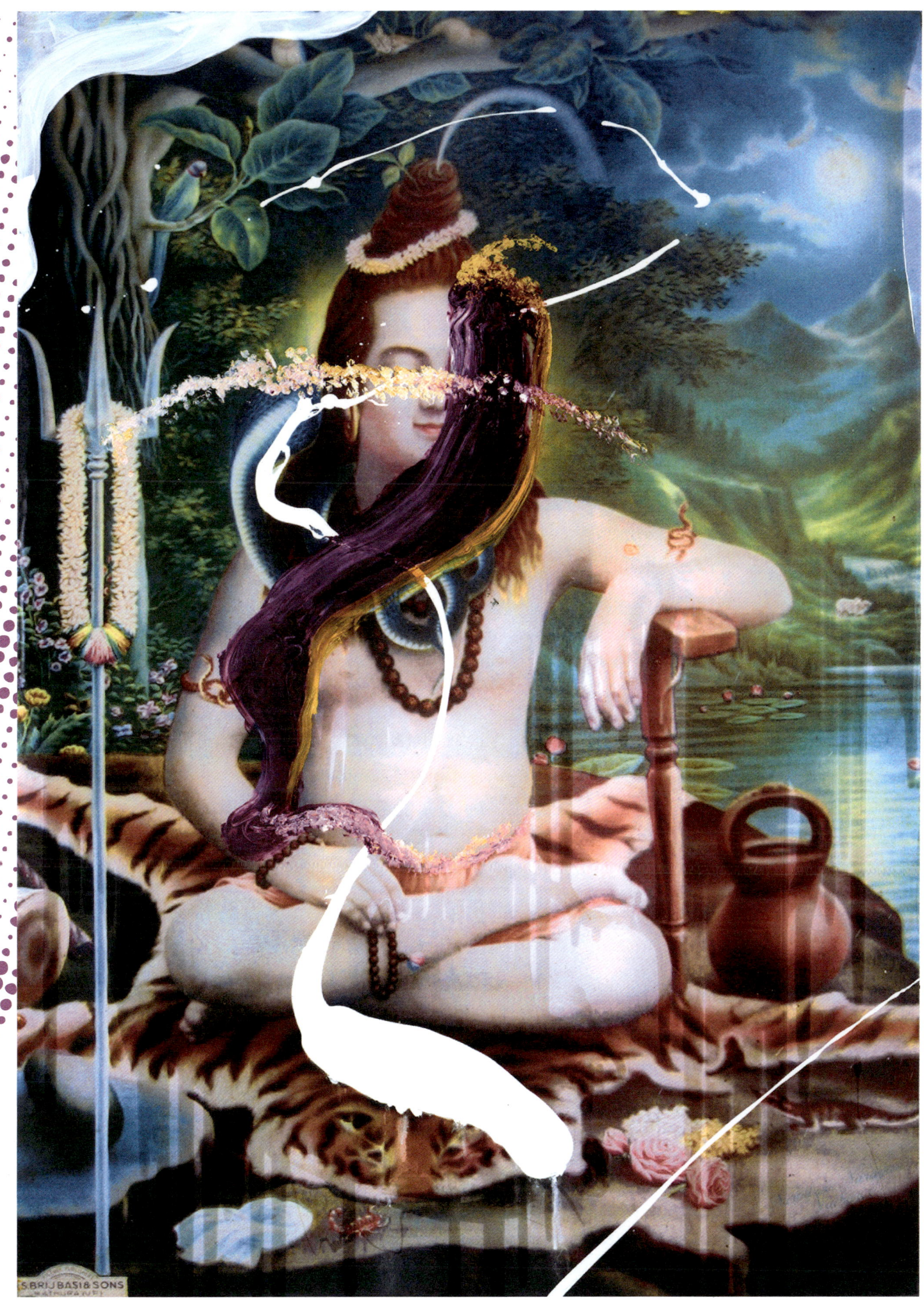

S. BRIJ BASI & SONS

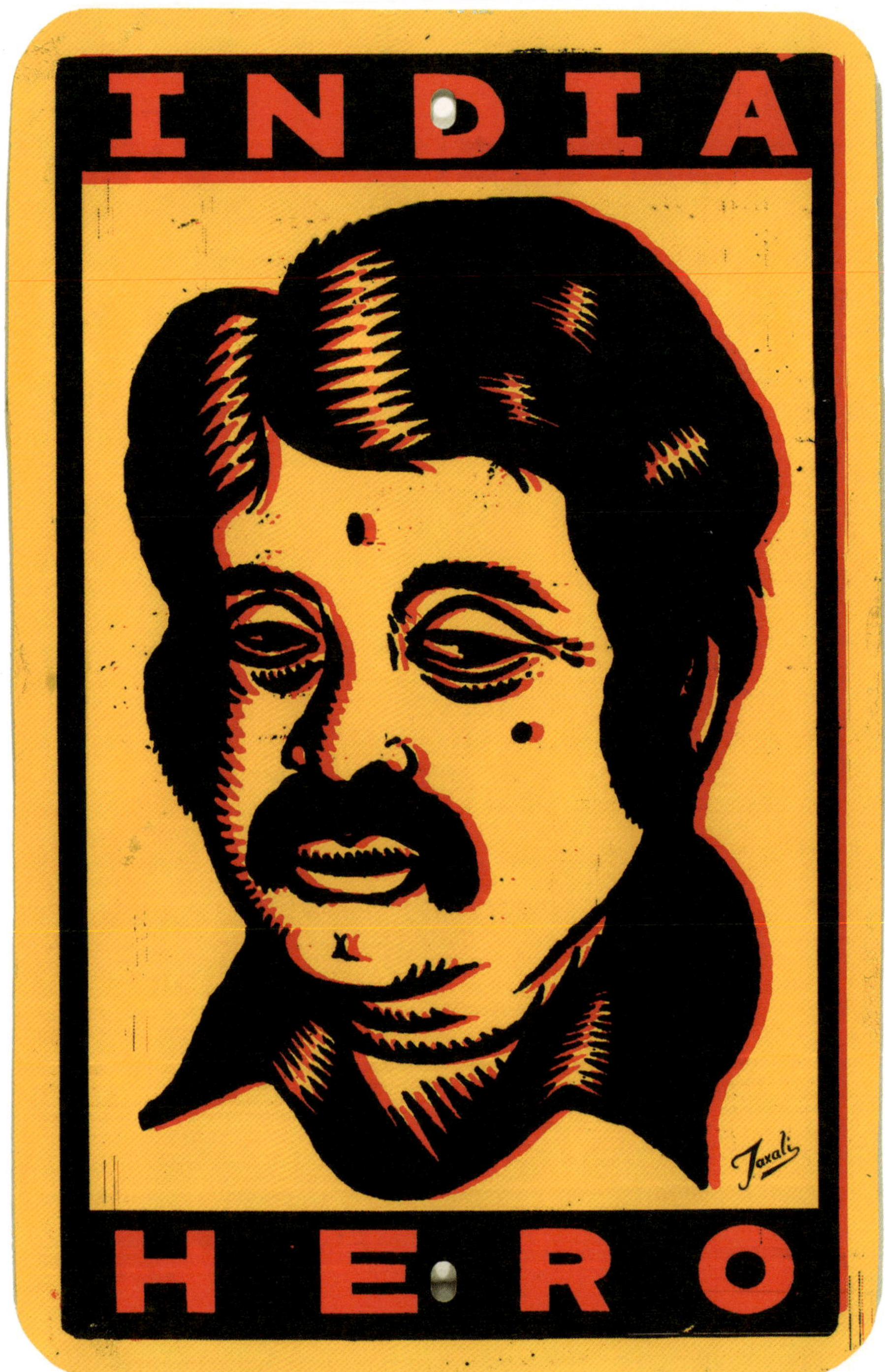

Gary Taxali, *India Hero*, 2008
smalto su alluminio / enamel on aluminium, 59,7 x 39,4 cm
Milano, collezione privata / private collection

Salvo, *Buddha*, 2013
olio su tela / oil on canvas, 69,5 x 55 cm
Courtesy Archivio Salvo, Torino

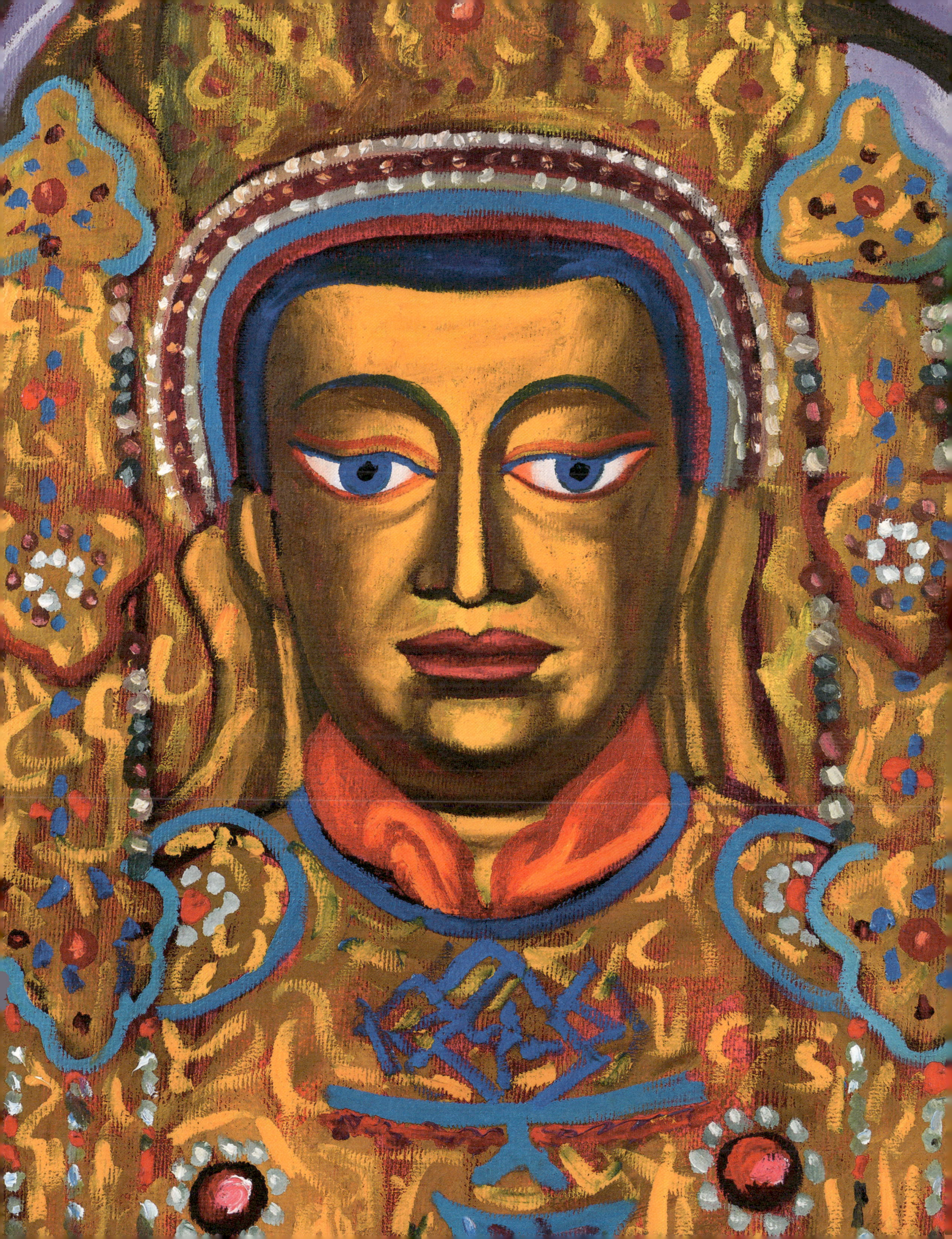

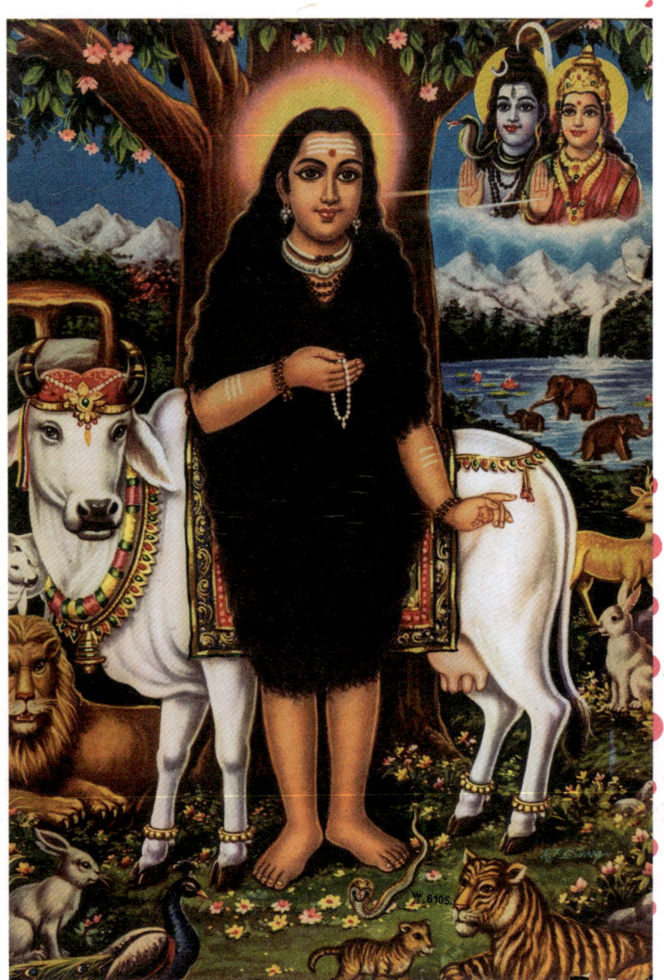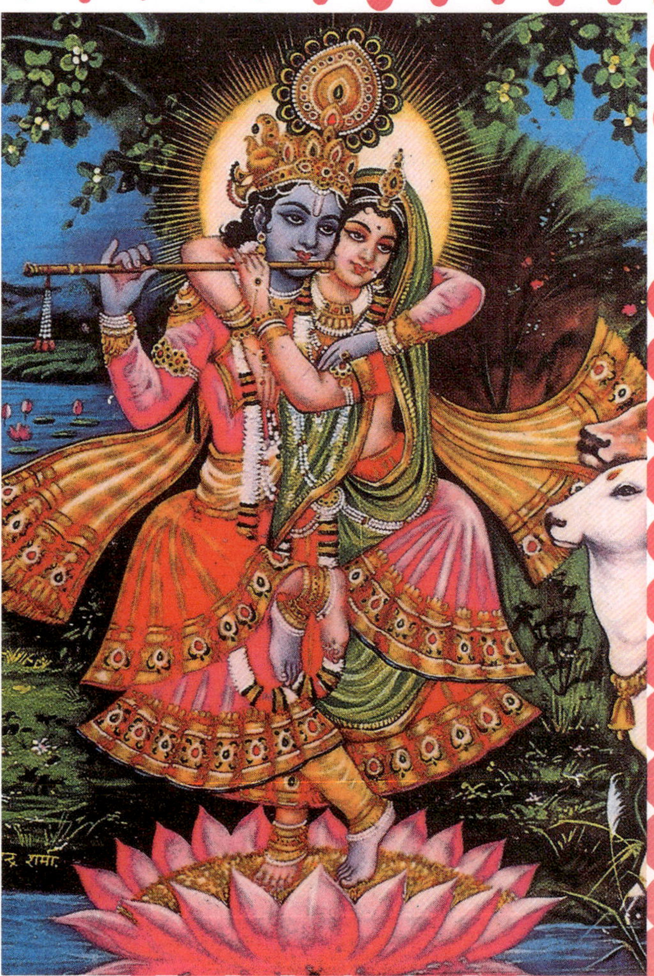

Poster, cartoline votive e francobolli, anni settanta
Posters, votive cards and stamps, 1970s
edizioni originali indiane / original Indian editions
dimensioni variabili / different sizes

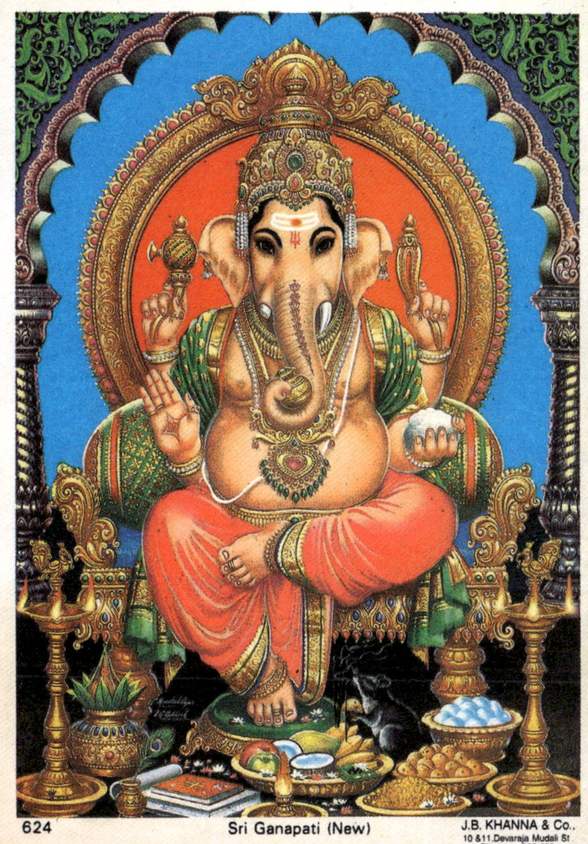

624   Sri Ganapati (New)   J.B. KHANNA & Co., 10 &11.Devaraja Mudali St. Chennai - 600 003.

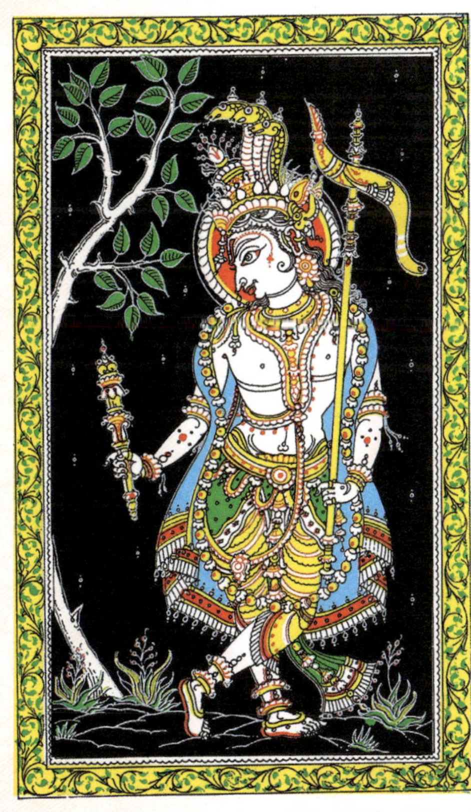

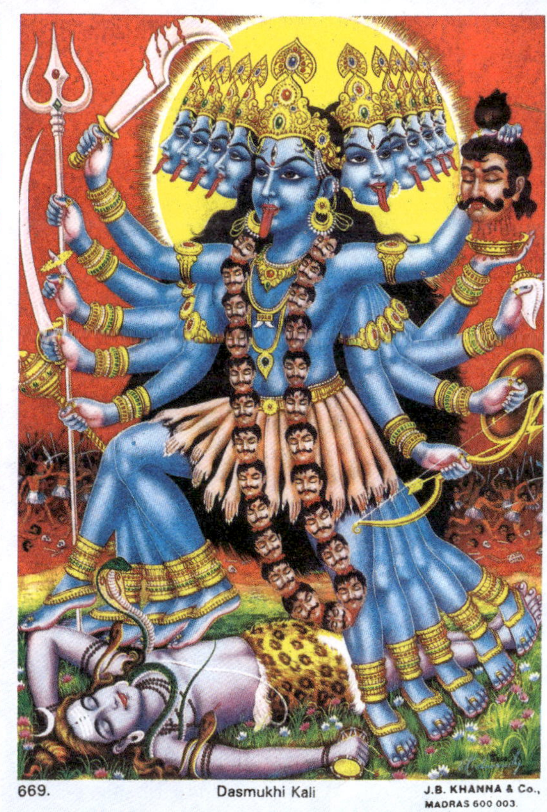

669.   Dasmukhi Kali   J.B. KHANNA & Co., MADRAS 600 003.

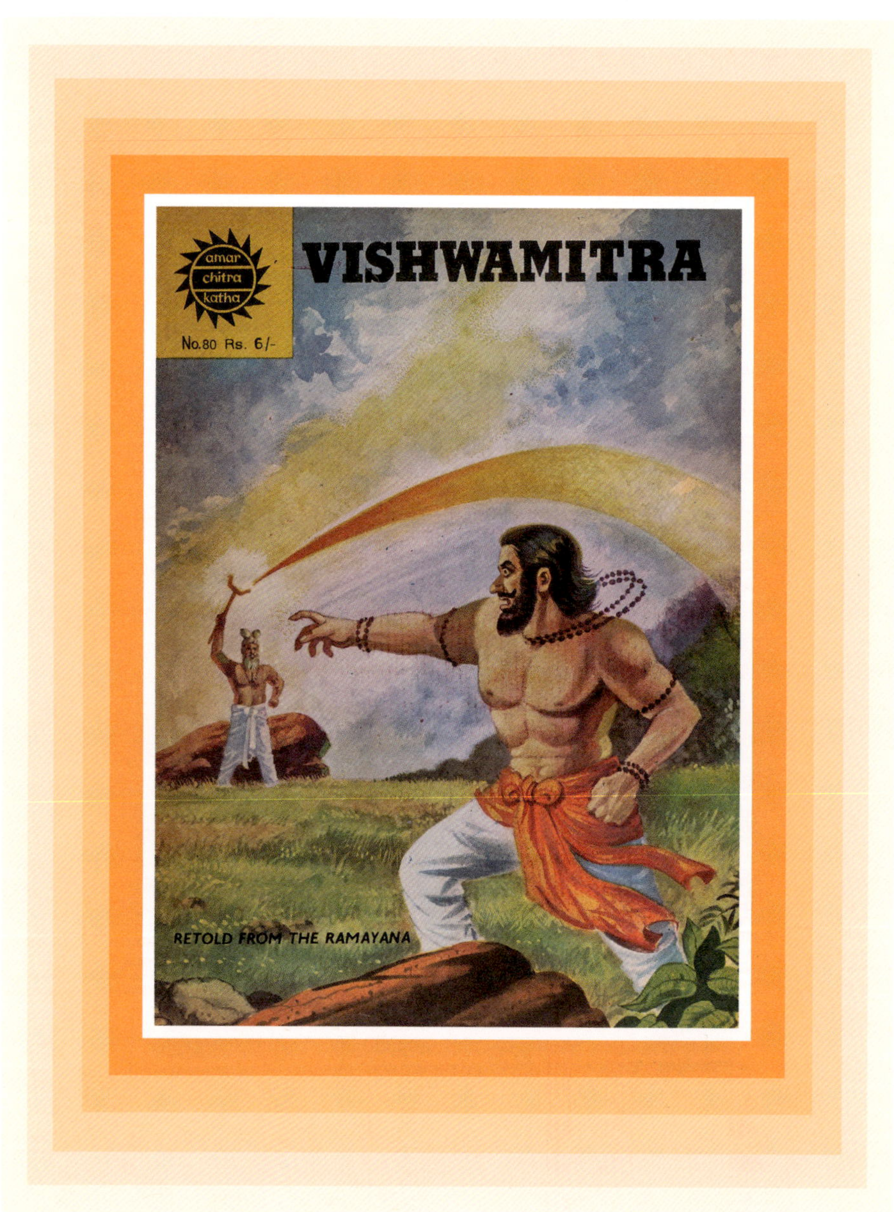

Vishwamitra, Amar Chitra Katha, n. 80, India Book House, Mumbai anni settanta / 1970s
copertina / cover

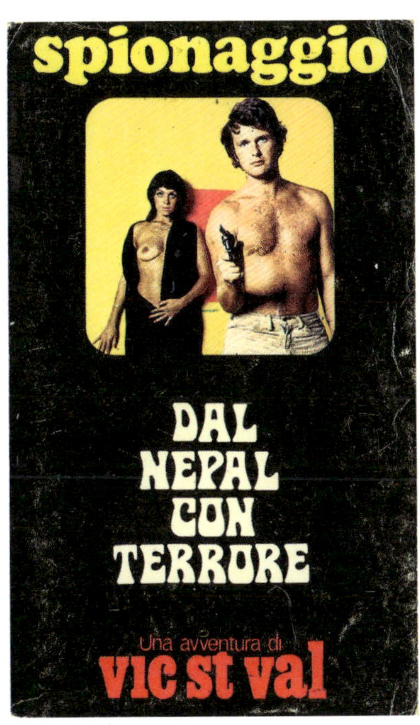

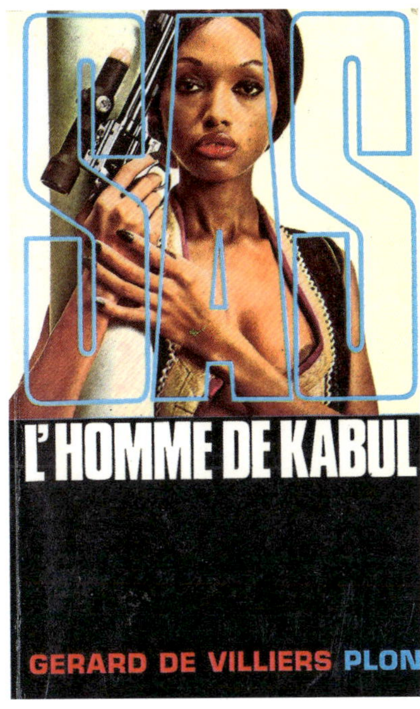

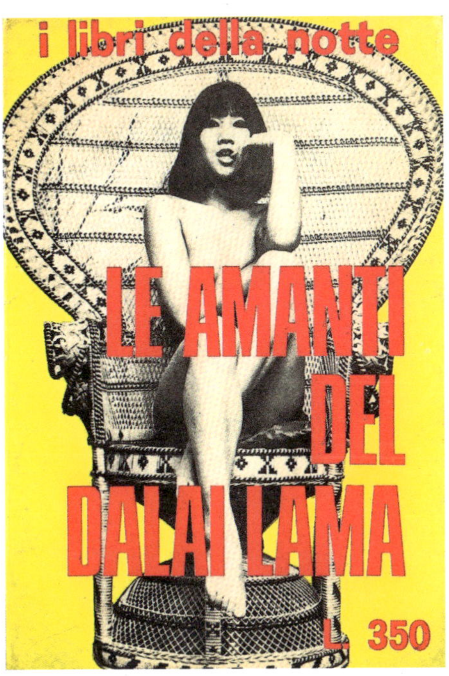

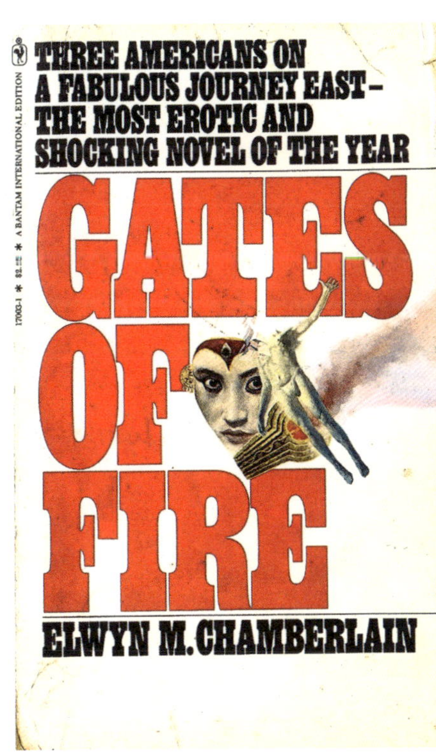

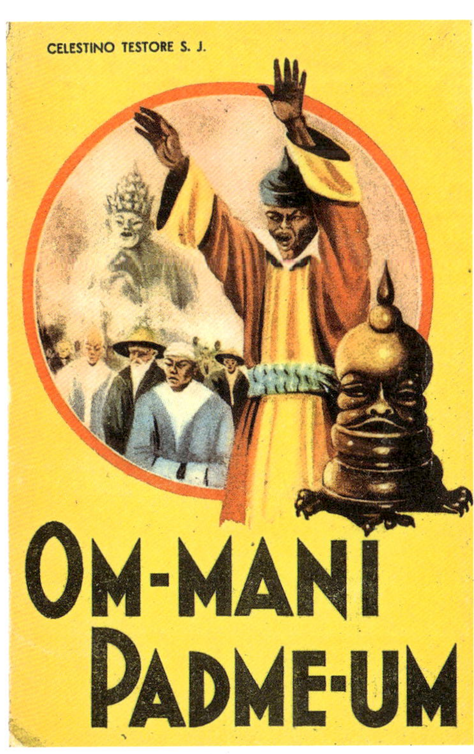

Dal Nepal con terrore. Un'avventura di Vic St Val, Spionaggio 5, Milano 1973
copertina / cover

Gerard De Villiers, *L'homme de Kabul*, Plon, Paris 1972
copertina / cover

Deyo Christian-Nottle, *Le amanti del Dalai Lama*, Permens Editrice ("I libri della notte"), Milano 1969
copertina / cover

Elwyn M. Chamberlain, *Gates of Fire*, Bantam Books, New York 1978
copertina / cover

Celestino Testore S.J., *Om-Mani Padme-Um*, Le Missioni della Compagnia di Gesù, 1951
copertina / cover

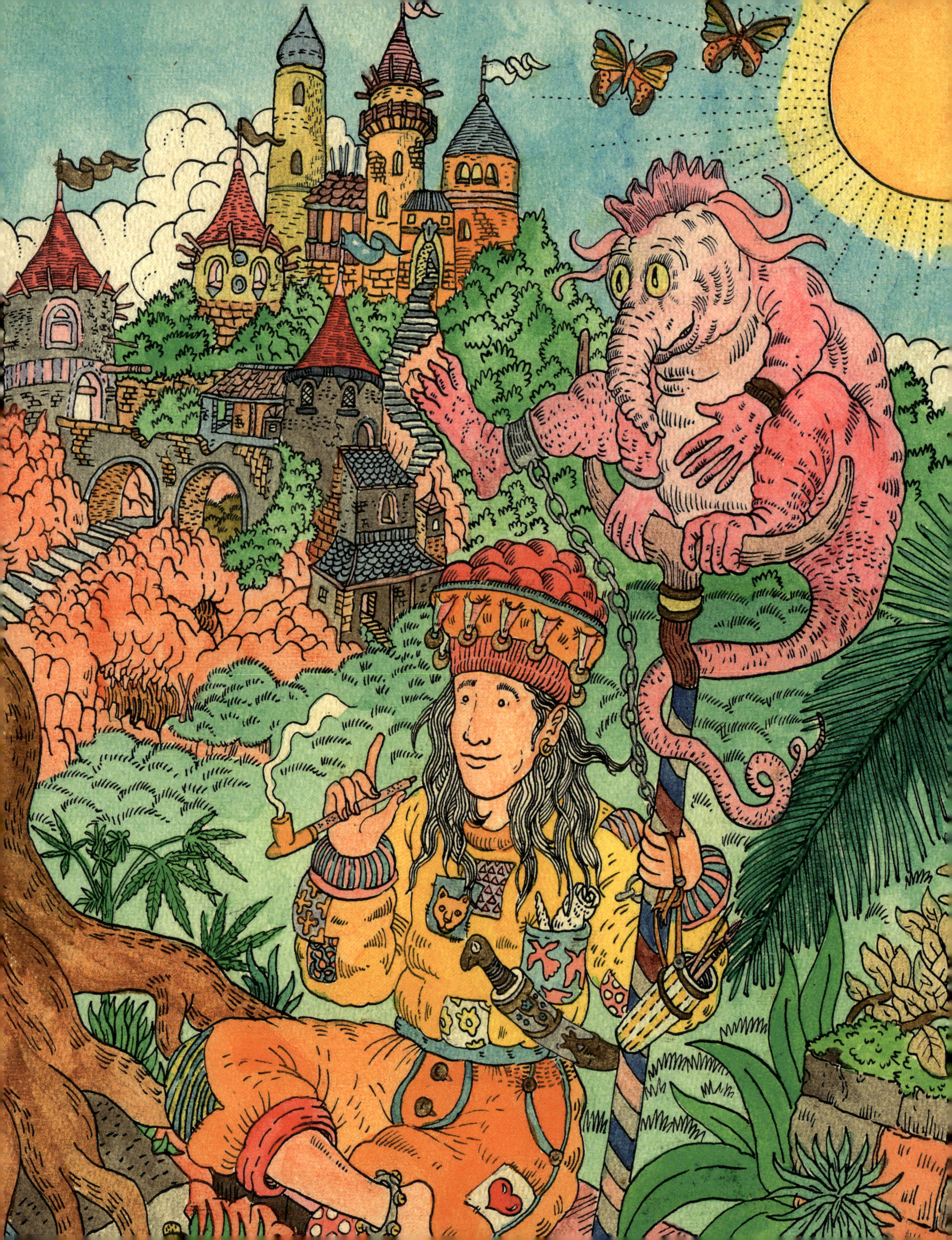

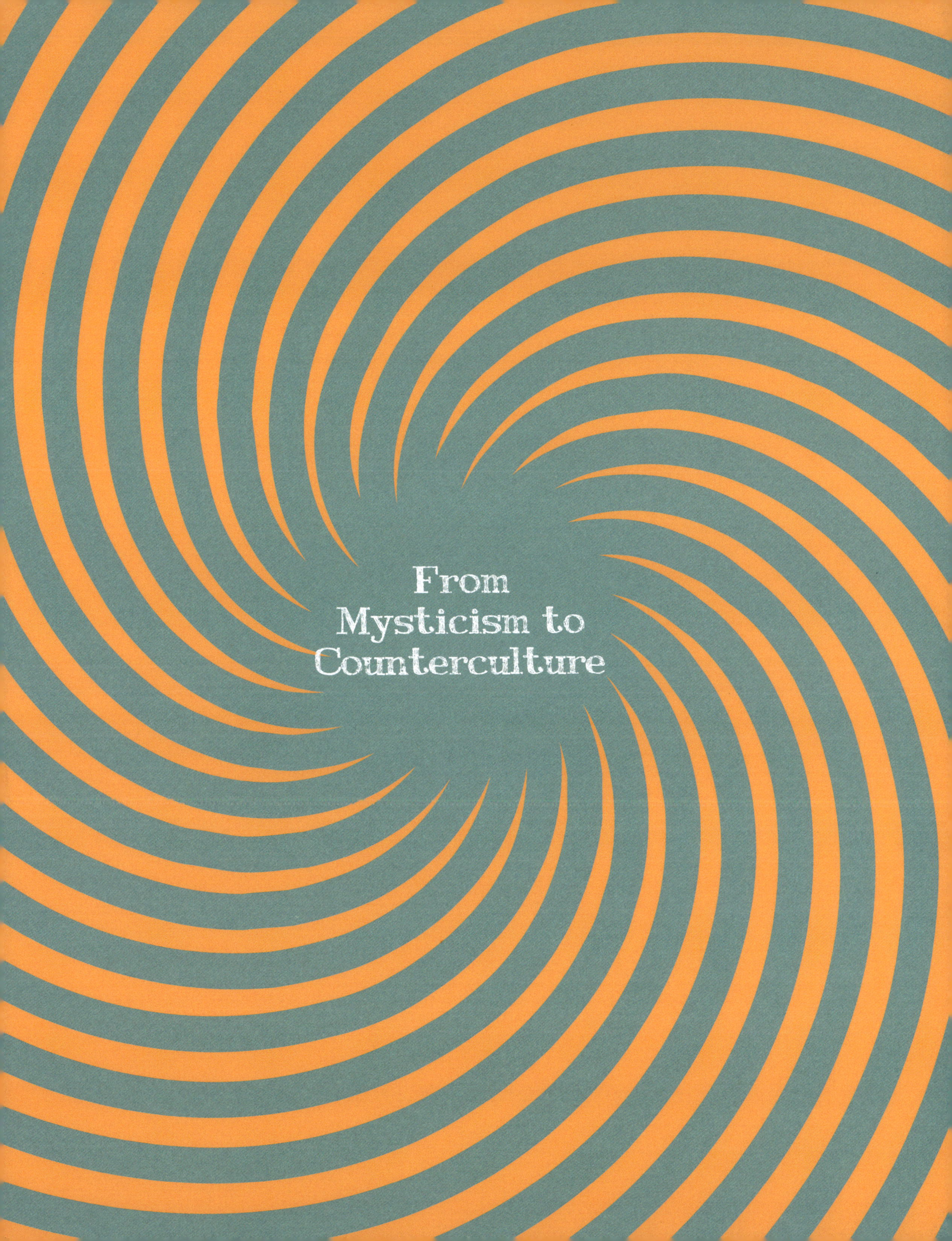

From
Mysticism to
Counterculture

STEVE DELLA CASA

Upanishad vs libretto rosso, storia di uno strano rapporto

IL 13 OTTOBRE 1966 LA POLIZIA FERMA all'aeroporto di Linate un capellone, il trentenne Vittorio Di Russo di Latina. Ha capelli lunghi, abiti trasandati, lo sguardo leggermente spiritato. Ha un regolare passaporto ma si rifiuta di esibirlo alla polizia di frontiera. Sostiene che non deve farlo: lui è cittadino del mondo, arriva dall'Olanda dove ha frequentato i provos, vuole compiere una missione di pace a Cuba e in Russia, e recarsi anche in India.

Credo che sia la prima volta che l'India stessa venga accostata al disagio giovanile, a quelle ingenue prime epifanie di una contestazione che saprà essere molto più incisiva e anche molto meno poetica. Tra l'altro, quel trentenne di Latina (regolarmente irriso per chioma e barba dal "Corriere della Sera") non si fermerà a quella provocazione che gli procura una notte in guardina. Solo due giorni dopo, infatti, nasce la rivista "Mondo Beat", della quale sarà strenuo organizzatore. Quella rivista ha sede in viale Monte Nero, che adesso è una zona chic di Milano, ma che allora era un quartiere molto popolare (lo dimostrerà il gran numero di sedi della sinistra extraparlamentare che nel decennio successivo troveranno dimora in quella zona). "Mondo Beat" attira tanti capelloni: alcuni dormono nelle stanze della redazione, altri (soprattutto quando verrà primavera) direttamente in strada. E le polemiche iniziano. Ma il culmine avviene quando l'1 maggio 1967 (dopo aver pagato regolarmente 140.000 lire per quattro mesi d'affitto) "Mondo Beat" organizza un campeggio in via Ripamonti, dove c'è uno spazio verde. L'annuncio è accompagnato da un manifestino: "Donate 50 chili di pasta al giorno a chi frequenta il campeggio, aiutateci a contestarvi". Un cronista della "Notte" scrive che è facile, in quel campeggio, diventare omosessuali e che ogni tanto arriva la droga. E aggiunge che si sentono nenie indiane, senza precisare (come faranno Cochi e Renato in una nota canzone) se si tratta di "indiani veri o di quelli che han fame". Ma qualcosa fa pensare anche in questo caso all'India, visto che Gandhi viene citato quando il 12 giugno viene sgomberata "Barbonia City" (la definizione è sempre della "Notte") con i campeggianti che alzano le mani in segno di non violenza. Finisce Barbonia City, finisce anche "Mondo Beat".

Insomma, in quegli anni che precedono la "grande fiammata" delle università occupate e delle fabbriche in sciopero l'India viene vissuta come un altrove positivo, carico di energie. Sono anche gli anni che vedono tutti gli underground italiani nelle varie discipline schierarsi per la contestazione. La Cooperativa Cinema Indipendente, ad esempio, che durerà ben poco. O anche l'idea che ebbero Mario Schifano e Mick Jagger di fare una società per produrre film (idea durata solo una notte, perché l'alba del giorno dopo vide tra i due un conflitto insanabile per via di una ragazza contesa). Ma la cultura indiana (o meglio l'India mistica vista dalla cultura occidentale) dimorerà per ben poco tempo nelle file della contestazione. E ben presto diventerà qualcosa di alternativo, e poi decisamente di opposto. Il 19 novembre 1972, il numero 16 della rivista "Re Nudo" (una sorta di Bibbia per chi viveva la contestazione anche come fatto culturale) ospita la lunga lettera di un certo Franco di Milano che spiega "alcune delle ragioni per cui arrivato in India da scoppiato mistico me ne sono tornato due anni dopo comunista". Questo all'interno di un dibattito che la rivista aveva aperto già nel 1971, con un editoriale nel numero 9 in cui si affermava: "Il viaggio in India è come l'acido, uno strumento che ti può servire per l'allargamento della coscienza e nello stesso tempo per altre persone può

p. 148: Matteo Guarnaccia, *Randol*, 1979, acquerello su carta / watercolour on paper, 35 x 25 cm. Courtesy Collezione Matteo Guarnaccia, Milano essere la fuga dalla realtà, la ricerca di un paradiso che non troveranno mai". E che continua nel numero 20 del 1973 con un dettagliato ventaglio di consigli pratici per chi vuole viaggiare in India (come spendere poco, come non ammalarsi, dove trattano bene i freaks…). E nel numero 28 dell'anno successivo, una nota breve segnala che la terza classe è stata abolita sui treni indiani, quindi chi ci vuole andare ha bisogno di più soldi.

La prima svolta arriva sul numero 30 di "Re Nudo", ancora nel 1974. L'inchiesta "in due puntate" sul gruppo misticheggiante dei bambini di Dio ha un titolo inequivocabile: "Non sono figli di Maria, saran figli della Cia". I bambini di Dio oggi non se li ricorda più nessuno, ma erano la versione occidentale del misticismo che si ricercava dalle parti dell'India. Anche se in realtà con l'India vera e propria non aveva niente a che fare: era stato fondato in Arizona nel 1967, si era espanso anche in Europa con una certa rapidità, predicava l'amore universale (e la donazione di quanto si possedeva al gruppo), prevedeva un proselitismo fatto di nenie cantate nel centro delle città più grandi, obbligava a vestire uno scamiciato arancione e a portare campanellini legati al capo, ebbe una stagione di visibilità per poi sparire senza lasciare traccia. Ma quel titolo prima citato era molto più che una battuta. Era una scomunica: essere accostati alla Cia, in un periodo in cui c'erano colpi di Stato riusciti (Grecia, Cile) e tentati (qui da noi), nei quali i servizi segreti americani forse non erano del tutto estranei, quell'accusa era molto grave per chi frequentava certi ambienti. Proprio in quell'anno Pino Masi, il cantautore che aveva scritto l'inno di Lotta Continua, propose una canzone dedicata a una ragazza che voleva andare in India ma che cambiava idea dopo essersi accorta delle ingiustizie che avvenivano nella fabbrica sotto casa. E sempre "Re Nudo" ospita due dibattiti con Claudio Rocchi, il più "indiano" dei cantautori che suonavano alle feste della rivista e nelle iniziative della sinistra extraparlamentare. Il tema di questi dibattiti può essere così sintetizzato: caro Rocchi, ti piace più l'India o l'impegno nella lotta di classe? Rocchi in quegli incontri appare schierato, preferisce combattere con chi fa la lotta di classe. Però nel dicembre 1968, a sentire Ravi Shankar, al Teatro Lirico di Milano di gente di spettacolo c'erano solo lui e Maurizio Vandelli dell'Equipe 84. E Rocchi ha recentemente raccontato di essere stato accolto da Shankar nel camerino. Il famoso musicista indiano gli nega l'autografo che il giovane Rocchi gli chiede, ma lo congeda con un detto sacrale dicendo che è lo stesso consigliato a George Harrison. Forse Rocchi non è del tutto sincero quando dice di preferire lo schieramento con l'estrema sinistra al fascino del misticismo indiano. Infatti, nel 1977, quando quell'impegno politico appare definitivamente deformato dalla violenza e soprattutto dall'assenza di prospettive, Rocchi si trasferisce a lungo in India. E forse avrà incontrato da quelle parti proprio Andrea Valcarenghi, il leader carismatico di "Re Nudo" che proprio in quegli anni annuncia la sua scelta mistica e fa sembrare tutto quanto aveva scritto sino a quel momento come una sorta di non detto interiore.

Invece nel cinema non si trovano praticamente tracce del misticismo indiano e del dibattito a esso collegato. Ed è strano, perché il dibattito su cinema politico e cinema militante è stato molto vivo nell'Italia degli anni settanta, cioè dell'ultimo decennio in cui il nostro cinema ha avuto una grande diffusione a livello planetario. Ci sono spiegazioni per questo fenomeno? Sicuramente sì. Quando Jonas Mekas e P. Adams Sitney vennero a Torino nel 1967 e parteciparono a un incontro fiume nei locali dell'Unione Culturale, ogni tanto citavano la cultura e la religione dell'India (Mekas, ad esempio, disse in quella sede che "il fiume del cinema underground può essere più sacro del Gange"). Ma interessava altro, a quel pubblico di creativi messo insieme da Angelo Pezzana e che vedeva fianco a fianco un futuro artista come Ugo Nespolo, un futuro docente come Paolo Bertetto e un futuro regista militante come Armando Ceste. Interessavano la trasgressione, la lotta, la creazione di altri spazi creativi, e a nessuno di loro passava in testa di cercarli in riva al Gange.

L'India fa capolino anche in "Tampax", la rivista post beat che Giulio Tedeschi mette insieme tra mille scontri diretti o indiretti negli anni settanta. Di quell'esperienza (e di altro) ha recentemente parlato in un libro che si intitola *Madras Ice Cream*. Madras però fa capolino adesso e non allora, se non in qualche verso di Gianni Milano. E per tornare al cinema, è notevole osservare che Gianni Milano (il più noto poeta beat torinese, uno dei più noti in Italia) non appare al cinema nei film di Tonino De Bernardi, come sarebbe stato lecito attendersi, bensì in uno strano cinegiornale dell'Istituto Luce girato nel 1974, probabilmente dal regista militante Ennio Lorenzini, che racconta una performance poetica di Milano nella piazza CLN dove, pochi mesi dopo, Dario Argento girerà *Profondo rosso*, il suo film più famoso.

Il cinema underground ignora l'India e l'influsso che il suo misticismo ebbe qui da noi e del quale troviamo traccia in commedie come *Il profeta* (1967, con uno dei fondatori di "Mondo Beat", che fece una pubblica dichiarazione contro il film sentendosi preso in giro) o *Sono un fenomeno paranormale* (1982, un film del declino triste di Alberto Sordi). Se poi cerchiamo nel cinema d'autore, troviamo un santone solo nel 1991, con lo sconosciuto *La ballata di Ren Ham* di Maurizio Angeloni, che è una vera e propria prova di umorismo involontario. Il perché forse è evidente, ma lo è ancora di più se prendiamo una recente dichiarazione del cantautore Gian Pieretti (quello di *Pietre*) a proposito dell'ottobre 1966, quando gli capitò di accompagnare Jack Kerouac in un giro di conferenze attraverso l'Italia: "Eravamo sempre insieme, parlavamo di tutto. Un giorno Jack iniziò a parlare dell'India, ma io gli dissi subito: 'Ma qui è l'America che interessa, mica l'India'. Lui sorrise e non ne parlò più".

STEVE DELLA CASA

The Upanishads vs. The Little Red Book, History of a Strange Relationship

On 13 October 1966, at the Linate airport in Milan, Police arrested a long-haired man in his thirties named Vittorio Di Russo from Latina. He had long hair, shabby clothes and a slightly haunted gaze. He possessed a regular passport but refused to show it to the border police. He claimed that he did not have to: that he was a citizen of the world, arriving from Holland where he attended Provo movements, wanted to conduct a peace mission in Cuba and Russia, even wanting to travel to India.

I believe that was the first time India was ever accosted to the distress of the young generation, to those naïve early epiphanies of protests that would soon be much more effective and even much less poetic. Among other things, that thirty-year-old from Latina (who was regularly made fun of for his hair and beard by the *Corriere della Sera* newspaper) did not surrender to the challenge; causing him to spend a night in jail. In fact, only two years later the *Mondo Beat* magazine was founded – of which he would be a strenuous organizer. The premises of that magazine were in via Montenero, presently an elegant quarter in Milan, but one that was very popular back then (demonstrated by a large number of extra-parliamentary left seats located in that area over the following decade). *Mondo Beat* attracted a large number of hippies to its premises: some slept in the editorial rooms, others (especially when spring came 'round) slept directly on the street. And so controversies began. But the epitome was on 1 May 1967, when *Mondo Beat* (after having regularly paid 140,000 Lire for four months' rent) pitched some tents in a small park area in via Ripamonti. The announcement was accompanied by a flyer: "Donate 50 kilos of pasta a day to those attending the campsite, help us protest against you". A reporter working for *La Notte* wrote that it was easy to turn into a homosexual in that campsite and that drugs sometimes made an appearance. And he added that Indian chants could be heard, without specifying (as the duo Cochi e Renato would in one of their songs) whether they were "indiani veri o di quelli che han fame" (real Indians or those who suffer starvation). But there was something that, once again, made one think of India, since Gandhi was mentioned when "Barbonia City" (once again, the definition was coined by *La Notte*) was cleared on June 12th, with campers raising their arms in a sign of non-violence. And so came the end of Barbonia City, and so also came the end of *Mondo Beat.*

In short, in those years before the "great flame" of occupied universities and factories on strike, India was experienced as a positive elsewhere, a place full of energy. Those were also the years that witnessed all Italian underground movements in the various disciplines as they took sides in the upheavals. There was the Cooperativa Cinema Indipendente, for example, which lasted very little. Or even the idea that Mario Schifano and Mick Jagger came up with to set up a film production company (but the idea only lasted one night, since on the dawn of the next morning they were already waging an irreconcilable fight over a girl). But the Indian culture (or better, mystical India as seen from the Western culture) would dwell in the ranks of demonstrations only for a short time. And it would soon become something alternative, and then definitely the opposite. On 19 November 1972, issue 16 of the *Re Nudo* magazine (a sort of Bible for those who experienced protests as a cultural fact) published a long letter written by a certain Franco from Milan that explained *"some of the reasons for which I landed in India as a fargone mystic and returned two years later as a Communist".* This was within a debate that the magazine had already inaugurated in 1971, with an editorial in issue 9 that said: "The journey to India is like a sort of acid, a tool that might be useful in broadening one's awareness; but at the same time, for other people it might represent an escape from reality, the quest for a paradise that they will never find". And the debate continued in issue 20 in 1973 with a detailed collection of practical advice for those who wanted to travel to India (how to live on a low budget, how to avoid sickness, the places where freaks get good treatment…). And issue 28 the following year published a short note that reported how the third class had been abolished on Indian trains, therefore those intending to visit the country were in need of more money.

The first turning-point came with issue 30 of *Re Nudo*, again in 1974. The "two-episode" report about the mystical group called Children of God had an unmistakable title: *They are not the children of Mary, they might be the children of the CIA.* No one remembers the Children of God nowadays, but they were the western version of the mysticism that was being searched for in the surroundings of India. Although it had nothing to do with India as such: it was founded in Arizona in 1967, expanded rather quickly even to Europe, preached universal love (and the donation of one's possessions to the group), contemplated proselytism that involved chanting in the downtown areas of large cities, forced its converts to wear an orange tunic and little bells tied to their heads, had a season of glory and then disappeared into the blue. But the title previously mentioned was much more than a quip. It was excommunication: being accosted to the CIA, during a period in which successful (Greece, Chile) and attempted (over here) *coup d'états* were taking place, was perhaps not entirely unrelated to the American secret services – that accusation was very serious for those who attended certain circles. And it was precisely in that year that Pino Masi, the singer-songwriter who had written the anthem for Lotta Continua, proposed a song dedicated to a young woman who wanted to go to India but changed her mind after becoming aware of the injustice suffered by those working in a factory below her home. And again *Re Nudo* hosted two debates with Claudio Rocchi, the most "Indian" of singer-songwriters who performed during parties staged by the magazine and events organized by the extra-parliamentary left movement. The subject of these debates can be summarized as such: Dear Rocchi, Do you like India or commitment to the class struggle more? During those meetings Rocchi seemed to have taken sides as he preferred fighting alongside those engaged in the class struggle. But in December 1968 only Rocchi and Maurizio Vandelli from the group called Equipe 84 attended Ravi Shankar's concert in the Teatro Lirico in Milan. And Rocchi recently said he had been welcomed by Shankar into his dressing-room. The famous Indian musician denied Rocchi an autograph he was asking for, but dismissed him with a sacred proverb saying it was the same one he had suggested to George Harrison. Perhaps Rocchi was not really sincere when he said he preferred siding with the extreme left rather than the charm of Indian mysticism. In fact, in 1977, when political commitment seemed definitely deformed by violence and especially by the lack of perspectives, Rocchi took up residence in India for a long period of time. And over there he may have met Andrea Valcarenghi, the charismatic leader of *Re Nudo* who during those years announced his mystical choice and made everything he had written until then like a sort of intimate unsaid.

Whereas practically there weren't any traces of Indian mysticism and the debate inherent to the same in the motion picture sector. And this is quite odd, since the debate on political and militant cinema was very lively in Italy during the 1970s, namely during the last decade in which our cinema was very popular at a planetary level. Are there any explanations for this phenomenon? There certainly are. When Jonas Mekas and P. Adams Sitney visited Turin in 1967 and participated in long-drawn-out meeting on the premises of Unione Culturale, every so often they mentioned the culture and religion of India (on that occasion Mekas, for example, said that *the river of underground cinema can be more sacred than the Ganges*). But that public of creative talents put together by Angelo Pezzana (that witnessed a future artist such as Ugo Nespolo, a future professor such as Paolo Bertetto and a future militant film-director such as Armando Ceste standing side-by-side) was interested in other things. They were interested in transgression, the struggle, the creation of other creative spaces – and not one of them ever thought of looking for these things on the banks of the Ganges River.

India also made its appearance in *Tampax*, the post-beat magazine that Giulio Tedeschi put together amidst hundreds of direct or indirect clashes during the 1970s. He has recently spoken of that experience (and of others) in a book entitled *Madras Ice Cream*. But Madras only peeps through at present and not then, except in a few verses by Gianni Milano. And, going back to the subject of cinema, it is remarkable to note that Gianni Milano (the most famous beat poet from Turin, one of the most famous in Italy) did not make an appearance in one of Tonino De Bernardi's films (as one would have expected); but he did appear in a strange newsreel produced by Istituto Luce in 1974, probably filmed by the militant director Ennio Lorenzini, that narrates a poetic performance by Milano in the CLN square where, just a few months later, Dario Argento would have filmed his most famous movie – *Profondo rosso* (aka *Deep Red*).

Underground cinema ignored India and the influence that its mysticism had here in Italy, of which we can find some trace in comedies such as *Il Profeta* (aka *The Prophet*, 1967, with one of the founders of *Mondo Beat* making a public declaration against the film since he felt he was being made fun of) or *Sono un fenomeno paranormale* (aka *I am an ESP*, 1982, a film that witnessed the sad decline of Alberto Sordi). Should we then seek some traces of India in *d'auteur* films, all we can find is one guru in a 1991 unknown movie called *La ballata di Ren Ham* (aka *The Ballad of Ren-Ham*) directed by Maurizio Angeloni, which is a downright piece of unintentional humour. The reason is perhaps blatant, but it is even more so when we take into consideration a recent declaration by the singer-songwriter Gian Pieretti (the one who sang *Pietre*) regarding October 1966 when he happened to accompany Jack Kerouac on a tour of conferences throughout Italy: "We were always together, we talked about everything. One day Jack began talking to me about India, but I immediately told him: but here we're interested in America, not India. He smiled and never went back to the subject again".

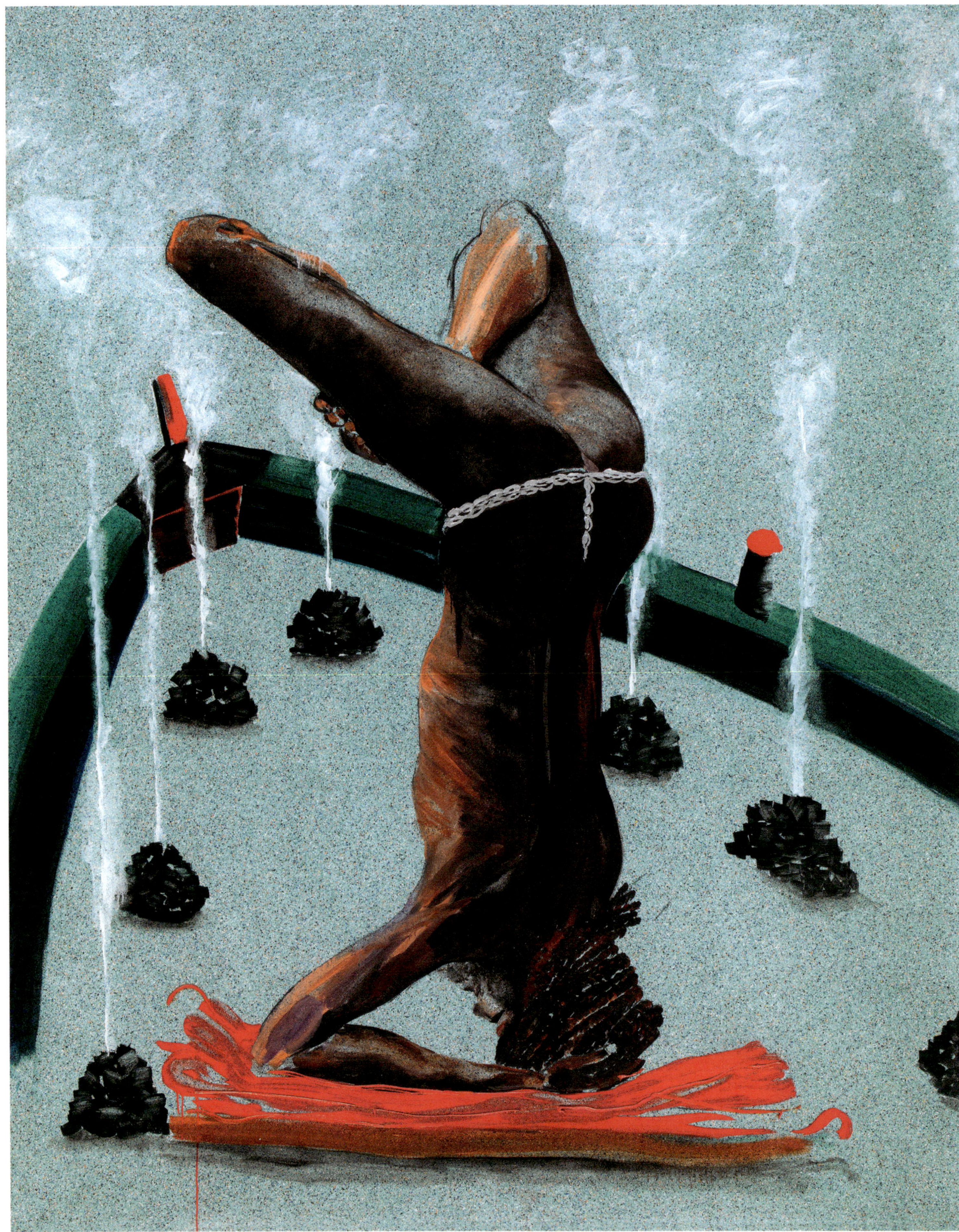

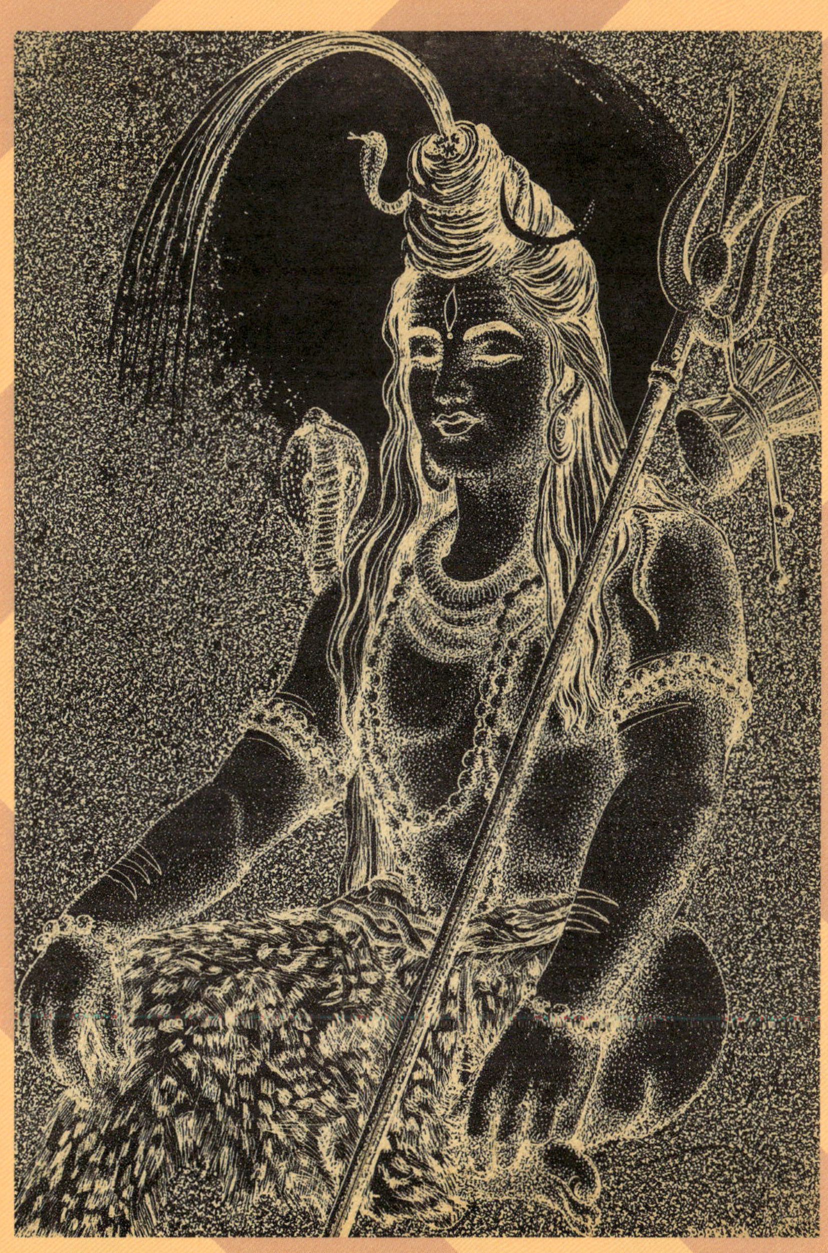

Aldo Mondino, *Gange's View*, 2000
olio su linoleum / oil on linoleum, 240 x 190 cm
Courtesy Gian Enzo Sperone, Sent

Shiva, 1971
poster

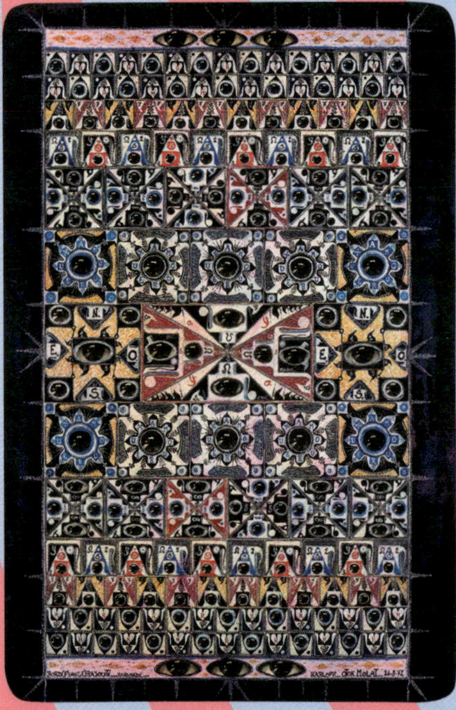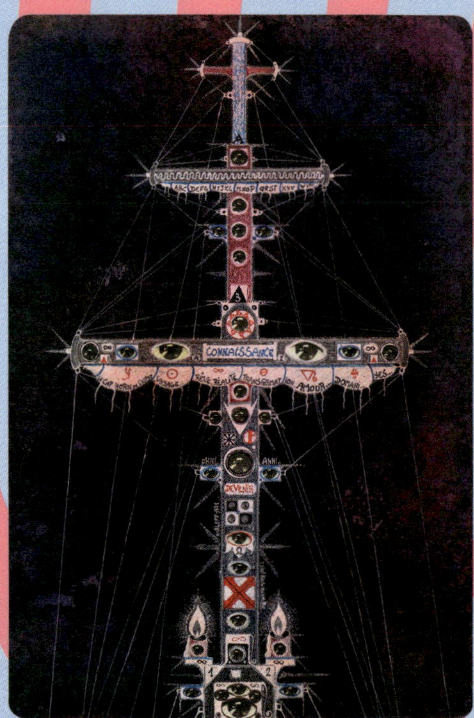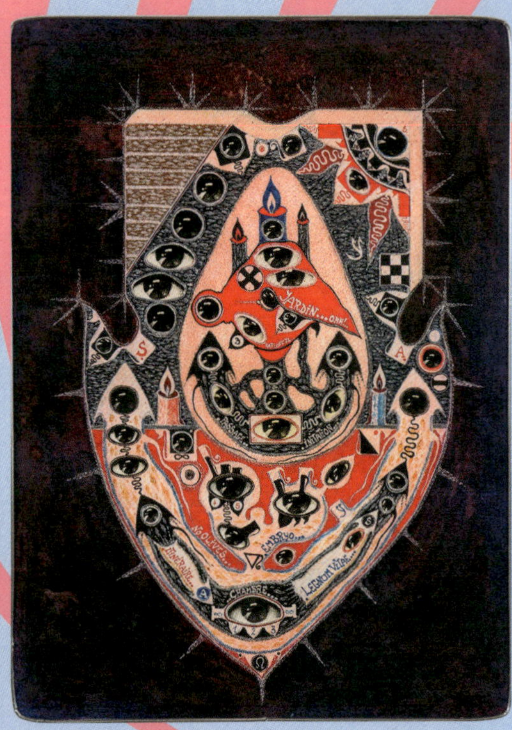

Guy Harloff, *Otok Molat*, 1972
china colorata su carta
coloured ink on paper, 67,5 x 44,2
Courtesy Studio d'Arte Nicoletta Colombo, Milano

Guy Harloff, *Connaissance*, anni settanta / 1970s
china colorata su carta
coloured ink on paper, 69,5 x 46,5 cm
Courtesy Studio d'Arte Nicoletta Colombo, Milano

Guy Harloff, *Jardin... ohh!...*, 1968
china colorata su carta
coloured ink on paper, 53,3 x 38,7 cm
Courtesy Studio d'Arte Nicoletta Colombo, Milano

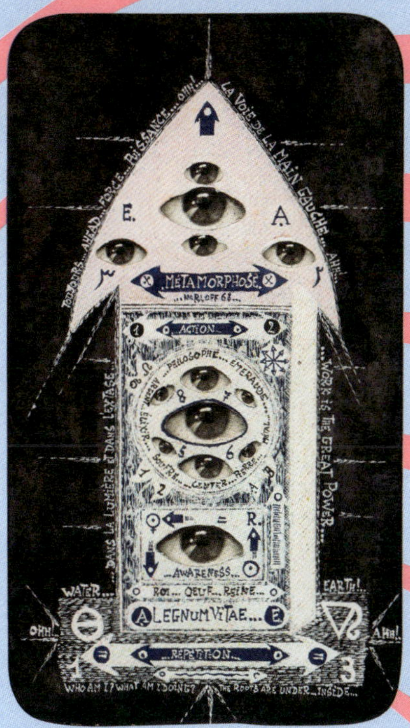

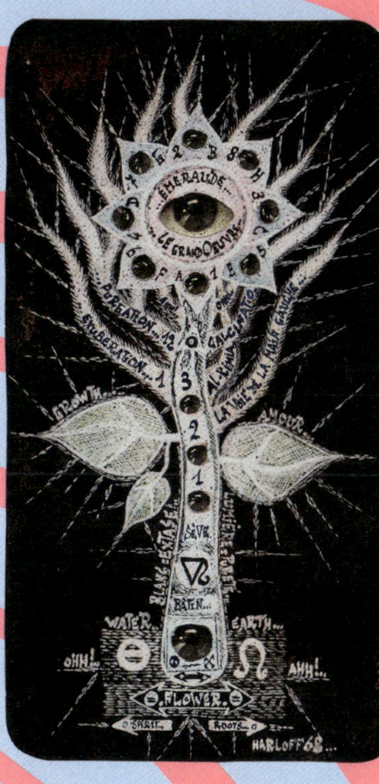

Guy Harloff, *Metamorphose*, 1968
china colorata su carta
coloured ink on paper, 34 x 19,3 cm
Courtesy Studio d'Arte Nicoletta Colombo, Milano

Guy Harloff, *Flower*, 1968
china colorata su carta
coloured ink on paper, 23 x 12 cm
Courtesy Studio d'Arte Nicoletta Colombo, Milano

Guy Harloff, *About life*, 1967
china colorata su carta
coloured ink on paper, 18,7 x 18,7 cm
Courtesy Studio d'Arte Nicoletta Colombo, Milano

Guy Harloff, *Vision - Fleur - Amour*, 1966
china colorata su carta
coloured ink on paper, 20 x 19,7 cm
Courtesy Studio d'Arte Nicoletta Colombo, Milano

Guy Harloff, *Sur le thème du centre, avec feuilles*, 1967
china colorata su carta
coloured ink on paper, 23,3 x 22,7 cm
Courtesy Studio d'Arte Nicoletta Colombo, Milano

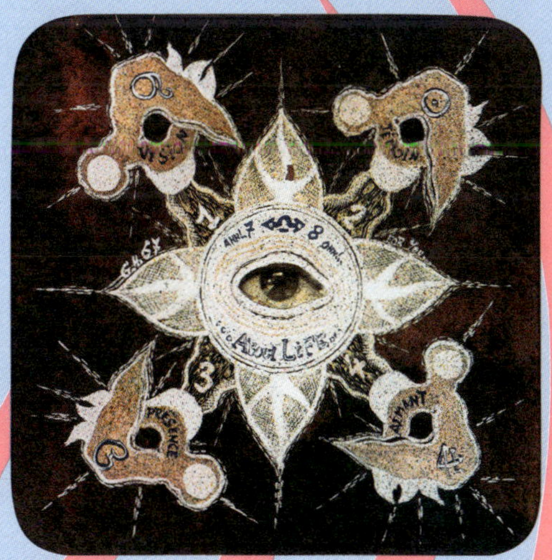

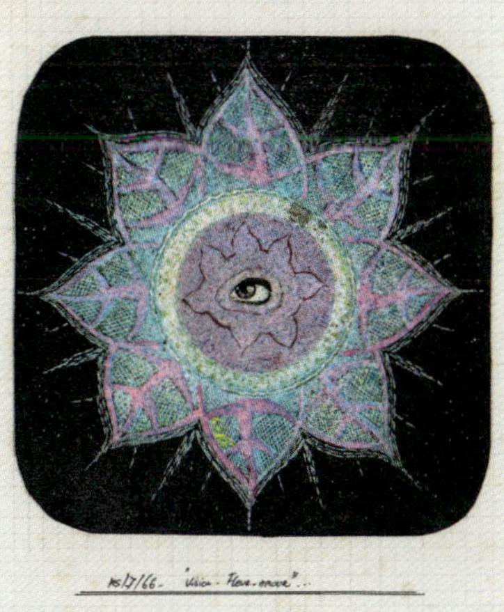

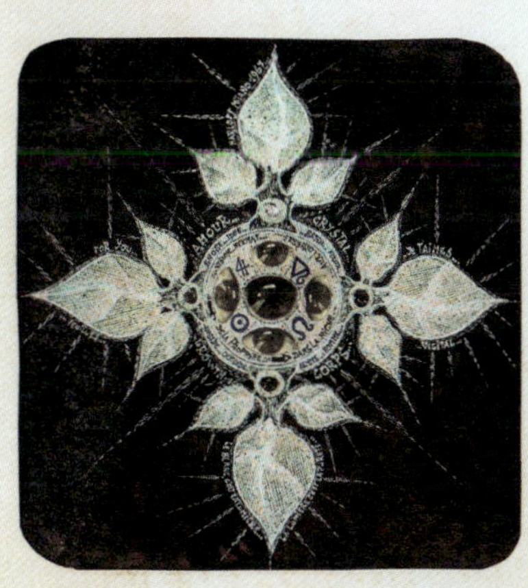

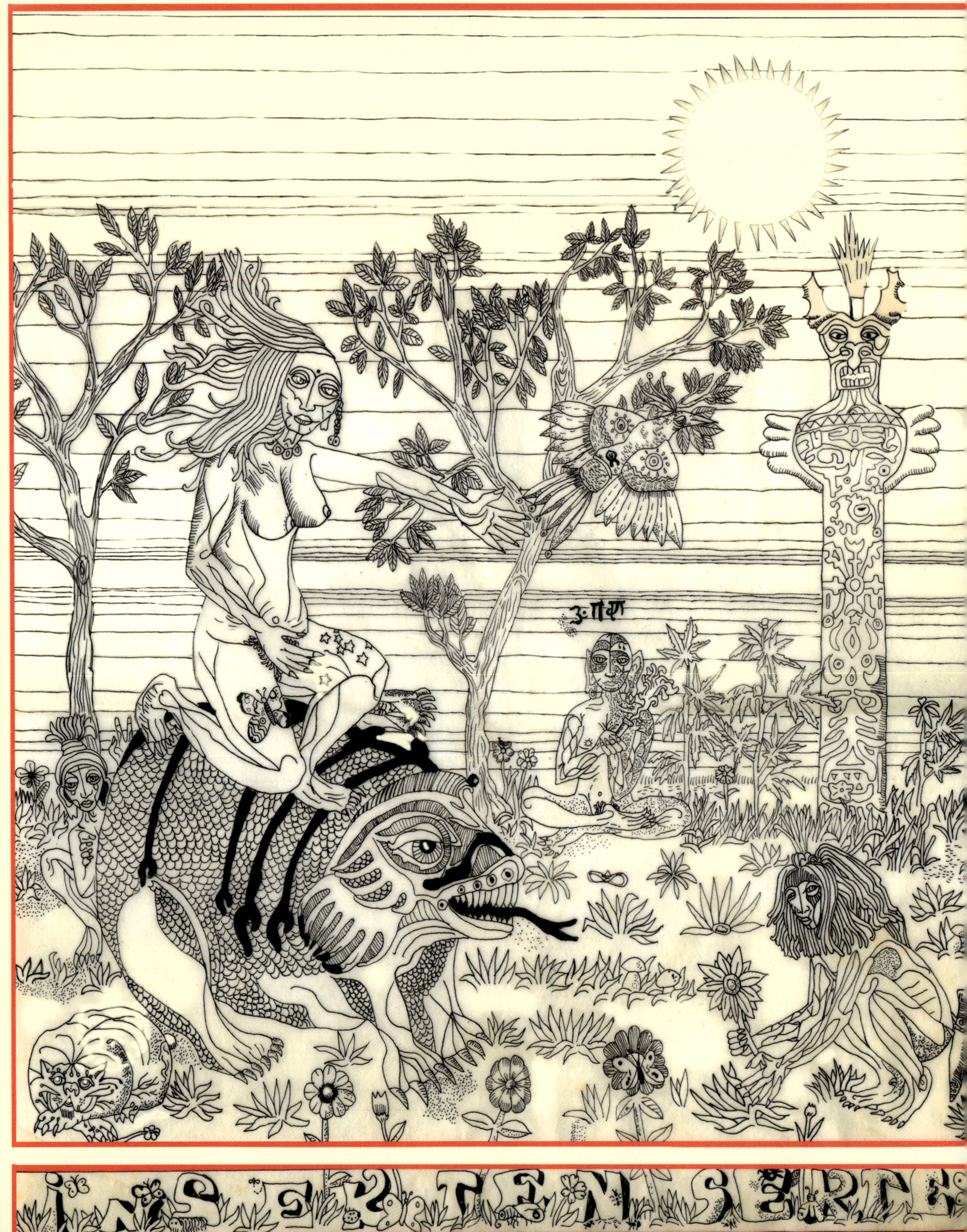
उगश
INSERTEM SER

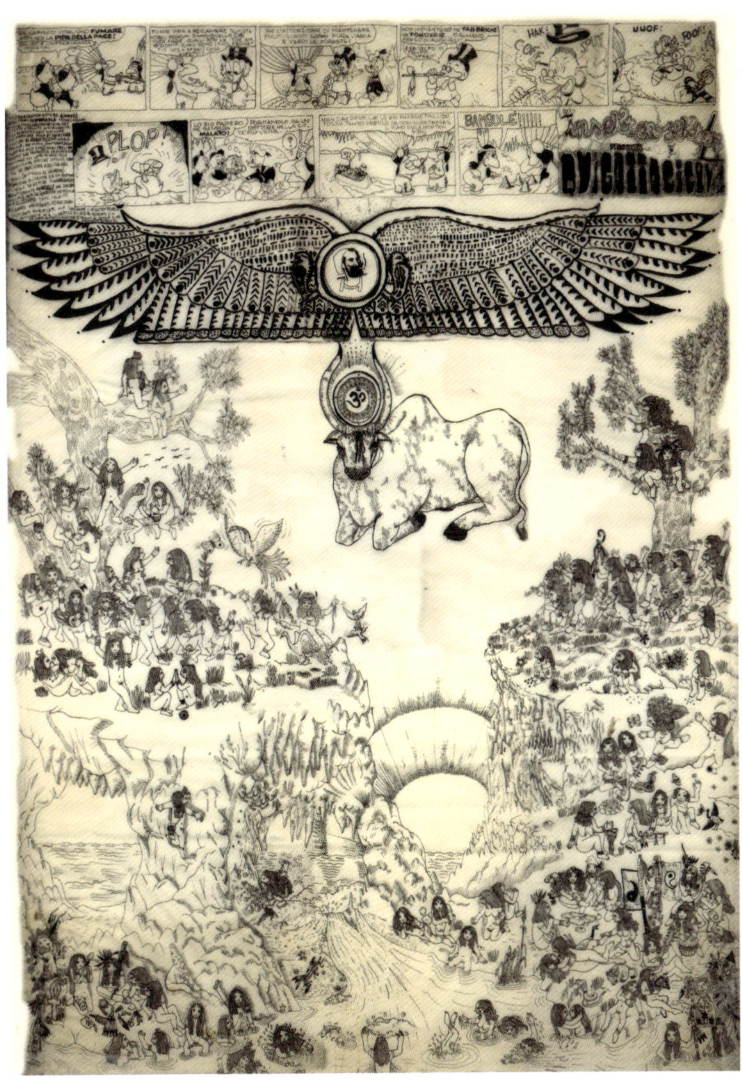

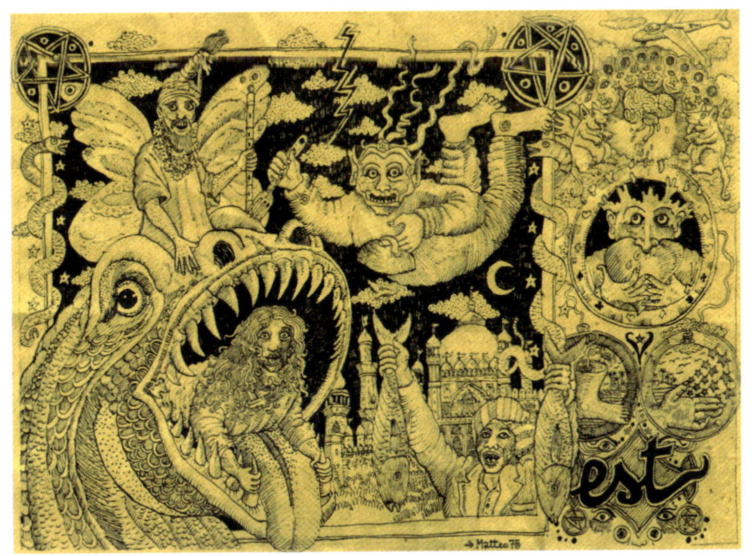

Matteo Guarnaccia, *Insekten Sekte Uno*, 1969
china e penna a feltro su carta da lucido
ink and felt pen on tracing paper, 60 x 40 cm
Courtesy Collezione Matteo Guarnaccia, Milano

Matteo Guarnaccia, *Insekten Sekte 4*, 1971
china su carta da lucido
ink on tracing paper, 70 x 50 cm
Courtesy Collezione Matteo Guarnaccia, Milano

Matteo Guarnaccia, *Est*, 1975
china su carta / ink on tracing paper, 32 x 45 cm
Courtesy Collezione Matteo Guarnaccia, Milano

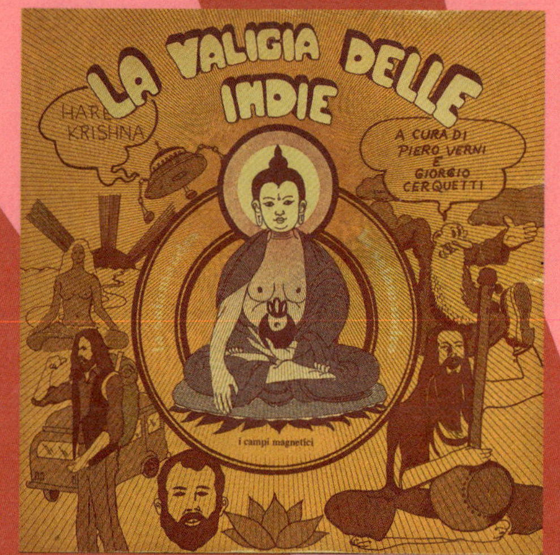

HARE KRISHNA
LA VALIGIA DELLE INDIE
A CURA DI PIERO VERNI E GIORGIO CERQUETTI
i campi magnetici

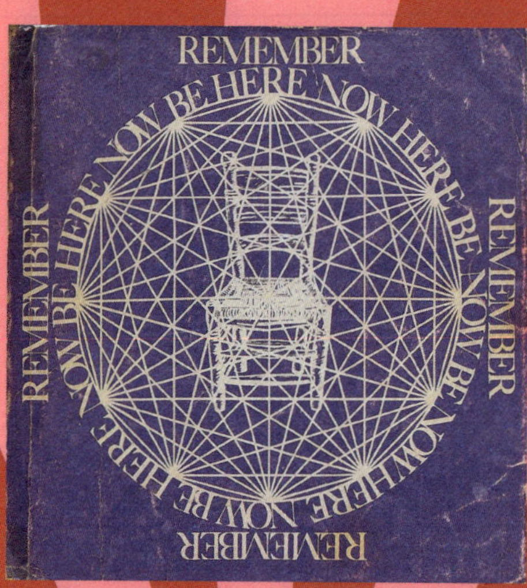

REMEMBER
BE HERE NOW
REMEMBER
BE HERE NOW
REMEMBER
BE HERE NOW
REMEMBER
BE HERE NOW

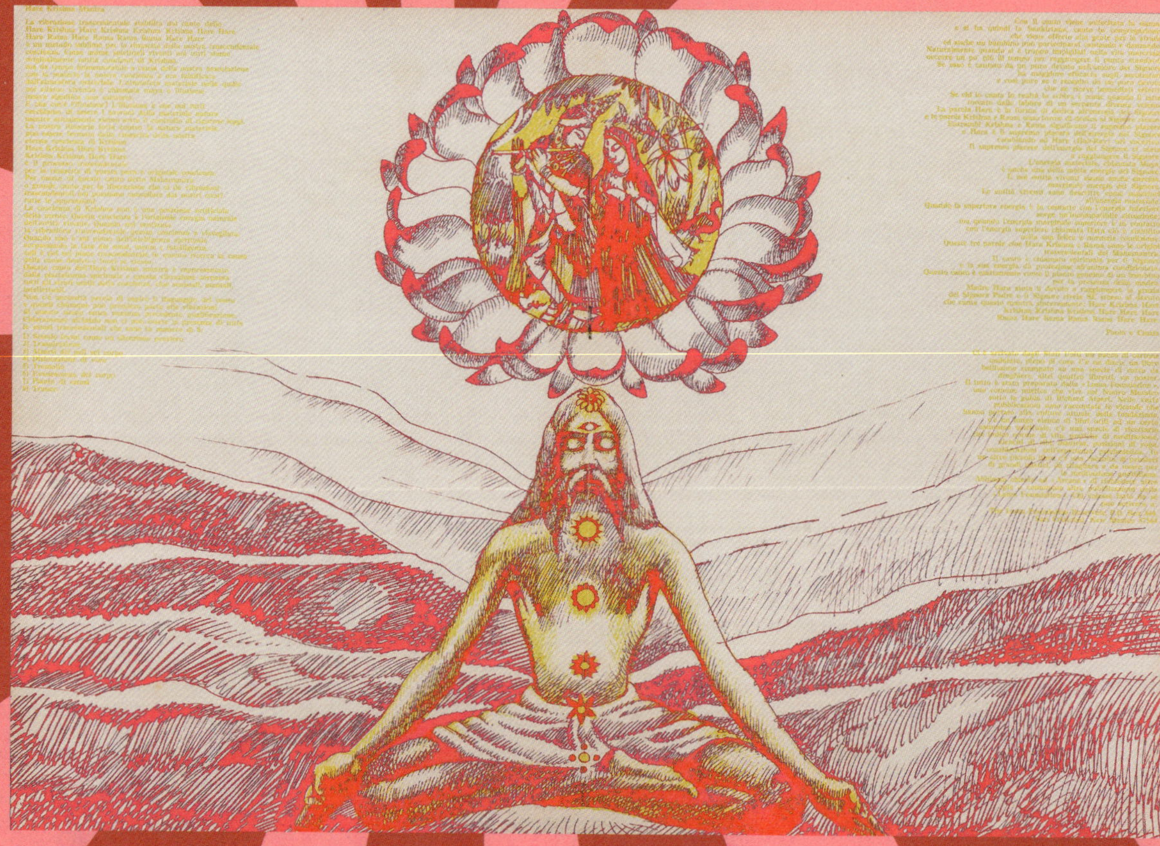

La Valigia delle Indie, a cura di / edited by Giorgio Cerquetti,
Piero Verni, La Salamandra, Milano 1976
copertina / cover

Be Here Now, a cura di / edited by Baba Ram Dass,
Lama Foundation, San Cristobal 1971
copertina / cover

"Hemicromis", n. 2, 1972
copertina / cover

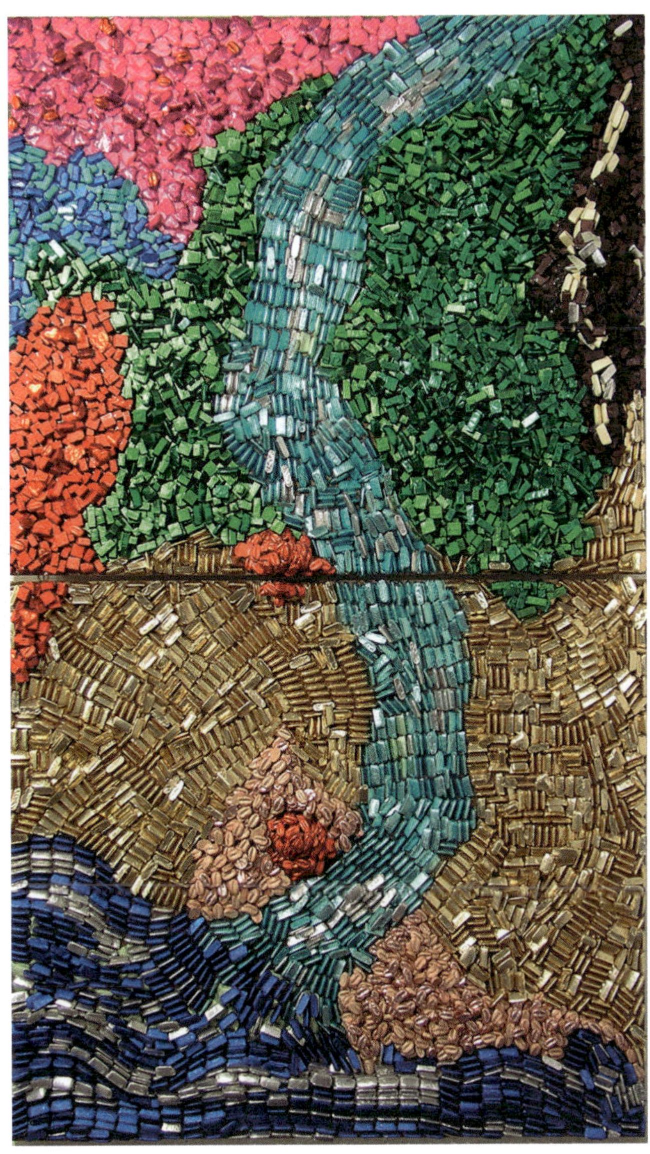

Aldo Mondino, *Gange*, 2000
cioccolatini su tavola / chocolates on wood, 240 x 140 cm
Milano, collezione privata / private collection

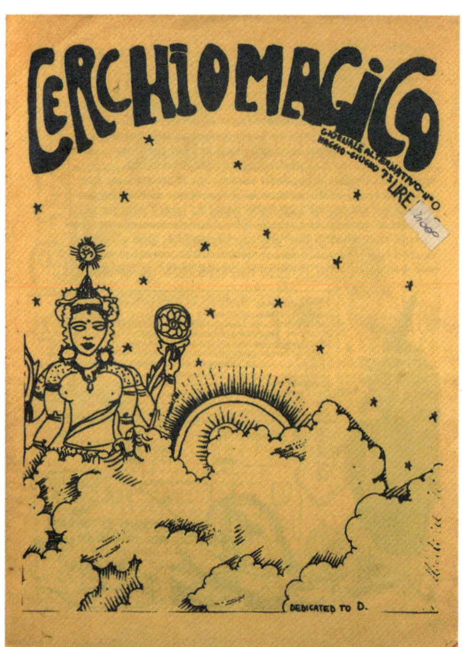

"Cerchio Magico", 1973-1976
copertina / cover

"Plexus", n. 29, novembre / November 1969
copertina / cover

Mandala, La Stanza
copertina / cover

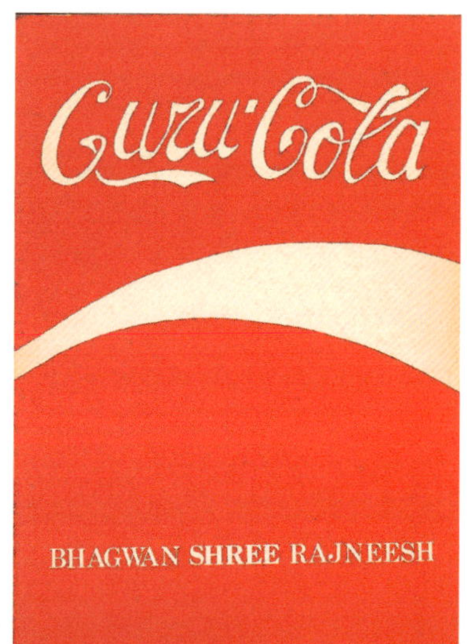

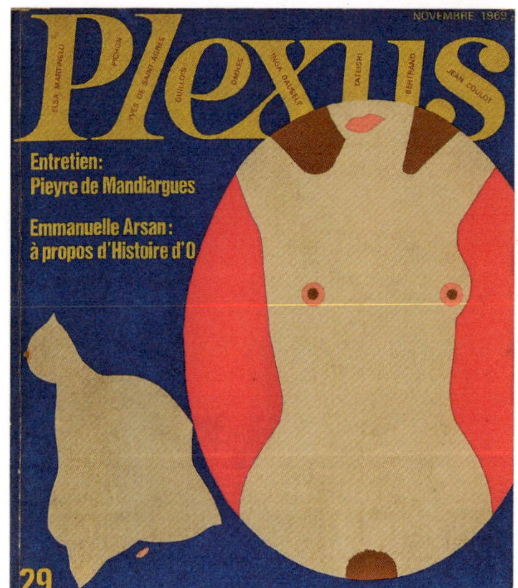

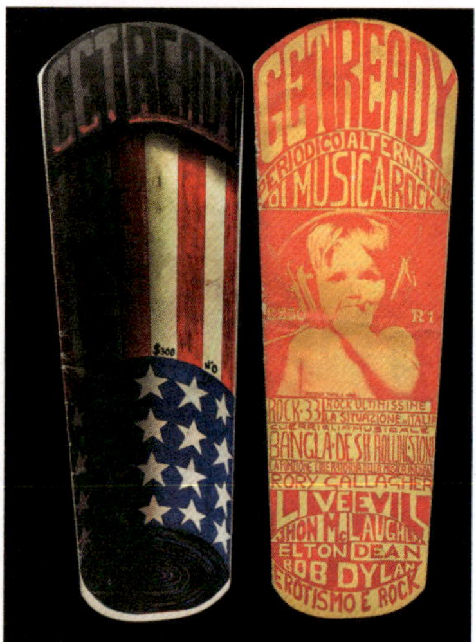

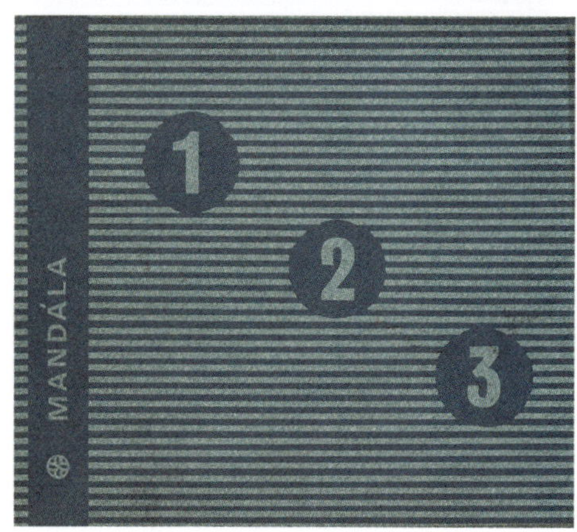

Guru Cola, Stampa Alternativa,
Roma 1979
copertina / cover

"Get Ready", n. 0-1, 1971
copertina / cover

"OM", 1972
copertina / cover

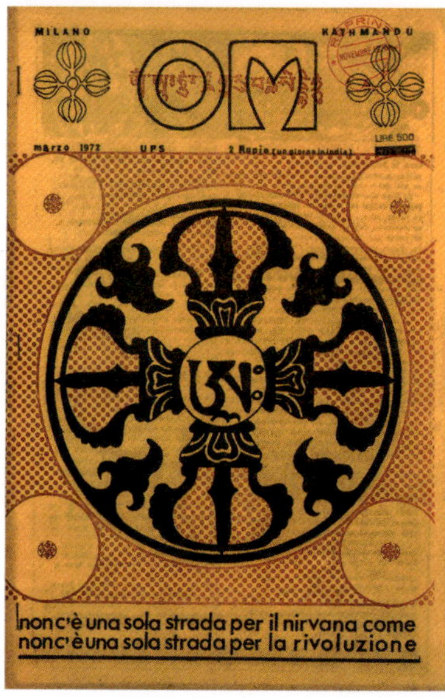

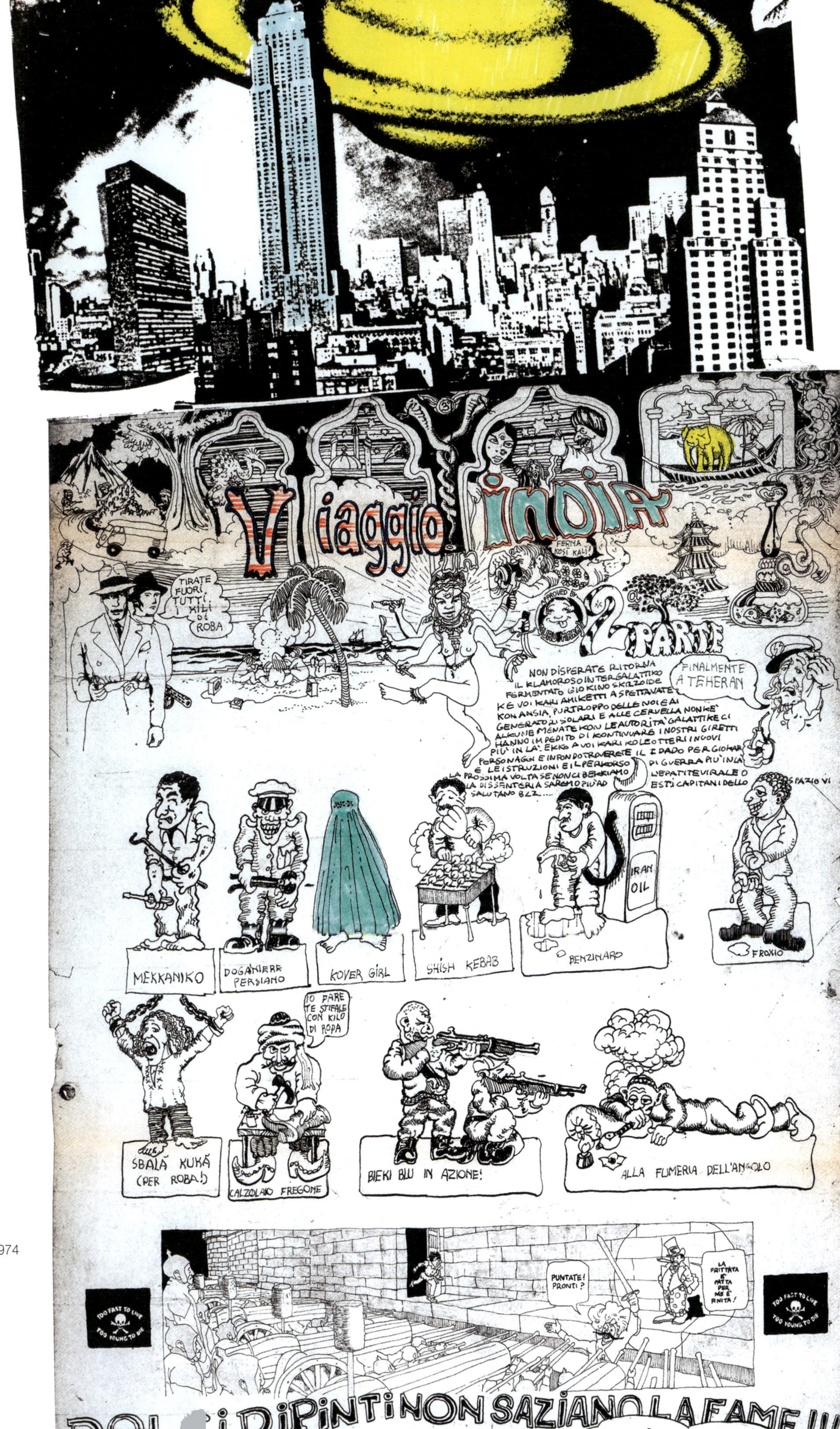

"Insekten Sekte", n. 13, 1974
copertina / cover

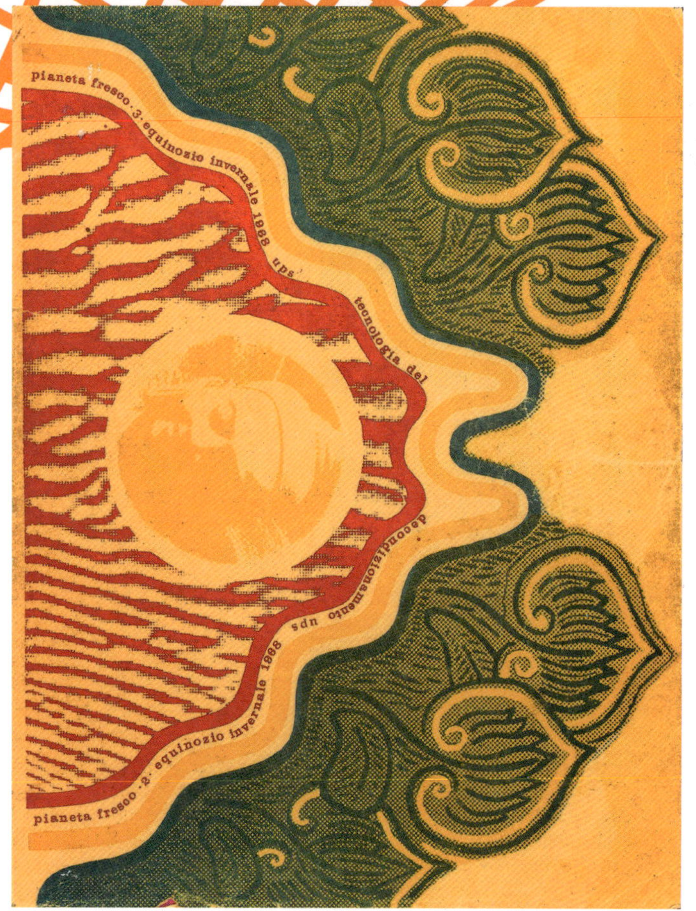 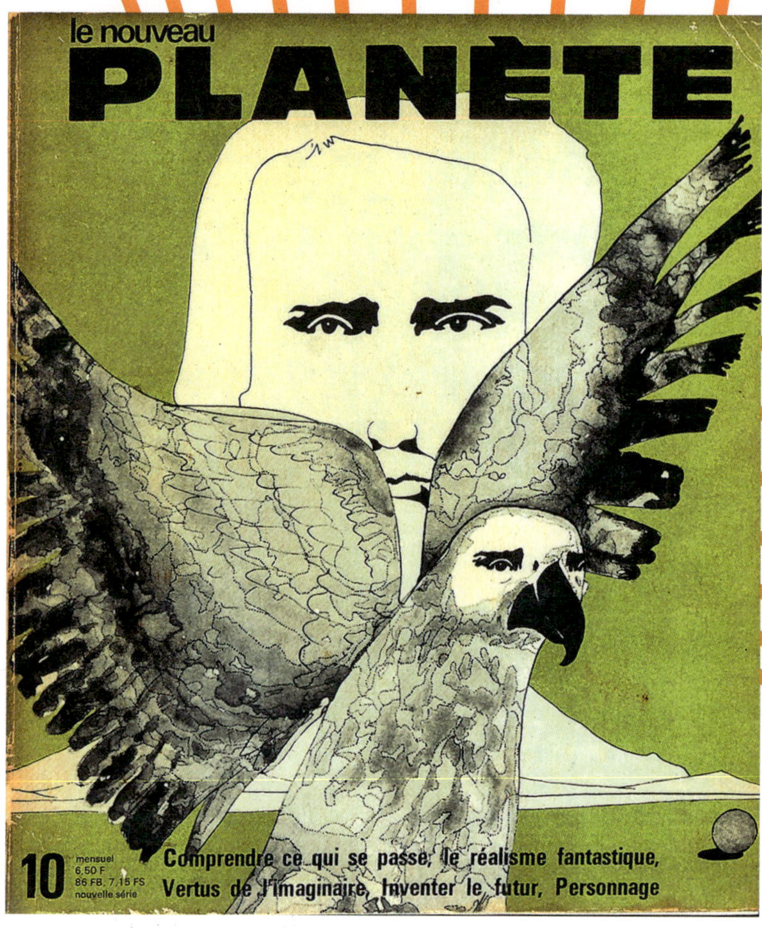

"Pianeta Fresco", n. 3,
equinozio d'inverno / winter equinox, 1968
copertina / cover

"Le Nouveau Planète", n. 10, settembre / September 1969
copertina / cover

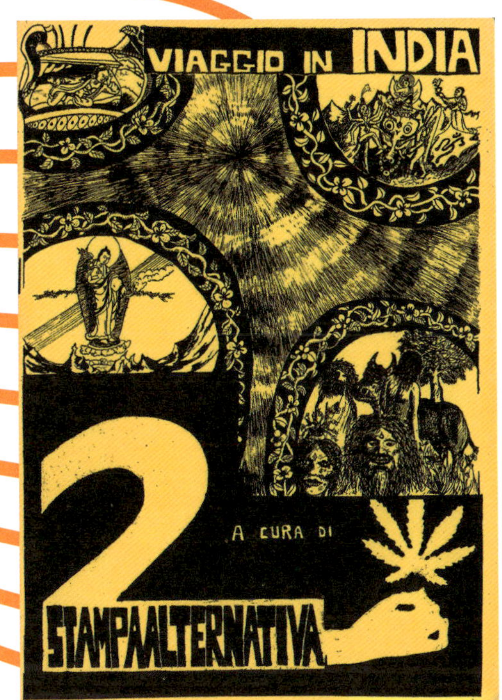

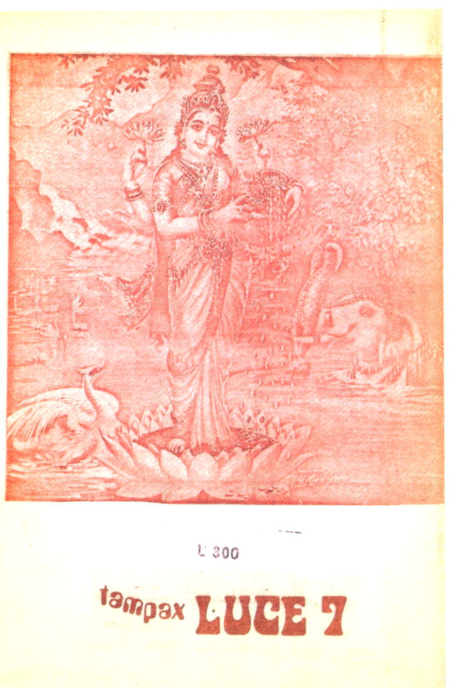

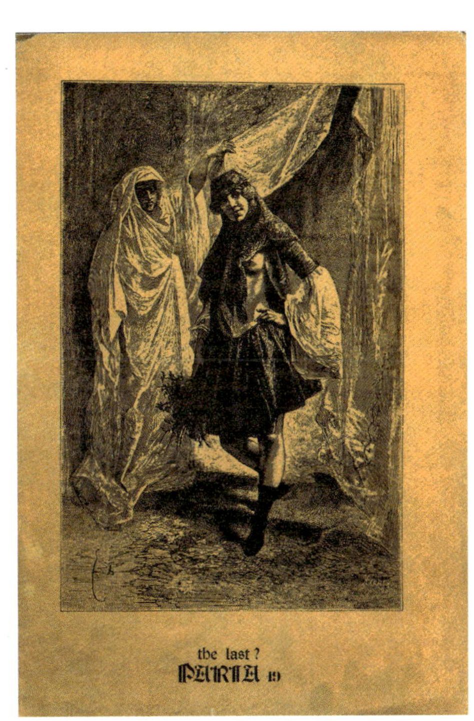

Viaggio in India, Stampa Alternativa, Roma 1973
copertina / cover

"Tampax Luce", n. 7, 1974
copertina / cover

"Paria", n. 19, 1975
copertina / cover

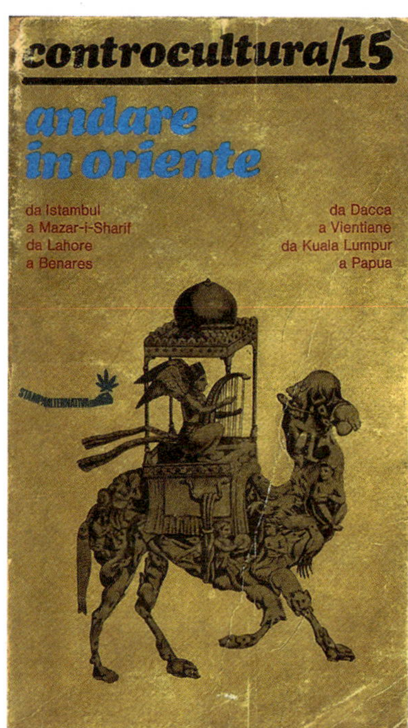

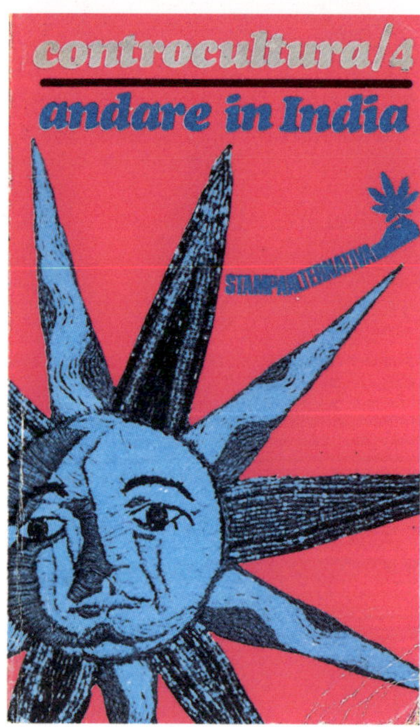

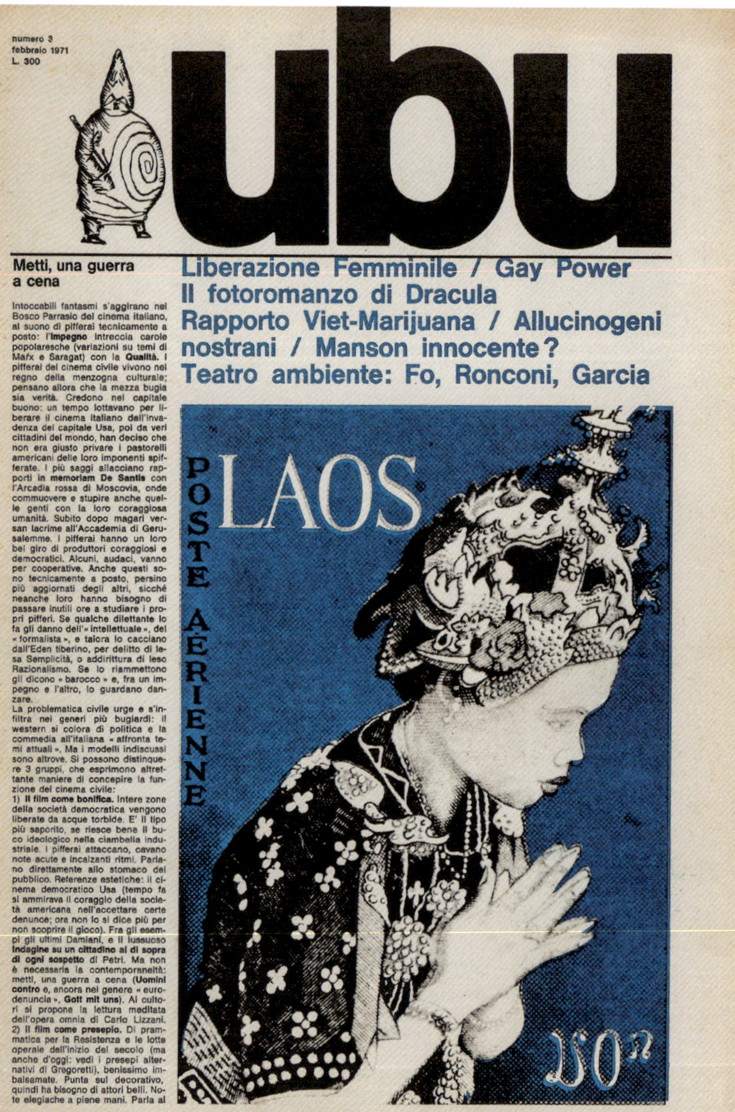

Andare in Oriente, Stampa Alternativa-Savelli
("Controcultura/15"), Milano 1974
copertina / cover

Andare in India, Stampa Alternativa-Savelli
("Controcultura/4"), Milano 1974
copertina / cover

"Ubu", n. 3, febbraio / February 1971
copertina / cover

Mike Giant, *The Snake Charmer*, 2008
china su carta / ink on paper, 65 x 50 cm
Courtesy Antonio Colombo Arte Contemporanea, Milano

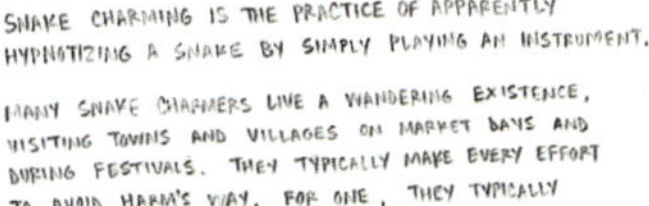

SNAKE CHARMING IS THE PRACTICE OF APPARENTLY HYPNOTIZING A SNAKE BY SIMPLY PLAYING AN INSTRUMENT.

MANY SNAKE CHARMERS LIVE A WANDERING EXISTENCE, VISITING TOWNS AND VILLAGES ON MARKET DAYS AND DURING FESTIVALS. THEY TYPICALLY MAKE EVERY EFFORT TO AVOID HARM'S WAY. FOR ONE, THEY TYPICALLY SIT OUT OF BITING RANGE, AND THE SNAKES ARE GENERALLY SLUGGISH AND RELUCTANT TO BITE ANYWAY. SOME SNAKE CHARMERS REMOVE THE FANGS AND/OR VENOM GLANDS OF THEIR SNAKES FOR SAFETY'S SAKE.

NOTE: COBRAS, IN PARTICULAR, ARE INCAPABLE OF ATTACKING THINGS ABOVE THEM.

SNAKE CHARMING IS TYPICALLY AN INHERITED PROFESSION, PASSED FROM FATHER TO SON. IN INDIA, SNAKE CHARMERS ARE MEMBERS OF THE SAPERA CASTE, AND THEREFORE HAVE LITTLE OTHER CHOICE OF PROFESSION ANYWAY.

MOST COMMON IN INDIA, SNAKE CHARMING IS ALSO ACTIVE IN PAKISTAN, BANGLADESH, SRI LANKA, THAILAND, MALAYSIA, EGYPT, MORROCO, AND TUNISIA.

TYPICALLY A CHARMER WILL WORK WITH A LOCAL SPECIES OF SNAKE, THE MOST POPULAR BEING COBRAS AND VIPERS.

PREFERED SNAKE SPECIES OF CHARMERS: INDIAN COBRA, RUSSELL'S VIPER, INDIAN AND BURMESE PYTHONS, MANGROVE, EGYPTIAN COBRA, PUFF ADDER, CARPET VIPER, HORNED DESERT VIPER.

THE EARLIEST SNAKE CHARMERS WERE LIKELY TRADITIONAL HEALERS BY TRADE, AND WOULD KNOW HOW TO TREAT SNAKEBITE AND HANDLE DANGEROUS SNAKES.

SOME CHARMERS TRAIN THEIR SNAKES TO STRIKE A HARD OBJECT WHICH SUPPOSEDLY TEACHES THE SNAKE THAT STRIKING CAUSES PAIN.

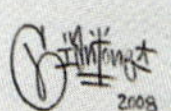 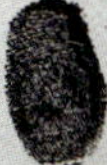

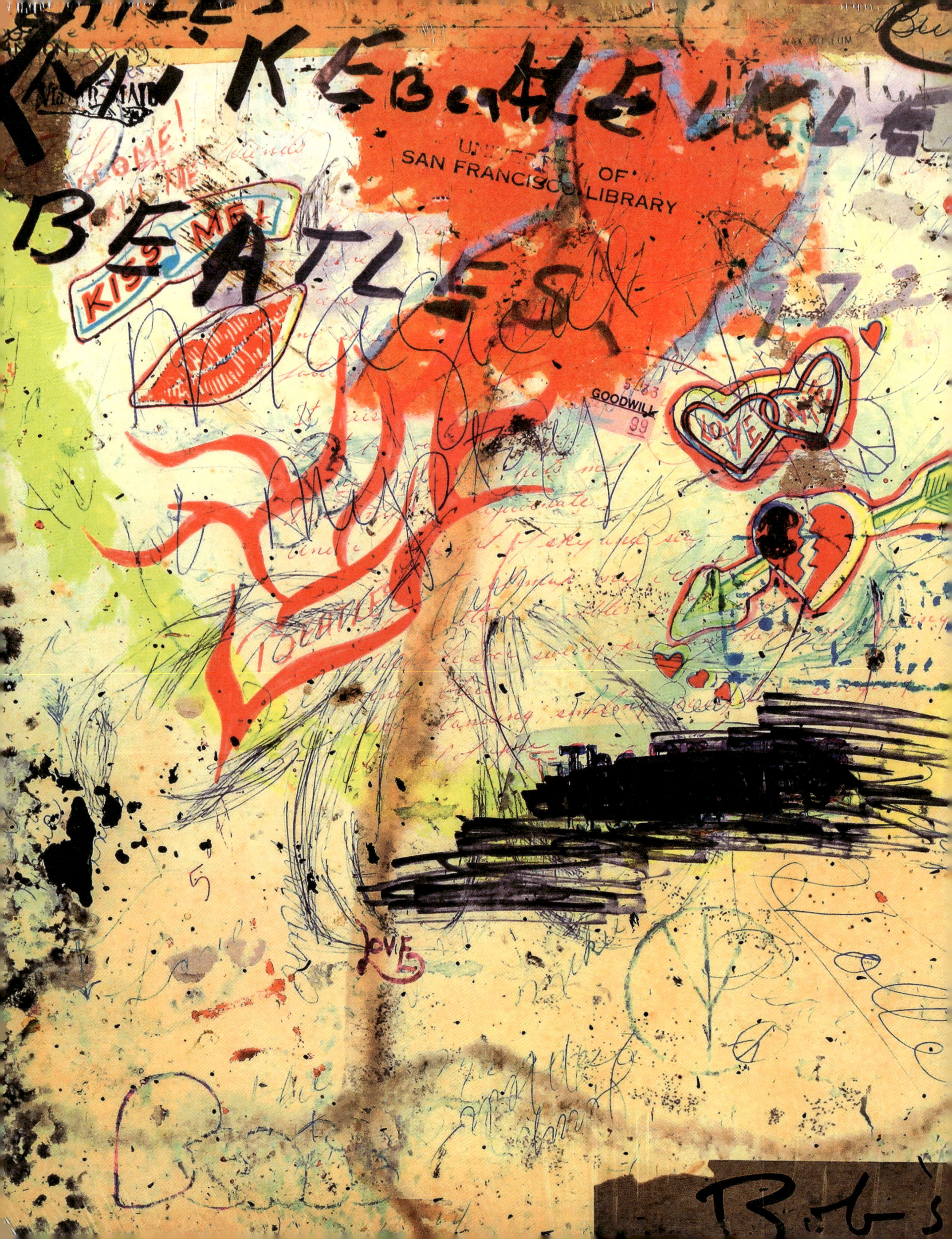
MAYBE MAYBE
BEATLES
WELCOME!
KISS ME!
KISS ME!
UNIVERSITY OF
SAN FRANCISCO LIBRARY
GOODWILL
99
LOVE
LOVE
LOVE

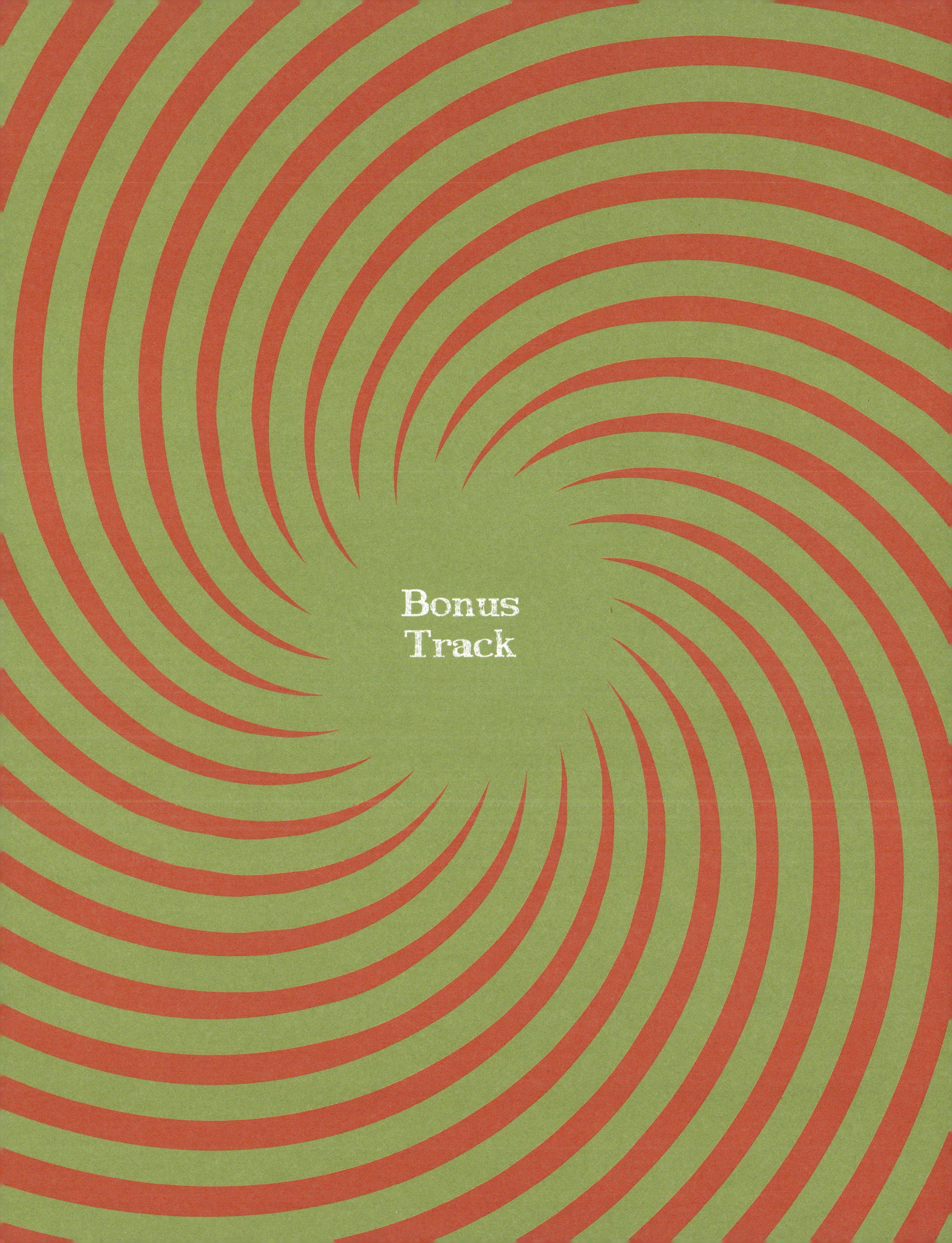Bonus
Track

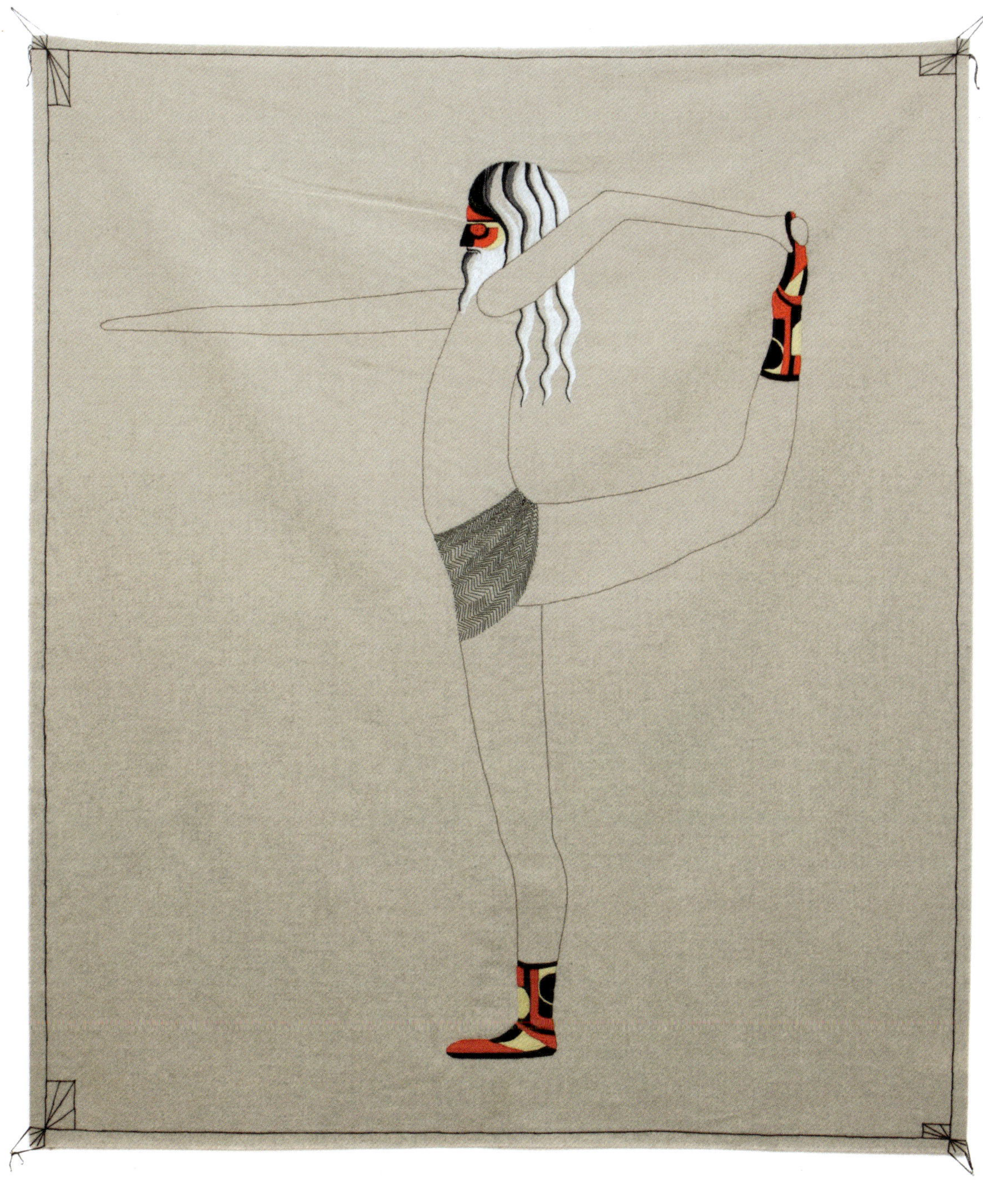

Tania Pistone, *Kamala*, 2011
acrilico, acetato e testo scritto su tela
acrylic, acetate and text on canvas, 70 x 50 cm
Courtesy Gian Enzo Sperone, Sent

p. 170: Rutherford Chang, *White Album*, 2013
tecnica mista / mixed media, 30 x 30 cm
Courtesy Alex Franchi, Milano

Enrico David, *Room for Improvement*, 2001
fili acrilici su lino / acrylic threads on canvas, 242 x 215 cm
Courtesy Fondazione Sandretto Re Rebaudengo, Torino

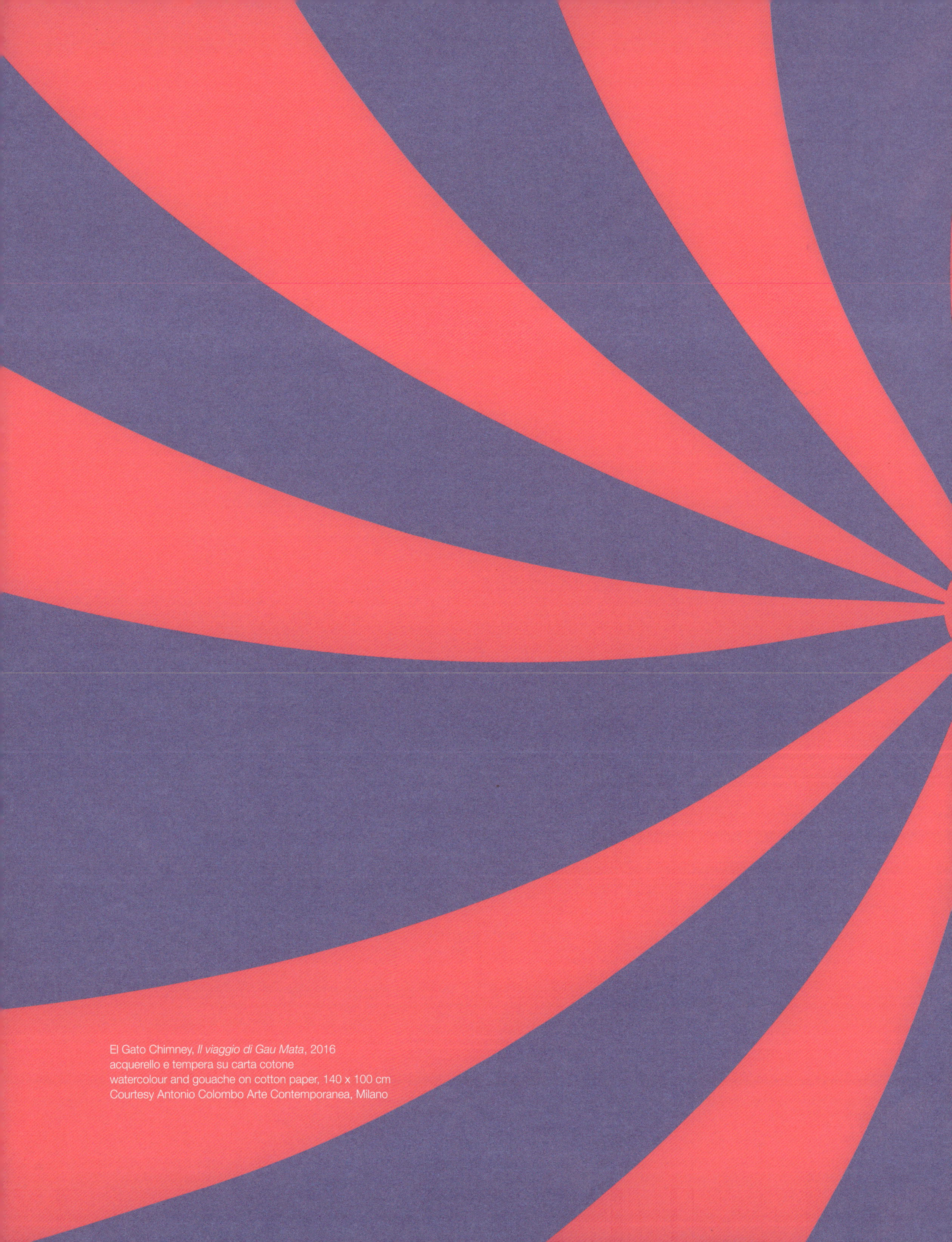

El Gato Chimney, *Il viaggio di Gau Mata*, 2016
acquerello e tempera su carta cotone
watercolour and gouache on cotton paper, 140 x 100 cm
Courtesy Antonio Colombo Arte Contemporanea, Milano

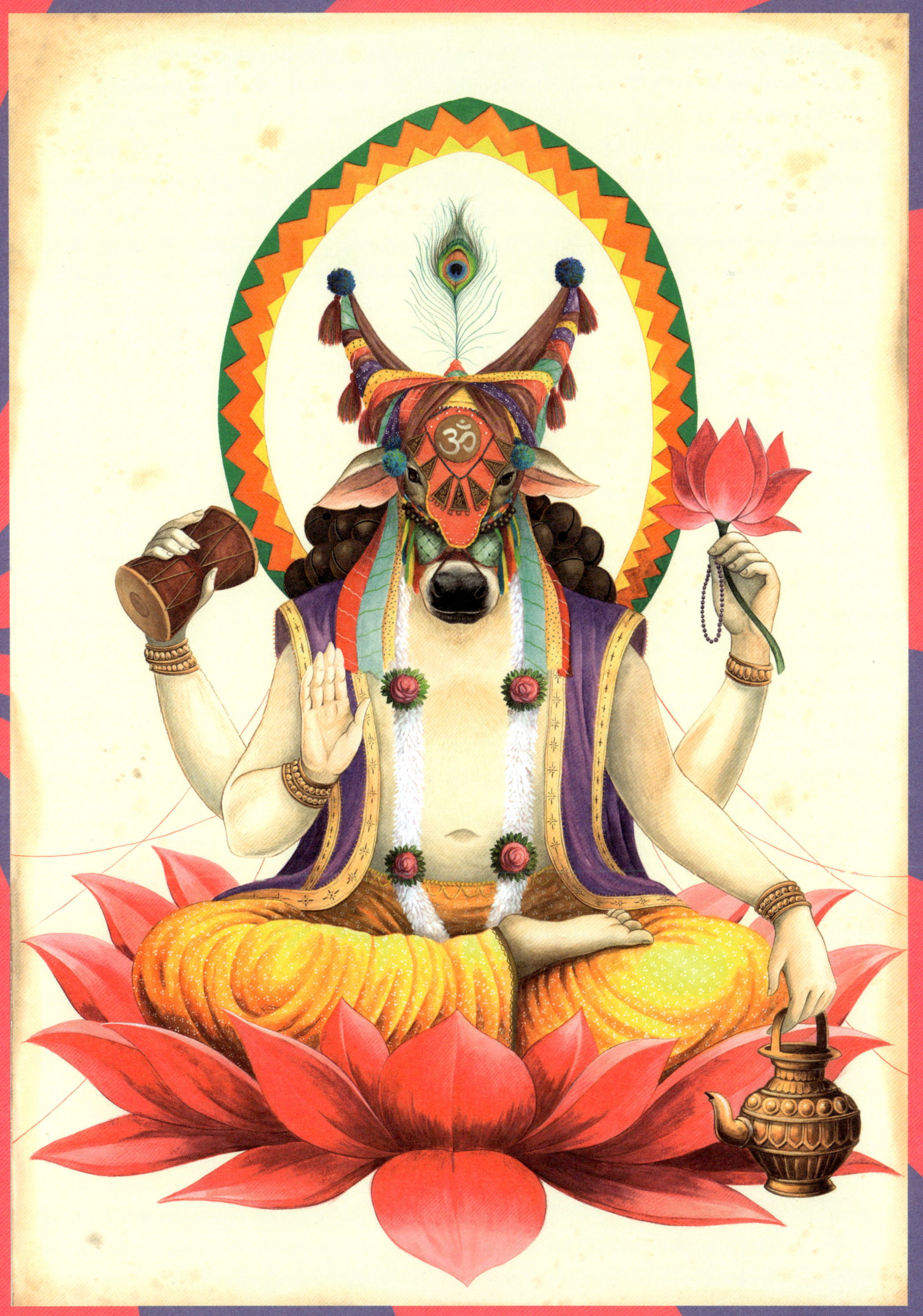

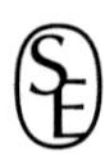

Silvana Editoriale S.p.A.
via dei Lavoratori, 78
20092 Cinisello Balsamo, Milano
tel. 02 453 951 01
fax 02 453 951 51
www.silvanaeditoriale.it

Le riproduzioni, la stampa e la rilegatura
sono state eseguite in Italia
Stampato da Eurotipo s.r.l.,
Sommacampagna (Verona)
Finito di stampare
nel mese di maggio 2016

Reproductions, printing and binding
in Italy
Printed by Eurotipo s.r.l.,
Sommacampagna (Verona)
May 2016